国家社会科学基金项目资助

DAZHONG CHENGSHI
XINLAO CHENGQU
XIETIAO FAZHAN YANJIU

大中城市新老城区协调发展研究

马红瀚◎著

中国财经出版传媒集团
经济科学出版社
Economic Science Press

图书在版编目（CIP）数据

大中城市新老城区协调发展研究/马红瀚著. --北京：经济科学出版社，2021.12

ISBN 978-7-5218-3343-0

Ⅰ.①大…　Ⅱ.①马…　Ⅲ.①城市-发展-研究-中国　Ⅳ.①F299.21

中国版本图书馆CIP数据核字（2021）第267701号

责任编辑：顾瑞兰
责任校对：李　建
责任印制：邱　天

大中城市新老城区协调发展研究

马红瀚　著

经济科学出版社出版、发行　新华书店经销

社址：北京市海淀区阜成路甲28号　邮编：100142

编辑部电话：010-88191217　发行部电话：010-88191522

网址：www.esp.com.cn

电子邮箱：esp_bj@163.com

天猫网店：经济科学出版社旗舰店

网址：http://jjkxcbs.tmall.com

固安华明印业有限公司印装

710×1000　16开　13印张　210000字

2022年1月第1版　2022年1月第1次印刷

ISBN 978-7-5218-3343-0　定价：65.00元

目　录

绪　论

一、研究背景

（一）大中城市可持续发展面临严峻挑战

作为我国区域经济发展的核心推动力和主体依托，大中城市的发展具有无可替代的重要作用。2018 年，以直辖市、省会和计划单列市为主的副省级以上城市创造了全国 39.82% 的国内生产总值，珠三角、长三角和京津冀三大城市群国内生产总值更是达到了全国的 41.78%。[①] 但是，随着我国经济发展进入新常态，城市经济增长明显放缓，大中城市的可持续发展面临以“城市病”为主要表现的各类问题的严峻挑战。一方面，由于人口、企业和各类组织机构高度集中，大中城市的生活和生产成本迅速上升，居民生活与企业生产压力剧增。“十一五”和“十二五”时期，虽然大中城市试图通过较为严格的户籍制度控制人口增长，但是集聚于大中城市的企业提供的数量更多、质量更高的就业机会，常驻于大中城市的各类组织机构创造的更开放包容、更富有活力的社会文化，仍然吸引人口持续向大中城市集中。人口规模的过度膨胀，直接导致以房价和房租为代表的居民生活成本攀升，间接导致了以工资和租金为代表的企业生产成本攀升。另一方面，由于交通拥堵愈演愈烈，生活垃圾与生产废物处理威胁生态环境，大中城市运行效率提升困难，生活与生产空间拓展严重受限。“十二五”和“十三五”时期，虽然大中城市普遍施行了“限号”与“限行”政策，但是交通拥堵率仍然居高不下，城市标准通行时间不断延长。而生活垃圾分类回收制度推行的滞后与城市循环经济系统构建的缓慢，破坏了

① 国家统计局城市社会经济调查司：《中国城市统计年鉴 2019》，中国统计出版社 2020 年版。

人口、资源与环境之间的协调关系，不断挑战着大中城市生态承载力的极限。大中城市可持续发展面临的严峻挑战，得到了社会各界的广泛关注。针对“城市病”等现实问题，探析大中城市可持续发展的路径和机制，成为富有理论意义和现实意义的重要问题。

（二）大中城市新老城区二元发展格局加快形成

面对严峻挑战，大中城市在追求可持续发展的道路上开展了各种形式的探索实践。越来越多的大中城市认识到，城市功能过度集聚是导致“城市病”的重要原因，是制约城市可持续发展的阶段性瓶颈。通过新城区发展和老城区转型，为城市功能的疏解和空间布局的更新提供支撑，成为众多大中城市的共同选择。一方面，城市的可持续发展需要多元城市功能的支撑，通过新城区发展促进城市规模扩张的增量优化，可以为城市功能的多元化提供更广阔的承载空间。“城市病”的根源是城市功能过度集聚而不是城市功能过多，生产、服务、管理、集散、协调、创新等功能从不同的角度对城市发展发挥不同的促进作用。随着城市的持续发展，还会有新的功能不断衍生出来。新城区的发展，为城市传统功能的疏解和新兴功能的培育提供了更广阔的承载空间，从根本上解决了城市功能过度集聚的难题。另一方面，城市的可持续发展需要城市功能空间布局的适时更新，通过老城区转型实现城市质量提升的存量变革，可以为城市功能的空间布局更新创造有利条件。随着城市发展内部和外部环境的改变，老城区原有城市功能所依托的比较优势和先发优势也发生改变，部分城市功能已经不再适合于老城区。老城区的转型，将城市功能空间布局调整的范围从新城区扩大到老城区，为老城区承载新城市功能和城市功能整体布局效率的提升创造了有利条件。“十三五”时期，由新城区发展和老城区转型构成的二元发展格局已经成为大中城市区域经济发展的鲜明特征。在作为城市新兴增长极的新城区和作为城市传统增长极的老城区的双轮驱动下，大中城市可持续发展可以获得充足的动力。但是，如何协调新老城区关系、真正发挥双轮驱动作用，又成为大中城市可持续发展面临的新问题。

（三）新老城区关系协调成为大中城市可持续发展的关键

新老城区二元发展格局的形成，意味着大中城市内部区域关系的重构。在从老城区“一枝独秀”到新老城区“双轮驱动”的城市发展格局演变过程中，新老城区之间的相互影响和关系协调，对城市资源配置的效率具有重要的影响。相互支撑、协同联动、竞合包容的区域关系的建立，不仅可以实现新城区发展和老城区转型的共赢，更可以为大中城市的可持续发展提供强劲的耦合动力。而相互排斥、疏松割裂、竞争压制合作的区域关系的形成，不仅会使新城区发展和老城区转型陷入零和博弈，更会使大中城市可持续发展的向心力沦落为离心力。从大中城市发展的现实看，新老城区的关系还不够协调。在新城区优先发展的区域发展战略引领下，新城区后发优势显性化与老城区先发优势隐性化形成鲜明对比，城市资源配置严重向新城区倾斜，新城区发展对老城区转型产生了明显挤压。在要素供给、技术进步和制度创新等后发优势的吸引下，城市生产力增量和老城区生产力存量大规模向新城区集聚，老城区出现了产业空心化、人口低质化等倾向，新老城区发展差距不断扩大。同时，滞后的老城区转型也对新城区发展产生了反制作用。由于老城区参与协调发展的主观意愿不强、实际能力不足，新城区难以从老城区获得足够的支撑和依托，所需要的产业协作只能跳过老城区、从城市外部获得，从而严重限制了城市资源配置效率的提升。总而言之，新老城区关系的协调已经成为影响大中城市可持续发展的双刃剑。协调发展实现，大中城市的可持续发展就可以获得来自新城区发展和老城区转型的双轮驱动；协调发展未果，大中城市的可持续发展就将被新城区发展和老城区转型的零和博弈拖累。以新老城区关系的协调推动大中城市的可持续发展，就成为本书的出发点和落脚点。

二、文献综述

（一）关于城市可持续发展的相关研究

自 1980 年国际自然保护同盟首次提出可持续发展的概念以来，国内外学者从生态、经济、社会、政治、文化、科技等诸多角度开展了大量的研究，研究对象也从国家整体向城市和乡村扩展。近十年，针对城市可持续发展的相关研究主要集中在内涵、问题和对策三个方面。

在城市可持续发展的内涵方面：巴尔基特、特瓦罗纳维耶内（Balkyte & Tvaronaviiene，2010）认为，城市可持续能力与城市竞争力相互依存，城市可持续发展与经济的动态变化和社会进步是一体的。张明斗、杨霞（2012）认为，城市可持续发展的实质是多维经济空间问题，环境维下要求城市经济、社会、生态可持续运行，系统维下要求城市经济、社会及环境三个子系统相互拟合融入社会进程，政治维下要求城市各方面的公平、责任和民主相互渗透。杨成光（2013）认为，城市可持续发展强调经济效益、社会效益和环境效益的统一，能够实现可持续性生产和消费、人口再生产的可持续性、生活质量和社会福利的持续提高。李宇亮、邓红兵（2015）认为，“城市可持续发展”是实现“城市可持续性”的过程，实质包含了社会、经济和环境三个相互协调的子系统的可持续性。杨振山、丁悦、李娟（2016）认为，城市可持续发展是指城市规模、结构、等级和功能的持续变化与扩大，包含城市的数量、规模和结构由小到大、由低级到高级、由不协调到协调、由非可持续到可持续的变化过程。卡马尼·R（Camagni R，2017）认为，城市可持续发展主要强调“人与人”的关系和谐，重点包括城市社会保障、社会就业、社会健康、社会公德等问题。罗杰（2017）认为，资源型城市可持续发展的内涵包括城市内部各方面协调发展和城市整体经济的持续发展。董仁才、张娜娜（2017）认为，可持续发展城市应该具有保持和改善城市生态系统服务的能力，并能够为其居民提供可持续福利。海骏娇、曾刚（2018）和吕永龙、曹祥会（2019）认为，城市可持续发展包括经济的可持续发展和社会文明与生态环境的可持续发展，其核心是经济、社会和生态环境的可持续发展。韩国莹、刘秀梅（2019）认为，城市可持续发展意味着要使经济增长、社会公平、更高的生活质量和更好的环境之间达到相互协调与平衡，城市的可持续发展能力与自然资源、生态环境和生产生活方式密切相关。

在城市可持续发展存在的问题方面：阿列克桑德拉·卡米尔察（Aleksandra Kaźmierczak，2011）指出，人口密集、建筑集中、交通拥挤、资产集聚、高环境暴露度和生态脆弱性等因素是影响城市可持续发展的主要问题。丁登林（2012）、王格芳（2012）、向春玲（2014）、李锐杰（2014）、李中建和郑旭东（2014）、焦晓云（2015）、杨文娟（2016）、谢邦昌和孙浩爽（2017）指出，“城市病”是城市可持续发展问题的集中体现，主要表现为交通拥堵严重、能源资源短缺、生态环境恶化、安全基础薄弱、社会矛盾凸显等现象。宋留清、王达（2013）指出，制约城市可持续发展的因素包括城市定位不切合实际等观念因素、阻滞扩散效应发挥的体制因素、导致资源与环境成本内生化不足的机制因素、致使科技支撑不足的科技因素。曾珠（2014）指出，法律法规不完善、可持续发展机制建设滞后、城市污染物排放超过环境容量、基础设施建设落后于城镇化进程对我国城市的可持续发展形成了制约。麦肯齐（McKenzie，2014）指出，贫富差距的扩大和居民健康与消费差距的拉大，会阻碍城市的可持续发展。周梦玲（2014）指出，政府作用发挥不足导致的产业结构亟待优化、社会保障体系尚需健全等问题会阻碍城市的可持续发展。沙拉雷·普莱布拉希姆（Sharareh Pourebrahim，2015）指出，新城市中心建设引发的植被退化、水土流失等生态问题会制约城市的可持续发展。任成好、张桂文（2016）指出，高速城市化引发的非农人口在城市的大规模快速集聚，导致了城市资源配置的严重失衡，威胁城市可持续发展。鄢祖容（2017）指出，在城镇化发展过程中出现的环境污染、交通拥堵、特色文化褪色、人居环境下降等问题，通过人口空间分布影响着城市的可持续发展。王雨飞、王光辉（2018）和向宁（2018）指出，大中城市的可持续发展受到人口膨胀、资源短缺、生态失衡、文化断代等诸多问题的瓶颈约束。吕永龙、曹祥会（2019）指出，城市可持续发展的主要问题在于社会、经济和自然系统各部分或者整体的失衡。翟盘茂（2019）指出，气候变化已经成为可持续发展进程中的核心问题，城市在快速发展过程中受到全球气候变化和城市化效应的叠加影响，对社会发展的可持续性产生巨大压力。

在有效促进城市可持续发展的对策方面：王桂新（2010）和吴鸣然、赵敏（2016）认为，区域可持续发展能力需要政府进行必要的干预和指导以弥补市场机制的不足，建议提高政府决策水平，以好的政府作用改善不好的市场“失败”，合理构建大城市和以大城市为核心的城市体系的空间结构。阿明扎德（Aminzadeh，2010）从土地利用出发，建议通过功能和结构调整，改善城市生态网络，实现城市可持续发展。邓普西·N（Dempsey N，2012）建议，协调密度和可持续性的关系，建立没有拥挤感的紧凑城市。覃剑（2012）建议，通过控制人口进而控制城市规模，通过优化城市与区域的关系和城市化的道路，改善城市可持续治理。李天健（2012）建议，加快城市产业升级，以良好的产业结构控制城市人口规模；通过技术升级提高环境污染治理的效率，加强对造成环境污染的企业和个人的监管。丁登林（2012）认为，应树立以人为本的城市治理理念，建议通过科学规划防止特大城市面积过度扩张、通过发挥政府调控作用促进公共资源的均等化配置。刘荣增（2013）建议，要加快实现六个方面的转型，即城市发展指导思想从追求 GDP 向追求幸福指数转变，城市发展方式从外延扩张向内涵发展转变，城市产业布局要从高耗能、高污染向资源节约、环境友好转变，城市交通从私家车普及向复合型公共交通系统转变，大城市从单一城市聚集向多中心组合转变，城市空间从平面、稀疏向立体、紧凑方向转变。宋留清、王达（2013）建议，通过建设“生态城市”实现精明增长，通过建设“数字城市”实现集约发展；要重视城市文化建设，丰富城市可持续发展的内涵。钱耀军（2014）建议，应加强资源保护和管理，实现合理开发利用；加强生态环境治理，大力推进生态城市建设。向春玲（2014）、鄢祖容（2017）建议，以新型城镇化发展和科学城市规划减少“城市病”，以制度改革和城市体系的协调发展克服“城市病”，以有效的生态环境保护措施医治“城市病”。石忆邵（2014）认为，治理“城市病”要与城乡一体化同步推进，建议通过城市转型升级来缓解城市问题，从向心型交通规划到网络型交通规划转变。周梦玲（2014）建议，应该完善管理体制机制，由注重当前转向着眼长远；完善调节补偿机制，由后端治理转向前端调节；完善公众参与机制，由政府为主导转向民众为主体。霍姆西·G·C（Homsy G C，2015）建议，采取多中心行动和多级治理，实施再分配性质的环境治理和保护行动。焦晓云（2015）建议，不断进行制度创新，加强制度供给，建立科学的官员考评机制；改革城市规划管理制度，完善生态环境保护制度，建立城乡一体的社会保障制度。麦考密克等（McCormick et al.，2015）建议，探索政府管理和规划、技术创新、生活消费、气候、移民适应性、交通可达性、空间环境和公共空间等方面的城市可持续转型。宋迎昌（2016）、杨文娟（2016）建议，要重视源头治理，疏解大城市功能；发挥规划的调控作用，加快城市基础设施建设，发展多途径的绿色交通体系；注重特色发展，科学定位城市，创造智慧的人居环境；加强城市环境污染治理，构建城市生态经济；注重城市内部协调发展，研究城市内部联动机制，推动城市各区域的协调发展。西蒙·D（Simon D，2016）建议，要优化能源结构，培育绿色景观，纠正生物圈破坏。

梁俊山、文晓丽（2017）建议，通过发展田园城市、特色小城市、慢行交通和舒适的公共活动空间等措施解决城市病，建设慢城。陆铭、李杰伟（2019）认为，人口膨胀并不一定是城市可持续发展的阻碍，建议以科学的实有人口规模预测为基础，动态调整土地供给总量，规划公共服务的数量和结构，逐步降低大城市人口落户门槛，通过市场和政府多种力量推动城市人口可持续发展。

文献述评：现有城市可持续发展内涵的相关研究，基本集中于经济、社会和生态三个领域，经济发展、社会进步和生态改善，以及三者之间关系的协调，被认为是城市可持续发展内涵的重点内容，而将城市内部空间关系协调纳入城市可持续发展内涵的研究则非常少见。现有城市可持续发展问题的相关研究，以“城市病”领域最为集中，人口膨胀、交通拥堵、生态恶化、文化断代、制度缺失、管理低效被认为是制约城市可持续发展的重点问题，而探究“城市病”根源、分析城市功能布局影响的研究则不多见。现有城市可持续发展对策的相关研究，集中于政府治理、规划引导、产业调整、生态优化、文化开发等领域，针对城市内部空间关系协调的对策鲜有提及。因此，本书将城市内部空间关系协调纳入城市可持续发展的内涵范畴，将通过城市内部空间关系协调推动城市可持续发展作为研究的出发点，并针对城市内部空间关系的失调提出对策建议。

（二）关于城市功能的相关研究

与城市可持续发展研究相比，城市功能相关研究开展较晚。众多学者以工业化和后工业化为时代背景，以“一带一路”、长江经济带、城市群（圈）建设为战略背景，从总体和细分两个方面开展了城市功能相关研究。

在城市功能的总体研究方面：付丽萍、舒亚东（2010）认为，城市功能定位包括以现代化、国际化和持续化为主的战略功能定位，以功能创新、功能优化、功能协同和功能竞争为主的区域性功能定位，以集散流通功能、生产消费功能和管理服务功能为主的生存功能定位。卡佩林（Cappellin，2011）认为，城市不仅是生产和工作场所，也是消费地和居住地，城市人才集聚所产生的新服务和新商品促进了城市新产业的诞生。胡晓辉、杜德斌（2011）认为，一般城市应具有生产功能、教育功能、金融功能、流通功能和文化功能，而具有科技创新功能的城市还应具备能带动其他功能升级的能力。鲍悦华、陈强

(2011) 认为，城市功能分为政治功能、生产功能、庇护功能、教化功能和联系功能，均由“城”和“市”这两个城市最朴素的功能演化而来。闫彦明(2012) 认为，城市核心功能可以分为对外部要素控制力的控制性功能，满足城市日常运行的基础性功能，城市中心向周边区域迁移乃至消亡的迁移性功能。张黎明、薛冰 (2014) 认为，城市是一个由经济功能、社会功能和环境功能组成的综合功能系统，经济功能包括生产功能、流通功能和消费功能，社会功能包括政治功能、文化功能和保障功能。周梦玲 (2014) 认为，作为可持续发展战略实施的重要层次，城市应具有较强的集聚与辐射带动功能，在区域经济社会发展中居于主导地位。斯基曼特·莫祖里乌奈特 (Skirmante Mozuriunaite, 2016) 认为，城市中心区功能的多样性、密度和集中度刺激了快速的城市化和城市转型，使现有的城市结构变得复杂。李建伟、刘科伟 (2016) 从要素层面分析了城市新区的业态类型与城市功能转型，认为居住功能、工业功能、现代服务业功能适配有助于城市新区与母城功能之间关联耦合。伏虎(2017)、俞玲玲 (2019) 认为，“一带一路”和长江经济带沿线城市将面临生产、服务、集散、创新等功能选择，以及在政治、文化、生态、经济等诸领域的定位再确认。覃剑 (2019) 认为，城市尤其是中心城市往往拥有政治、贸易、金融、服务、科教、文化等多种功能。张丽 (2019) 认为，城市基本功能表现在经济、政治、文化、生态和社会各方面能够满足居民基本的生活需要，是城市的内部功能，同时具备国际经济合作中的功能、国际人文交流中的功能等外部功能。

在城市功能的细分研究方面：苏米亚迪普·查托帕迪耶 (Soumyadip Chattopadhyay, 2018)，尚海洋、宋妮妮、丁杨 (2019) 和维克多·哈格 (Victor G Hugg, 2019) 对城市的服务功能开展了研究，提出大城市和特大城市应该把提高城市适宜性的重点放在提高城市服务方面，要提供系统维护服务和生活方式服务协作，理解不同服务功能类型可能扮演的角色。伊琳娜·巴赫利亚 (Irena Bačlija, 2011)、余敏江 (2017) 和任远 (2018) 对城市的管理功能开展了研究，主张管理功能的首要任务是在城市的社会和经济发展之间实现亟须的平衡，认为“超前治理”包括城市公共空间、公共基础设施、居民社区和基本社会服务的规划、管理和供给。普拉纳布·库马尔·潘迪和伊什蒂亚克·

贾米尔（Pranab Kumar Panday & Ishtiaq Jamil，2011）、梁苏会和郝井华（2016）对城市的协调功能开展了研究，主张协调功能是通过不同机构聚集在一起的重要机制，努力使它们之间更加兼容，认为协调是一种强调整体性、综合性和内生性的发展聚合，是多系统或要素在协调这一有益的约束和规定之下的综合发展。吴雪玲和韩旭（2019）、魏小芳和赵宇鸾（2019）对城市的生产功能开展了研究，认为资源禀赋推动了城市生产功能的发展，城市功能要基于农业生产效益、非农业生产效益、经济社会发展水平进行衡量。苏宁（2016）、斯维尔·J·赫斯塔德（Sverre J Herstad，2018）、任会明和叶明确（2018）对城市创新功能开展了研究，认为随着创新空间的发展，越来越多的创新型企业与人才开始集聚、迁移到空间紧凑、基础设施便利的中心城市；单个企业的创新战略会反映城市位置的密度、多样性以及国际连通性，区位与创新存在着强关联；主张创新功能已经成为衡量城市综合实力、促进城市产业转型、集聚高端创新要素的重要功能，并在未来优化城市空间结构上发挥重要作用。

文献述评：从现有城市功能的相关研究看，城市功能的多元化已经成为众多学者的共识。服务、管理、协调、创新、教育、金融、流通等功能持续丰富和扩充着城市功能的内容，并通过要素集聚、产业优化、转型升级等途径对城市发展产生促进作用。但是，当前的城市功能研究相对独立，城市功能系统的研究还不充分，与城市可持续发展研究尚未建立关联。关于城市功能空间布局对城市可持续发展影响的研究非常少见，城市功能集聚与“城市病”的关系还没有得到应有的重视。因此，本书将城市功能过度集聚作为“城市病”产生的重要原因和制约城市可持续发展的重要瓶颈，将城市功能疏解和空间布局更新作为协调城市内部空间关系、实现城市可持续发展的重要路径。

（三）关于新城区发展的相关研究

“十一五”时期开始，伴随着我国大中城市新城区发展实践的快速推进，关于新城区发展的相关研究也日益展开。与新城区发展实践的突飞猛进形成鲜明对比的是，新城区发展理论研究尚未出现重大进展，相关研究目前主要集中在新城区发展的问题、影响因素和对策三个方面。

在新城区发展面临的问题方面：韩非、蔡建明（2011）认为，新城区存在城乡过渡性、边界不稳定性和动态变化性等问题，导致城市发展出现新的空间分化。程进、曾刚（2011）认为，新城区经济发展存在产业间缺乏互动、土地存量不足以及技术层次偏低等问题，要确保传统上的产业升级能够驱动新兴产业发展。吴敬琏（2013）认为，新城区经济活力极为有限，土地资源未能合理利用与开发，造成事实上的“房地产化”和“城镇化实效”的低下。郑灵飞、黄友谊（2013）认为，由于建设年代、隶属关系、空间布局、建筑材料及建造手段不同，新城区与老城区必然会有很大差别，城区之间的关系会影响新城区发展。刘士林（2014）认为，新城区的无序扩张，不利于城市有限土地资源的合理有效使用。冯奎（2015）认为，新城区建设初期粗放式开发和地表迅速人工化，会极大程度损害所依赖的生态环境，影响整个城市的可持续发展；从新城区自身而言，非理性扩张意味着资源利用率低下，投资回报不足，居住和就业吸引力不高，发展难以为继。皮黔生、王恺（2016）认为，新城区发展存在“政策洼地”与“虹吸现象”、向传统行政体制回归、功能变异与候鸟经济、人事机制僵化等问题；同时，政企不分、经济开发职能与社会管理职能的矛盾以及开发区与母城矛盾渐趋明显，也对新城区发展产生了消极影响。程春生（2016）认为，新城区建设存在城市规划不同步、新区扩展产业支撑弱、公共服务资源不足、土地利用集约化程度低等产城不协调的现象；同时，城镇化滞后于产业化，而在产能全面过剩、产业升级缓慢的背景下又会出现产业化滞后于城镇化的问题。阳建强、杜雁（2016）认为，部分新城区存在着土地城镇化快于人口城镇化、空间分布和规模结构不合理、缺乏特色与整体协同等问题，未来必将逐步进入以提升质量为主的转型发展新阶段。

在新城区发展影响因素方面：埃里森等（Ellison et al.，2010）认为，劳动力市场共享、中间投入品共享与知识溢出效应会影响新城区建设中的行业集聚现象。吉多·塔贝里尼（Guido Tabellini，2010）通过实证分析证明，新城区实际经济发展水平的差异很大程度上受各地文化价值观的影响。杨卡、张小林（2010）认为，我国新城区的社会空间分异主要是以经济收入为基础的差异，在物质空间上最直接的反映是居住空间的分异。张学勇、李桂文（2011）认为，理论研究及实践经验积累的缺乏是导致我国新城区建设社会空间分异问题的根本原因，而社会服务设施、生活设施、文化建设及消费空间、休闲空间塑造的严重滞后，使新城区缺乏凝聚活力的支点。布罗克尔和博施玛（Broekel & Boschma，2012）指出，创新网络的推出在新城区发展中具有关键作用。尼古拉·根奈奥利（Nicola Gennaioli，2013）通过大数据分析指出，人力资本投入对城区经济发展差异的影响是最大的。西里维斯特（Silivestre，2014）从管理者的角度分析，发现管理政策制定失误及外部技术利用率不足，是阻碍产业发展最重要的因素，也是导致新城区发展停滞不前的原因所在。黄建洪（2014）认为，治理社会维度的缺失与治理技术的行政性市场化，限制了新城区体制功效的发挥，使其经济与社会绩效呈现分化态势；既抑制了集聚化与集约化，又难以解决诸如利益冲突与环境疏离等社会问题。韩亚欣、吴非（2015）认为，创新驱动偏移导致的产业结构调整凝滞，使新城区建设遭遇瓶颈；而新城区经济增长功能长期孤军深入，导致区域内城市服务功能短板效应凸显，空间布局失衡。贝伦斯等（Behrens et al.，2015）发现，交通成本的提升、出口竞争的加剧、上下游产业的扩散会限制新城区的产业集聚。任继红（2019）认为，战略定位的缺失和发展规划科学性、前瞻性不足，导致了新城区同质化发展的普遍现象，没有真正发挥新城区产业集聚、引领发展的作用。

在新城区发展的对策方面：雷诚（2010）建议，新城区发展动力要实现从要素驱动向资本驱动、知识技术驱动和财富驱动的持续提升。冯章献（2010）建议，要通过新城区的空间拓展来促进城市空间结构的优化，为城市提供重要动力和载体。郑国（2010）建议，要为新城区的新增城市人口提供相应的就业空间、社会福利以及城市公共服务，使新增人口具备在城市中生存、发展的能力，为新城区的建设发展贡献更多的内部力量。印亚男（2010）建议，统筹新城区城乡经济社会城市发展综合规划，发挥地域优势，依托园区经济和中心社区，推进产业集聚和人口集聚，创新制度建设和政策研究。买静（2011）建议，将新城区建设在空间方面所关注的重点从产业建设的“建区”向人居环境建设的“造城”转型，新城区功能和特色定位上应明确区分于一般城区。王开泳（2011）建议，新城区要在城市空间分布格局上做出有利的调整，对于城市空间的布局研究要逐渐由物质空间、经济空间转向社会空间。郑国（2011）建议，新城区的发展要跟城市空间结构的影响相结合，在经历“孤岛”和“飞地”两个阶段后，新城区才能与城市更好地融合发展。张京祥、赵丹（2012）建议，新城区的建设要“从粗放扩张到集约更新、从空间分割到整合修补、从分立冲突到统筹协调、从主动实施到受理申请”，实现城市规划主导范式、重点任务、增长管理体系、实施方式的全面转向。阿兰兹（Arranz，2012）建议，网络创新在城市的发展进程中发挥着不可忽视的作用，新城区的发展更不应忽略网络创新这一重要指标。仇保兴（2012）建议，新城区建设抓好“紧凑度”与“多样性”这两个事关城市可持续发展的核心要素，要倡导街道风格、形态格局、空间肌理、城乡环境、建筑园林、产业结构和市民构成的多样性。蒋燕青（2013）建议，通过推动各类要素资源的整合实现新城区体制的创新、空间拓展、产业升级，提高新城区建设发展水平。胡博（Biao Hu，2014）建议，新城区要在特定的时期进行发展转型，要格外注重生态环境的保护，着力发展低碳经济，加大新型能源的推广，营造一个良好的生存环境。李雪梅（2014）建议，要将构建相对独立、功能完善、环境舒适的“新兴区域”作为新城区发展的阶段性目标。叶姮、李贵才（2015）建议，新城区建设要始终把人民放在心中最高位置，倾力关注民生事业，在幼有所育、学有所教、劳有所得、病有所医、老有所养、住有所居、弱有所扶上不断取得新发展。黄磊（Huang L W，2016）建议，新城区发展要与老城区有机衔接，在自身经济发展的同时也要带动老城区发展，形成优势互补型发展模式。陈浩、王莉莉（2018）建议，以土地金融、土地财政和房地产开发三位一体、滚动发展的“土地城镇化”模式，迅速拉开新城区发展的空间框架，进一步形成高品质发展的空间形象。

文献述评：现有的新城区发展相关研究，总体上呈现观点多元化的特征，土地空间、生态环境、产业结构、经济活力、人口集聚、社会文化、战略规划等多元视角丰富了我们对新城区发展的认知。虽然作为新城区发展重要理论基础的内涵特征研究尚属空白，但是关于新城区与老城区和城市整体发展关系的研究，以及新城区发展虹吸效应、新城区建设的人本主义等观点，对本书具有重要的启示意义。因此，本书将重点关注新城区的内涵特征研究，将新城区发展定位为大中城市规模扩张的增量优化，通过构建新城区发展问题的新分析框架，探究新城区发展与老城区和城市整体发展的关系，为通过新老城区关系协调促进大中城市可持续发展研究奠定基础。

（四）关于老城区转型的相关研究

自20世纪60年代城市更新理论提出以来，以老城区转型为代表的城市更新问题得到了国内外学者的广泛关注。在可持续发展目标的指引下，作为大中城市更新发展的主体，老城区转型相关研究目前主要从城市更新、老城区转型问题、促进老城区转型的对策三方面展开。

在城市更新方面：杨东峰、殷成志（2013）提出，要深刻把握城市增长压力缓解的历史契机，通过废弃地再利用、工业遗产开发、生态环境整治、经济住房建设、劳动力技能培训、都市型农业开发、地方特色产业挖掘等创新的规划措施，为收缩城市的转型发展创造一个平稳的环境。罗翔（2013）提出，要从实施综合整体战略，以均衡、有序、积极的方式解决城市问题；充分发挥公有部门的优势，在规划、土地、交通、生态、公共建筑、文化产业、技术创新等领域入手来实现城市的复兴。王刚、隋杰礼（2017）认为，城市更新应注重强化政治制度背景分析，注重城市设计的法律地位以及如何与现行的规划体系相铆合，要对存量城市设计的阶段性和类型做出科学判断。楚建群、赵辉（2018）从城市治理创新和城市更新的角度研究了治理城市病问题，提出鼓励市场与社会自主参与、建立多元对话平台、推动社区主导更新及运用智慧治理手段四方面建议，以及构建城市非正规空间更新的治理新机制。梁印龙、孙中亚（2018）研究了城市更新中的土地更新问题，提出工业用地更新必须重视产权问题，充分考虑本地政府管理的特征与制度，建立与之相适应的政府、市场、企业、社会的多元博弈机制。陶志庄和奎娜·K·钱（Taozhi Zhuang & Queena K Qian，2019）提出，在城市更新的利益相关者参与方面，要将行政职能和权力集中到较少关注的部门，这样可以更有效地处理城市更新的管理。朱一中、王韬（2019）提出，目前城市更新存在着多元目标难以协调、过度追求土地开发利益的问题，面临政策稳定性差、规划管控不足的困境；建议在确立公共利益优先原则、发挥规划管控作用、明确不同参与主体角色定位的基础上，政策制定应合理配置剩余控制权与剩余索取权，以分成契约的形式实现不同参与主体间的土地收益分享和经营风险分担机制。邓雪湲、黄林琳（2019）认为，我国城市发展方式从增量发展逐渐转变为以城市更新为主，城市规划范式也相应地从综合理性的宏大叙事转化为协作沟通方式。

在老城区转型问题方面：易峥、曹春霞（2010）通过重庆的个案研究指出，蔓延式发展和以小汽车交通为导向的土地利用模式，以及政府缺位、开发商各自为政的开发模式，使得老城区中产生了公共中心缺失等问题。郭翠花、刘鹏飞（2011）通过兰州的个案研究指出，老城区存在着地产与经营导向为主、文化导向不足、外围城区的公共服务资源落后于经济发展等问题。李天舒（2011）通过辽宁省中心城区的案例研究指出，老城区主要存在着经济发展与空间容量矛盾突出、城区产业定位不够明确、各城区之间经济发展缺乏有效互动等问题。马红瀚、高铭（2013）通过天津市的个案研究指出，老城区在发展过程中存在着发展动力不足、新城区发展挤压、产业空心化和传统文化特色不断弱化等问题。王昊、沈启平、汤博信和马丁·斯基特摩尔（Wang、Shen、Tang & Skitmore，2013）通过香港的个案研究指出，老城区存在着土地利用不当、土地开发不足、建筑物老化、居住环境恶化等问题。张建华（2014）通过上海的个案研究指出，老城区发展面临商业布局缺乏层次性、商业能级体系不清晰、商业形态创新研究实践甚少等问题。周蜀秦（2015）从“弹性城市”的视角指出，大都市的旧城区在发展过程中存在着产业体系发展不均衡、本地化的创新行为匮乏、社会建设与社会治理难度大以及城市空间改造滞后于产业发展进程等难题。郭小燕（2015）从新型城镇化老工业基地调整的角度指出，作为老工业区的老城区存在着服务业发展滞后、产业支撑和就业支撑能力不强、城市空间布局不合理、城市功能不完善、节能减排和环境保护压力大等问题。李慧、周立群（2018）提出，老城区在发展过程中存在着区域发展空间受限、传统产业优势尽失、历史文化传承褪色、社会服务功能退化、中心城区产业升级滞后导致边缘化和空心化的难题。孙斌栋、黄鑫楠（2018）从疏解城市非核心功能的角度提出，老城区面临交通拥堵、经济绩效低下、环境污染集中、空气质量日益恶化、房价上涨及人口和经济活动过度集中等问题，降低了老城区对高端人才的吸引力，不利于创新驱动和转型发展战略的实施。彭文英、滕怀凯、范玉博（2019）从疏解非首都功能的角度提出，北京中心城区存在着人口膨胀、交通拥堵、环境污染、资源限制、楼价过高、区域发展不协调等问题。

在促进老城区转型的对策方面：陈玉光（2010）建议，应该以现代科技为依托，进一步优化产业结构，大力发展现代服务业，提高第三产业的比重，坚持保护与更新的有机统一，坚持政府主导、社会参与、市场化运作等措施。陈安杰（2010）建议，将老城区改造、国有企业调整升级与发展知识经济紧密结合起来，为科技成果转化搭建创新服务平台，建立了区、校、企、科研院所结合的产学研战略联盟。穆罕默德贾瓦德·马赫达维内贾德（Mohammadjavad Mahdavinejad，2011）、阎宏（Hong，2018）建议，加强公众对于老城区更新的参与度，并将公众参与分为管理主导、专家主导、居民主导和功能主导四类。田莹、朱华友、刘志高（2012）建议，要从突破路径依赖的方面进行创意转型，构建“学习型产业集群”，由资源型经济向知识型经济转变，将创意转型与经济转型、生态转型、社会转型整合在一起。王兰、顾浩（2013）建议，开发以办公、商业、会议为主的多元项目，大力发展文化产业，增强中心城区的活力，积极吸引和培养优秀人才。刘治彦（2013）建议，加快老城区城市功能布局优化，重点发展高新技术研发、金融服务、商贸、文化创意等现代服务业，促进人口向区外疏散。刘社建（2013）从城市功能创新的角度，建议提升老城区金融功能、有效促进经济社会发展、积极参与全球产业链分工。霍拉迪和鲍威尔（Holladay & Powell，2013）、唐纳森和杜普莱西斯（Donaldson & Du Plessis，2013）、拉比奥西（Rabbiosi，2015）提出，要通过发展旅游业促进老城区转型并保持区域活力，传承区域文化，从而实现退化地区的城市再生，提高生活质量。陶希东（2015）建议，从完善城市功能、促进城市产业升级、保存城市文化、规划保障住房、降低生活成本等方面入手来提高老城区的运行效率。郭帅新（2018）从新旧城区产业协同发展的角度，建议老城区应借助于新城区疏解过剩产业并优化传统优势产业、延伸产业链、拓展空间链、转移产业价值链部分环节等措施入手来实现转型。叶如海、杨文意（2019）提出了“老城做减法、新区做加法”的空间发展策略，即控制老城人口规模和开发总量，将资源疏散至老城外围鼓励开发的新区以疏解老城的压力。

文献述评：现有的老城区转型相关研究，虽然大多属于城市个案研究，但是研究结论和观点比较集中。土地空间更新、产业结构升级、传统文化传承、生态环境保护、多方主体参与成为城市更新和老城区转型的重点和难点领域，为本书的写作提供了丰富的参考文献。但是，现有研究对老城区的类型特征和城市功能定位，以及新城区发展对老城区转型的影响关注不足，没有将老城区转型纳入城市可持续发展的框架。因此，本书将重点关注老城区的类型特征研究，将老城区转型定位为大中城市质量提升的存量突破，通过构建老城区发展问题的新分析框架，探究老城区转型与新城区和城市整体发展的关系，为通过新老城区关系协调促进大中城市可持续发展研究奠定基础。

（五）关于城市内部空间关系的相关研究

长期以来，区域经济关系研究的重点大多是省际和城际关系，关于城市内部空间关系的研究相对较少。随着大中城市规模的扩大和空间的多元化，越来越多的学者开始关注城市内部空间关系，相关研究也从城市空间结构、城市内部协调发展和新老城区关系三个方面展开。

在城市空间结构方面：法拉（Fallah，2011）发现，城市蔓延水平与其劳动生产率显著负相关，并且这一负向关联在小城市中更为突出。李国平、孙铁山（2013）阐述了网络化大都市发展模式的内涵及特征，并论证了网络化大都市的空间整合机制和发展模式。张建强、薛俊（2013）探讨了中心城市外围边缘区区域协作的理论途径，并结合实例提出了区域特色产业协调、区域交通一体化、区域用地布局引导的规划措施和协作策略。马雅方（2014）从作用形式和作用效果两方面，分析了开发区发展对城市空间结构演变的作用，并且将城市空间结构分为产业空间结构、人口空间结构和空间形态三部分分别进行阐述。理查德·佛罗里达（Richard Florida，2014）通过地图化风险资本的活动，证明了高新技术开发、创业活动和风险投资都开始向城市中心转移的发展趋势。阎宏、孙斌栋（2015）从理论和实证两个方面，论证了城市多中心程度的提高会降低城市的人均能耗和单位 GDP 能耗，多中心城市结构具有更好的生态绩效。刘修岩、李松林（2017）提出，在城市内部和市域等较小的地理尺度上，单中心的空间结构能够提高城市经济效率；而在省域这一较大的地理尺度上，多中心的空间结构更能促进本地经济效率的提升。卢卡（Luca，2018）认为，大都市区是由非均衡力量产生的复杂系统，隐含着城市空间结构与经济功能之间的多重关系，并论证了城市空间结构影响城市经济发展的长期机制。郑建峰、陈千虎（2019）综合使用基尼系数、芬达尔指数和首位度等多种指标，证明了我国城市内部空间结构整体呈多中心化发展态势，指出城市内部空间结构多中心化发展分异已成为我国城市发展的新常态。韩林飞、方静莹（2019）提出，应该建立城市缓冲区，加大边缘区政策倾斜和公共服务供给力度，促进城市边缘区之间的相互联系以促进城市中心区与边缘区的协调发展。

在城市内部协调发展方面：周鹏（2010）、丁梅（2012）从区域创新系统的视角，对天津滨海新区、中心城区、各区县协调发展进行阐述和研究，指出"三区联动"实质是产业要素在空间上的重新分工与组合和产权重组的过程。罗斯·C（Roth C，2011）从居民活动的角度，研究了城市多中心动态特征及空间交互模式，论证了城市内部不同功能区之间的交互作用。全娟（2012）总结出产业园区与城市空间协调互动的促进因素以及互动失调的制约因素，并提出从产业结构、基础设施、人口结构、增长方式、政策规划五方面推进良性互动的策略。陈海英（2013）提出相对独立区与主体城区的概念，认为主体城区对相对独立区的辐射带动作用很大程度上是通过二者间物质要素的流动实现的，关键在于区间的交通通道。喻新安（2015）通过郑州的个案分析，提出通过强化定位和创新体制机制促进城市区域板块协调发展。林艳玉（2017）提出，通过提高企业间的空间关联度、优化开发区空间整合路径、推进开发区与新城的空间整合来促进开发区的区域均衡发展。刘诗芳（2017）从城市空间融合的角度，认为城市外围片区空间融入需经历自然生长、外围片区、相向发展、有机融合、全域城市五个阶段，并通过产业整合、功能转型、空间重组、文化交融、政府转型等才能实现空间的有效融合。杨本建、黄海珊（2018）从城区与开发区互动角度出发，提出了城区人口密度影响开发区企业生产率的U型假说，得出了开发区与城区协同发展需要以一定的城区人口密度作为条件的结论。毕铁居（2018）分析了中国开发区与所在行政区分立与融合过程的规律和制度变迁的内在因素及外在驱动力，并探讨了开发区管委会向行政区、区政合一与行政托管模式的转换机制。

在新老城区关系方面：李天舒（2011）提出，老城区以"城市单元更新"为重要手段创造产业转型和城市升级的空间，新城区突出城区现代服务业集聚区和工业产业集群两个特点，要理顺城区之间的竞争合作关系。张学勇

（2011）建立了新城与主城共生的成长模式以探索新城与主城共生成长的动力机制，提出通过新城功能、活力及空间的外延扩张生长来促进主城功能、活力及空间的内涵整合提升，从而实现新城成长与主城协同发展、互惠互利的共生关系。王旭东（2012）提出，通过新老城区空间形态的拼接和整合、新旧城区功能的转变与融合、新区与老城间绿色出行交通模式的构建、新区与古城生态内外贯通和整体协调、古城文化在城市新区的传承与发扬，推动新老城区的互动发展。黄磊（Huang L W，2016）从区域、生态、人口、文化、交通、经济发展等方面进行规划研究，提出结合新旧城的规划设计，因地制宜，使两个地区连接起来，将古城的历史文化遗产与新城的现代化有机结合起来。郭帅新（2018）以协同理论为基础，指出特大城市新旧城区产业协同发展的基本动因是经济空间联动、产业价值链转移和产业组织结构优化，并且从产业布局统筹、产业规划互动、产业功能协作与产业利益协调四个方面论述了特大城市产业协同发展的作用机制。

文献述评：虽然关于城市内部空间关系的相关研究起步较晚、积累较少，但是城市多中心空间结构、城市内部融合模式和新老城区协和共生关系等观点为本书奠定了一定的基础。考虑到本书的需要，现有研究还存在着一些不足。一是不够重视新城区发展和老城区转型的关系协调在城市空间关系中的地位和作用；二是没有将城市空间关系协调作为城市可持续发展的动力和依托。因此，本书将从我国大中城市发展的现实出发，将新城区发展和老城区转型作为疏解城市功能、缓解“城市病”的突破口。通过新城区发展实现城市规模扩张的增量突破，通过老城区转型实现城市质量提升的存量变革，为大中城市的可持续发展提供双轮驱动。在明晰新城区内涵特征和老城区类型特征的基础上，明确新老城区关系协调对大中城市可持续发展的重要作用。直面新老城区协调发展的现实困境，探索新老城区协调发展的理论路径，构建新老城区协调发展的理论机制，最终提出通过新老城区协调发展推动大中城市可持续发展的对策建议。

三、研究框架

本书的研究框架如图 1－1 所示。

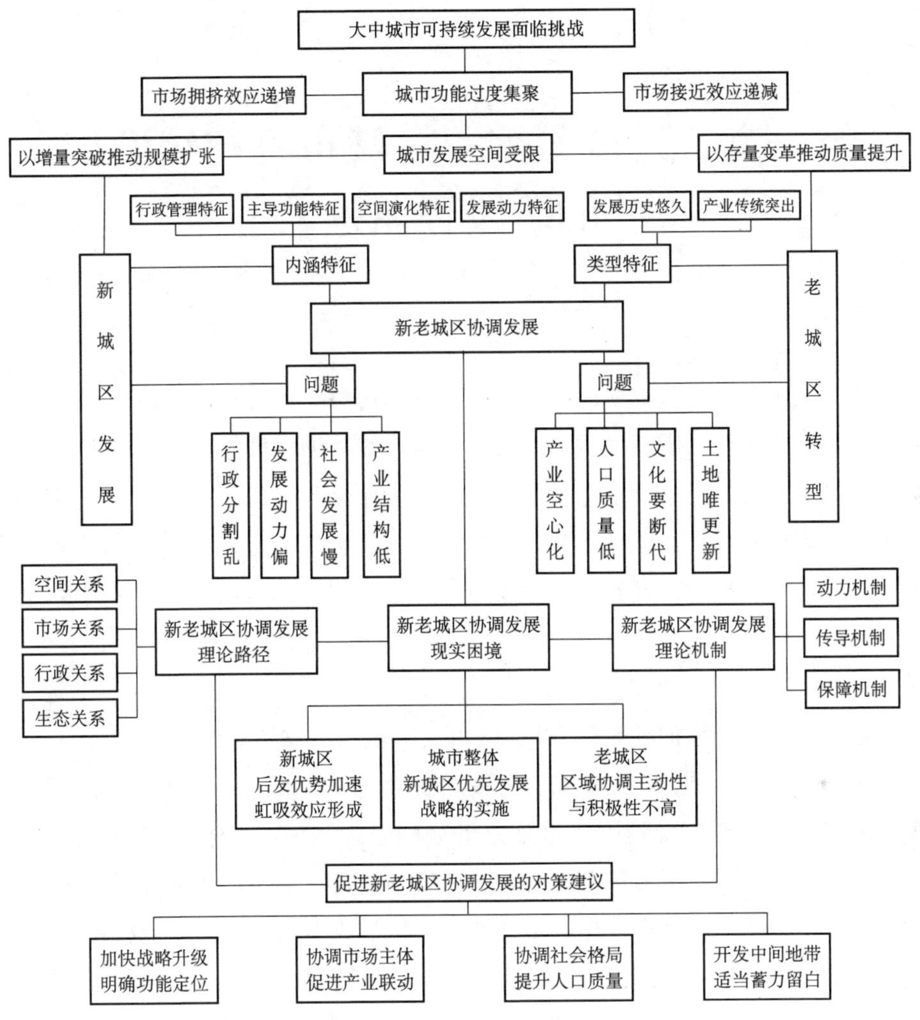
大中城市可持续发展面临挑战
市场拥挤效应递增
城市功能过度集聚
市场接近效应递减
以增量突破推动规模扩张
城市发展空间受限
以存量变革推动质量提升
行政管理特征
主导功能特征
空间演化特征
发展动力特征
发展历史悠久
产业传统突出
新城区发展
内涵特征
类型特征
老城区转型
新老城区协调发展
问题
问题
行政分割乱
发展动力偏
社会发展慢
产业结构低
产业空心化
人口质量低
文化要断代
土地唯更新
空间关系
市场关系
行政关系
生态关系
新老城区协调发展理论路径
新老城区协调发展现实困境
新老城区协调发展理论机制
动力机制
传导机制
保障机制
新城区 后发优势加速 虹吸效应形成
城市整体 新城区优先发展 战略的实施
老城区 区域协调主动性 与积极性不高
促进新老城区协调发展的对策建议
加快战略升级 明确功能定位
协调市场主体 促进产业联动
协调社会格局 提升人口质量
开发中间地带 适当蓄力留白

图1-1 研究框架

第一章　过度集聚——城市可持续发展的阶段性瓶颈

中华人民共和国成立70余年、特别是改革开放40余年以来，我国的经济社会发展取得了令人瞩目的成就。经济总量持续增加，世界第二大经济体的地位与影响力显著提升；产业结构持续优化，工业化与服务化协调联动的局面加速形成；人民生活持续改善，收入增长机制探索、供给侧结构性改革与社会保障体系建设全面推进。而在区域发展方面，我国更是仅用几十年的时间就达到了西方发达国家历经200多年才实现的城镇化水平。1978～2017年，我国城镇化率从17.9%提高到58.5%，城镇常住人口从1.7亿人扩充到8.1亿人，城市数量从193个增加到657个①，城镇在区域经济发展中的核心地位与主导作用不断加强。但是，在向城镇化的高级阶段——都市化迈进的过程中，我国大中城市的发展普遍受到了“过度集聚”的瓶颈制约。由于城市功能在空间范围相对固定的传统区域高度叠加，导致市场拥挤效应超过市场接近效应和生活成本效应，在提高了企业生产成本和居民生活成本的同时，还造成环境容量不足和生态承载能力下降。因此，要推动我国城镇化向更高水平发展、特别是大中城市的可持续发展，就必须要以对“过度集聚”问题的研究为基础。

第一节　城市功能高度叠加

一、城市功能的内涵

作为城市发展之本，城市功能主要可以从三个角度进行理解：首先，从自

① 温宝臣、王薇薇：《改革开放40年，中国城市大崛起》，中国经济网，2018年6月23日。

然辩证法的角度看，城市功能是指城市系统在内外部的相互作用中所表现出的属性、能力和效用。其中，属性表现为城市经营管理过程中各实施要素的性质以及经营管理过程中的相互关系，能力表现为城市运营对城市本身发展和区域发展的影响强度，而效用则表现为特定的城市实体地域及其经营管理过程。①其次，从发展观的角度看，城市功能指的是由城市结构性因素决定，具体表现为城市在国家、地区发展中所承担的政治、经济、文化等诸多方面的任务以及城市所起的作用，并且这种作用会随着城市自身条件和外部环境的变动发生动态性变化。最后，从不同专业学科的角度看，社会学认为城市功能在于城市社区的各种制度规范及其相互配合，人类学强调城市功能对人类文化的保全、整合传递乃至创造，城市管理学主张城市功能体现在文化承载体、社会生活依托体和经济中心，城市地理学和城市规划学将城市功能定义为城市在该国家或地区的作用或分工，经济学基础理论则认为城市功能内生于城市经济发展，不同的城市经济发展会产生不同的城市功能与之相适应。综上所述，可以将城市功能定义为：城市在一定地域范围内承担的责任、具有的能力和所起的效用，具体表现在城市的政治、经济、文化和社会活动，以及对外开放和动态发展中。

二、城市功能的特征

（一）整体性

城市功能不是各种功能的简单叠加，而是各种功能元素相互作用和相互有机结合形成的整体。每一种城市功能都是城市整体功能的要素之一，在整体功能中拥有不同的地位、分工和作用，但是其功能发挥也同时受到整体城市功能的制约。因此，不能孤立地分析某一种城市功能，必须着眼于城市全部功能的整体性和系统性，以分析城市整体功能中的各种功能要素。

（二）结构性

城市的内在结构决定城市的整体功能，这种城市的内在结构是指城市系统内各要素之间和各要素与系统整体之间相互作用和联系的方式。其中，城市系统的要素主要包含经济、政治、社会、文化、生态等。城市中有着许多要素，

① 陈柳钦：《城市功能及其空间结构和区际协调》，载于《中国名城》2011 年第 1 期。

而且每一种要素都会表现出不同的功能。城市中各种要素的有机结合构成了城市的整体结构，而各要素功能的有机结合才能构成城市的整体功能结构。①

（三）空间性

城市功能若要良好发挥，需要空间载体去承载，即城市功能要落实到城市的具体空间中。不同的城市空间，可能拥有相同的城市功能；相同的城市空间，可能拥有不尽相同的城市功能。存在于特定空间中的这些不同城市功能之间的相互作用，可能是相互促进，也可能是相互排斥；城市空间中起主导作用的不同城市功能，有可能兼容，也有可能不兼容，而不同的功能与其服务空间共同构成了城市的功能体系。

（四）层次性

每一种特定的城市功能在特定服务区域内发挥作用，不同的服务区域对应于不同的城市功能，较大的服务区域通常对应着高级功能，较小的服务区域通常对应着较低级别的功能，功能系统的复杂性导致服务区域的复杂性。因此，城市功能具有明显的层次性，大型城市功能系统由不同层次的子系统组成，每个子系统又是其下一层次小系统的母系统，大系统、子系统和小系统之间形成的隶属关系，以及由此建立的等级关系，就是城市功能的层次；不同层次的每个城市功能既有相同的运动规则又有自己特殊的运动规律；各层次的系统之间互相依存、互相作用、但又互相区别、互相制约。②

（五）开放性

城市的各种功能都是相对于一定的外围区域而言的，扩散是城市的一个显著特征，扩散与带动作用是城市的基本功能。主观上，作为一个明确的利益主体，城市将会持续以自身的实力扩大其腹地空间，并为其产品和服务寻求广阔的市场。客观上，城市凭借其在技术、资金、管理、理念、生产系统等方面的优势，进一步确立对腹地的主导性地位，以改善和推动腹地经济发展。随着经济社会的发展，城市会通过各种手段集聚一定区域内的物流、人流、资金流、信息流，通过其优化组合，产生能量聚集效应和乘数效应，从而形成城市的各

①② 陈柳钦：《城市功能及其空间结构和区际协调》，载于《中国名城》2011 年第 1 期。

种功能。从本质上讲，城市功能的发挥过程是城市与外部发生物质、能量和信息交换的过程。因此，这个过程是一个全方位开放的过程。城市的协调功能就很好地体现了开放性这个特征，中心城市在知识溢出的正外部性条件下，将自身的技术、资金和人力等要素扩散到周边城市，带动周边区域的发展，周边各城市之间资源优势互补，城市在开放的条件下实现经济的增长。

（六）动态性

城市功能是一个历史概念，随着时间的推移，城市内部发展条件和外部环境都会发生变化。在这个过程中，城市功能在不断叠加变化，在不断实现功能升级。此外，城市的发展有其内在的规律性，随着城市规模的扩大，城市的一些功能将逐步增强，一些城市功能逐渐演变成为城市自身服务，城市功能的层级和结构也将会发生变化。因此，城市功能在某一特定阶段是相对稳定的，但随着历史发展，一些城市功能有可能变化。[①] 战略地位与交通区位的改变、要素禀赋与比较优势的改变，都可以导致城市功能的动态变化。

三、城市功能的叠加

（一）生产功能

生产功能主要指城市生产制造各类物质产品和服务行为的能力和作用，其功能载体包括农业、工业和服务业。在农业社会时代，农业是城市生产功能的首要载体。19 世纪初，德国经济学家杜能提出了经济圈理论，认为在城市附近，应种植相对价格而言烦琐且笨重的植物，或是易于腐烂或必须新鲜食用的产品，随着城市距离的增加，可以种植相对于农产品价格而言运输成本更低的农作物。即以城市为中心，通过距离由近到远，形成农业集约化水平依次递减的圈境，每个圈境内都有自己的主要产品，并形成相应的耕作制度。这种理论强调城市最开始是作为农产品的交易市场发挥作用，并且以城市为中心建立相应的农产品生产种类梯度。

工业革命后，工业取代农业成为城市生产功能的首要载体。在工业发展起飞期规模报酬递增效应的吸引下，大量劳动力、生产资料和货币资本集中到城

① 陈柳钦：《城市功能及其空间结构和区际协调》，载于《中国名城》2011 年第 1 期。

市空间，促进了城市内部的分工合作和商品与资金的循环，使城市发展速度与规模得到进一步提升。工业产品实现资本的增值和利润增长是通过资本和劳动等生产要素进入城市后，经过一系列加工制造再销售到城市外的其他地区。随着城市内工业企业数量的迅速增长和生产规模的迅速扩大，工业劳动者生活区与生产生活配套设施同时大规模集聚，使城市土地资源稀缺性加快显现，逆城市化的现象开始出现。以地租和房价为代表的生产与生活成本迅速上涨，工业生产和劳动者生活为降低成本都向城市外围寻找出路，城市急剧向外扩张，吞并农村土地，使大批农民涌入新的城市区域，冲击并改造着乡村自然经济，从另一个角度推动了城镇化进程。

工业化后期，服务业开始对城市生产功能产生冲击，工业逐渐地向城郊或者是其他相对落后的城市进行转移，城市中心地带由工业区变为面向企业生产和居民生活的服务区。城市生产的产品不再囿于有形的实体，更多的是以各种劳务形式表现出来的无形产品，包括为企业生产服务的科技研发、信息管理、金融保险、法律咨询、物流仓储等生产性服务业，以及为居民生活服务的休闲旅游、娱乐购物、教育培训、健康管理、家政服务等生活性服务业。当经济社会进入后工业化时代，服务业将取代工业成为城市生产功能的首要载体。城市聚集的要素质量、城市生产的效率将得到显著提升，工业化时代出现的逆城市化现象将被再城市化所取代，城市生产功能将远远超越农业社会和工业化时代。

（二）服务功能

服务功能主要是指由政府部门提供的，以社会管理为手段和载体，为城市居民和企业生产提供保障性社会服务，推动城市系统顺畅运转的功能。具体包括交通邮政、供水供电、商业服务、科研与技术服务、园林绿化、环境保护、文化教育、卫生事业等市政公用工程设施类和公共生活服务设施类基础设施服务，以及由科技推广与政策性信贷等经济公共服务，军队与消防等公共安全服务，公办教育、公办医疗与公办社会福利等社会公共服务组成的公共服务。完善多样化的城市服务有利于优质要素与稀缺资源的加快集聚，可以促进社会人群的和谐共处与友善社会关系的建立。

在市场经济中，城市的服务功能虽然由政府主导，但是与市场化的服务业发展密切相关，公共服务领域的服务外包如今是众多城市的共同选择。政府部门通过公开招标、定向委托、邀标等一系列形式，将部分公共服务供给转移到社会组织或企事业单位，这不仅可以提高公共服务供给质量和财政资金的使用效率，还可以改善社会治理结构，从而满足公众的多样化和个性化需求。① 一方面，政府购买公共服务可以加快释放社会组织服务功能。政府借助专业服务机构优势完成公共服务供给，不仅改变了公共服务由政府单一供应的局面，还能够引导民间主体和民间资本多方参与，从而推动社会非营利组织的发展，并拓展了市场组织功能领域。通过推广服务外包模式、提供专业化的公共服务，可以有效改善城市公共服务多元化能力的不足。另一方面，政府购买公共服务有利于明确公私契约化合作的权利型导向，有助于公共服务效率的提升。不同于以往政府包办、政府补贴的这种传统的公共服务供给方式，政府购买服务通过契约化形成了公私合作模式。这种基于合同委托的公共服务提供模式，不仅可以维护社会公共服务组织主体的独立性，还可以有效缓解政府主导下的社会组织偏离设定目标的冲突。

（三）管理功能

管理功能是指以政府为核心的公共机关整合社会各方面力量，从最初以人类文明发展的经验积累为根据，到运用行政手段和经济工具等途径对城市运行进行管理的功能。根据内容涵盖面的不同，可以从狭义和广义两个角度来解释城市管理功能。从狭义来看，城市管理功能主要包括对公共秩序、环境卫生、国土规划、市政建设、公共交通、应急事务、人口与社区等方面的管理。从广义上讲，除了狭义的城市管理功能外，城市管理功能还包括对城市中各项经济活动、科学技术和文化艺术等的控制、调节和指导，以及城市体系的设置、城市结构的布局和调整等，以确保城市按照自己的运作规则有序发展。随着经济社会的发展，城市管理功能的内涵也在不断变化，涵盖的内容在不断增加，然而其目标是不变的，始终是通过城市管理功能确保城市的发展井然有序、健康安全、和谐包容、功能完善、品质提高，为企业生产和居民生活创造更好的生

---

① 张龙、陆宁：《政府购买公共服务的学理因由、现实困境与推进策略》，载于《现代商业》2017 年第 3 期。

活环境，让城市生活更美好。

在信息化时代，城市管理功能与信息技术的关系越来越密切，智慧城市的概念应运而生。即借助物联网基础设施、云计算基础设施、地理空间基础设施等新一代信息技术，以及维基、社交网络、Fab Lab、Living Lab、综合集成法、网动全媒体融合通信终端等工具和方法的应用，实现对城市的智慧化管理，使得城市智慧化运行，本质上是为了更好地开展公共管理服务，使政府提供的公共管理服务契合当地政治、经济、社会、文化和生态。其中，建设智慧城市对城市管理功能的提升集中体现在智慧交通领域。作为基于智能交通系统的一种智能化交通模式，智慧交通将先进的信息技术、通信传输技术、传感技术、导航与定位技术等有效地结合，推广运用于整个交通运输管理体系，是一种大范围、全方位作用的实时高效的综合运输管理系统。针对城市交通拥堵问题，智慧交通以建设“高效、安全、环保、舒适、文明”的运输体系为目标，使城市交通运输系统的管理水平和运行效率得到大幅度提高，为出行者提供全方位的交通信息服务和简便、高效、快捷、经济、安全、人性化、智能化的交通运输服务，并为交通管理部门和相关企业提供及时、准确、全面和充分的信息支持和信息化决策支持。通过打造智慧城市大交通的新模式、新体制和新常态，智慧交通可以推动人、车、路的密切配合与和谐统一，大大提高城市的宜居性，是智慧城市建设的基础性工程。①

（四）协调功能

协调功能是指生产力与人口高度密集的区域中心城市，依托作为区域经济发展核心所拥有的区域资源配置能力，在区域经济社会发展中发挥着市场与行政协调功能。在充分集聚区域资源的基础上，中心城市通过扩散效应的发挥，与周边城市加强资源与市场的交流合作，协调区域竞合关系，优化区域资源配置，以增长极地位和作用的强化推动区域经济一体化，将城市内部的社会分工体系发展到城市与城市之间，使得经济和社会要素的优化配置可能在更高层次上或是更大的空间上。在城市发展的实践中，协调功能的发挥通常以知识溢出效应为前提。拥有更优产业结构和更高生产效率的中心城市，通过技术扩散降

① 李晓伟：《加快智能交通发展思路的探讨》，载于《电子测试》2013 年第 13 期。

低周边城市的经济成本，促进产业的区际转移和区域市场整合，为周边城市创造更多的就业机会、更丰富的资本供给、更强的经济增长动力。

伴随着城市空间布局的不断外延，分化出了区域中心城市和次中心城市。城市内部表现为中心城区和卫星城，城市外部则表现为城市群。以长三角地区为例，根据总能级可以将区域性城市划分为三个等级。其中，上海为一级中心城市，其城市协调功能的发挥立足整个长三角地区，面向二级中心城市；杭州和苏州为二级中心城市，接受上海的协调，同时立足江苏和浙江、面向三级中心城市发挥城市协调功能；宁波、无锡、南京为三级中心城市，接受苏州和杭州的协调，同时立足江苏和浙江向周边中小城镇发挥城市协调功能。三个等级的中心城市及其城市协调功能的发挥，就构成了长三角地区多等级中心城市共生的协调发展格局。与一级城市上海的距离越近，受到的辐射会越强，接收经济的辐射能力也越强，外生作用促进了城市经济的快速发展。杭州与苏州就是这样主动接受上海的辐射和协调，发展为二级中心城市。与上海相比，二级城市的苏杭两市对长三角地区其他城市的经济辐射能力有所减弱，苏州与无锡、南通、常州、嘉兴、杭州的经济联系程度较高，杭州与绍兴、苏州、嘉兴、湖州、宁波联系程度相对密切，这些城市依托苏州和杭州的辐射带动作用，发展为三级中心城市。在这种层级式城市协调功能的作用下，长三角地区的城市分工不断扩大和细化，不同层级的城市在发展各自优势产业的同时联动互补，为区域内部的协同发展奠定了良好的基础。

（五）集散功能

集散功能是指城市在聚集人口流、智力流、物质流、能量流、资金流、信息流的基础上，面向一定区域范围散发劳动、商品、货物、资金和信息的功能。作为区际资源配置的重要载体，城市集散功能通过更优质价廉的要素供给和更广阔活跃的市场拓展支撑城市生产功能，并对城市服务功能和管理功能提出了更多更高的要求，是实现城市协调功能的重要依托。根据集散对象的不同，城市集散功能主要可以分为物流集散、信息集散、旅游集散等功能。

所谓物流集散功能，是指城市以优越的交通区位，特别是以海陆空交通枢纽为依托，以专业化物流服务的基础设施、移动设备、通信设备、控制设备，以及相应的组织结构和经营方式为载体，拥有的运输、存储、装卸、包装、流通、加工、结算等功能。其功能发挥要受区域经济社会发展规划中的产业空间布局、区域交通运输网络与多式联运物流设施建设、城市发展规划中的物流中心选址与交通设计理念、城市管理中的安全管制考量等因素的影响。

所谓信息集散功能，是指城市以需要新处理模式才能具有更强决策力、洞察力和流程优化能力来适应海量、高增长率和多样化的信息资源集聚为基础，通过突破性科技理论引导、与云计算深度结合以及数据科学和数据联盟的支撑，为企业生产、居民生活和政府管理提供服务的功能。随着数据生态系统复合化程度加强，城市的信息集散功能已经向由大量活动构件与多元参与者元素所构成的生态系统演变，信息系统内部角色的细分与协同机制的调整和结构创新日趋显著。

所谓旅游集散功能，是指城市以旅游运营企业和旅游管理部门等企事业单位组织实体为载体，集聚整合餐饮、住宿、交通、游览、购物、娱乐等旅游资源的系统与平台功能。依托交通枢纽建设协助旅客前往旅游目的地的交通功能，开拓区域旅游市场吸引城市内外游客集聚的集散功能，作为与交通部门、旅行社、服务企业的桥梁和纽带的中介服务等功能是直接功能；而展示城市形象的窗口功能，提升资源使用效率的集约功能，优化旅游产业结构的经济功能，打破行政分割的区域整合功能则是其外部性功能。

（六）创新功能

创新功能是指城市居民在高度发达的物质文化和精神文明基础上，把握经济社会发展规律与趋势，创造新思想、新制度和新科学技术，为人类生产生活创造更优越条件和环境的功能。其中，新思想的创造是城市最古老的功能之一。自柏拉图《理想国》开始，大量的宗教学思想、哲学思想、法学思想、社会学思想、文学思想、经济学思想从城市产生，当代人充分吸取、总结和借鉴前人的实践经验，提出对当代和未来具有指导意义的理念和观点，并为新制度和新科学技术的产生提供了思想启蒙。作为城市管理功能的重要支撑，新制度的创造是城市最本质的功能之一。无论社会制度、管理制度还是经济制度的创造，都蕴含着社会的价值，彰显着社会的秩序，为人类生产和生活提供了规则或运作模式，包括法律制度、产权制度、市场准入制度、现代企业制度、分配制度、经济管理制度、市场运行制度、社会保障制度等领域的制度创新。作为城市生产功能的重要支撑，新科学技术的创造是城市最必备的功能之一。在基础理论的突破引导下，大量的新科学知识、新生产技术、新制造工艺不断涌现并得到应用和推广，不仅开启了民智，更提高了企业生产效率，改善了居民生活质量。国内外先进城市发展的实践表明，新科学技术的创造是城市得以持续发展至关重要的因素。

城市创新载体的层出不穷推动着城市的功能创新。在现代城市中，创新功能主要是依托高等院校和科研院所、企业、政府、社会组织四种类型的载体实现的。其中，高等院校和科研院所拥有创新的理论和人才优势，单学科优势与多学科协作相结合，创新领军人才与创新人才团队相结合，是新思想和新科学技术创造的首要载体。企业拥有创新的实践和效率优势，利润最大化导向下的组织创新、技术创新、管理创新和战略创新为新制度和新科学技术的创造提供了更活跃的空间。政府拥有创新的组织和执行力优势，行政职能、行政方式、行政作风、行政法规、行政体制等方面的变化，是新制度创造不可或缺的组成部分。社会组织拥有创新的团队和规模优势，作为联结多方面创新力量的桥梁和纽带，在创新交流、创新评价、创新人才与文化培育等方面发挥着越来越重要的作用。

第二节　市场拥挤效应超过市场接近效应

一、城市功能叠加的主动因：市场接近效应

不同的城市功能之所以在特定城市高度叠加，主要是因为以企业为组织形式、以产业为发展载体的生产者，为实现降低生产成本、保障要素供给、扩大生产协作、拓展销售市场等多重目标，持续向市场规模较大的特定城市空间集聚，在增强城市生产功能的同时，也带动和倒逼城市管理、服务、协调、集散和创新功能的增强。这种生产力向市场规模较大的特定城市空间区域集聚的市场接近效应，在促进企业与产业集聚的同时，也会推动由于产品集聚造成的价格水平降低的生活成本效应的产生，持续稳定地扩大企业的规模报酬递增与城市的规模经济效果。

（一）市场接近效应的代表类型

1. 基于生产要素的市场接近效应

从生产要素的角度看，市场接近效应主要从降低生产成本和保障要素供给两方面发挥作用。一方面，生产要素市场的聚集与产品市场的聚集往往同时存在。随着产品生产规模的不断扩大，“通用型”生产要素集聚的规模与速度也在扩大和提升。而随着“通用型”生产要素供给的增加，其价格也就均衡于较低的水平。为降低生产成本，部分使用“通用型”生产要素的新企业和新产业将向这个市场聚集以获得更低价格的生产要素供给。在城市发展实践中，纺织服装、皮革箱包、电子设备组装等劳动密集型企业与产业的聚集发展，就是这方面的典型。另一方面，专业生产要素市场的聚集与专业产品市场的聚集往往是并存的。随着产品生产分工的细化和专业化的推进，生产要素集聚的专业化特征越来越显著。在“专业型”生产要素稀缺性日益凸显的背景下，生产要素供给保障的重要性不亚于生产成本降低，部分使用相似“专业型”生产要素的企业和产业将向这个市场集聚以获得更稳定的生产要素供给。在城市发展实践中，航空航天、科技研发等技术密集型企业与产业的集聚发展，就是这方面的典型。

2. 基于产业协作的市场接近效应

从产业协作的角度看，由于部分企业间存在生产上的横向关联效应，因此在选址时会选择横向关联较强、规模较大的市场聚集。这种市场接近效应主要从扩大生产协作和拓展销售市场两方面发挥作用，既可以节省生产与销售环节的物流成本，更可以牢固产业协作关系、更深入地参与融合到产业分工和协作中，获得更多的发展机会。区域内产业协作的开展有利于企业物流成本的降低，进而有助于企业规模收益的提升，以吸引更多的企业和产业参与区域分工与协作。其中，横向关联效应主要表现为企业间产品生产的互补性与生产环节的衔接性，企业互补品战略的广泛应用也证实了企业间灵活的互补关系有助于企业获取和保持竞争优势。这种优势会打破块状经济间原有的平衡，吸引具有互补性的企业向大规模产业集聚区域转移。这种企业转移通常会带动生产要素的流动，特别是通过生活成本效应带动就业和人口的流动，促进消费需求和相关产业的转移。有学者的研究证明，与本地市场产品关联度高的产品有更高的概率成为当地下一期的比较优势产品，产业内部的区域集聚会加速高关联度产品的比较优势转换。

（二）市场接近效应的代表路径

1. 要素指向的市场接近效应

所谓要素指向的市场接近效应，是指对特定生产要素依赖性较强，特别是生产过程中对有形生产要素消耗较大的企业，依据成本最小化选址原则，向所需要素市场聚集而产生的成本降低效果。要素指向的市场接近效应的发挥，受市场相关因素、有形成本因素和无形成本因素的共同影响。

在市场相关因素方面，要充分考虑与消费者和竞争对手的接近程度。与消费者接近，不仅可以降低物流成本、运输时间和分销费用，而且能及时了解需求信息并听取顾客的反馈意见。如果生产要素市场与产品销售市场空间距离较大，就必须通过优越交通区位的选择弥补这一不足。同时，在市场经济反垄断的背景下，接近生产要素市场就意味着与使用相同生产要素的竞争对手的接近。在资源共享的情况下如何协调与竞争对手的竞合关系，也影响到市场接近效应的发挥。

在有形成本因素方面，一要充分考虑与原材料基地和协作伙伴的接近程度，在降低采购价格、适应精益生产方式的同时，有效缩短供货周期和平均库存时间；二要充分考虑与交通和信息枢纽的接近程度，尽量向公路、铁路、空港、海港和信息港靠近，有效降低物流在成本中的比重；三要充分考虑与互补要素市场的接近程度，在靠近主导要素市场的同时，也应该与其互补要素保持适当的接近，避免主导要素的市场接近效应被互补要素的高价格与可得性抵消。

在无形成本因素方面，要素指向的市场接近效应有可能受到政府壁垒、环境保护、增长空间等非市场因素的制约。随着资源稀缺性的凸显和贸易保护主义的反弹，部分地区对外来企业准入的管制越来越严格；随着环境保护意识的觉醒和生态文明建设的加快推进，环境保护行动对资源型要素的市场接近越来越抵触；由于企业扩张过快、产业布局过满，部分要素聚集地在发展不久就达到容积极限，供新企业进入的空间极为有限，不再具备要素市场接近效应的产生条件。

2. 产业集聚的市场接近效应

所谓产业集聚的市场接近效应，是企业和产业为追逐由要素租金、组织租金和创新租金构成的集聚租金，在特定的城市空间集聚，通过共生协调机制和技术扩散机制的相互作用，实现企业的规模报酬递增和产业的规模经济的现象。其中，要素租金是指拥有优势资源的企业获得的超过平均水平的收入；组织租金是指组织中劳动分工相对于市场分工的效率提高带来的收入增长；创新租金是指“熊彼特租金”，即持续收购租金的来源和能力。产业集聚主体间共生关系的形成是企业追求集聚租金的结果。产业集聚的组织优势决定了产业集聚租金的形成。产业集群成功运作的原因在于其内部协调机制能够确保各方有强烈动机不去利用它们之间的信息不对称和契约不完全，从而维持成员之间的长期协作关系和交易成本降低的趋势。①

产业集聚的市场接近效应的发挥，在很大程度上是通过产业集群内部的技术创新扩散实现的，主要存在三种模式。一是模仿创新—内部扩散模式，即由于知识产权保护制度和执行的不完善，部分企业不是自主创新而是侵权模仿自主创新企业的新技术和新产品，损害自主创新企业的创新收益。在这种模式下，企业将失去创新动力。如果不能输入充足的外部创新源，将出现产业集群内的技术锁定，这将使整个产业集群的技术创新停滞不前。二是外部引进—内部扩散模式，即产业集群内部的部分企业与外部的科研机构、高等院校等创新源建立联系，通过合法渠道引进产业集群外部的科技以提高自身的技术水平。② 在这种模式下，“官产学研”型合作创新大规模开展，但是创新的连续性得不到保障，产业集群的创新能力也很难得到本质上的提升。三是中间载体技术创新—扩散模式，即通过在产业集群内部建立从事科技中介性质的中间载体，汇集产业集群的创新需求，并将这些创新需求向产业集群内部和外部发布，利用专利授权、技能培训等载体，将获得的科技创新成果传递到产业集群内部并进行扩散，以确保整个产业集群创新能力的提升。作为开放式模式，这种模式可以破解技术锁定，并促进产业集群创新的可持续开展。

按照产业集聚的租金来源，可以将发挥市场接近效应的组织形式分为三

①② 刘海燕：《山东省产业集聚存在的问题与演进路径探讨》，载于《经济研究导刊》2015 年第 21 期。

种类型。第一种非正式产业集聚，这种产业集聚的共生协调机制和技术扩散机制尚不完善，因而产业集聚的市场接近效应发挥有限，企业获得的是地理租金和产业租金。第二种是共生型产业集聚，这种产业集聚的共生协调机制已相对完善，但技术创新扩散体系不够完善，因此产业集聚的市场接近效应发挥难以持续，企业获得的是组织租金。第三种是创新型产业集聚，这种产业集聚的共生协调机制和技术创新扩散机制都非常完善，形成了技术创新和技术创新扩散的有效互动，产业集聚的市场接近效应发挥良好，企业获得创新租金。①

二、城市功能高度叠加的后果：市场拥挤效应

城市功能在特定城市空间的叠加，促进了市场接近效应的发挥，推动了城市规模的扩大和规模经济的形成，符合城市功能整体性存在、结构性关联和层次性展开的特征要求。但是，当城市功能的叠加超过一定的程度，“高度叠加”本质上成为“过度叠加”的时候，承载空间受限、开放性不足和动态性缺失等不符合城市功能特征要求的现象就会出现。城市功能不是过剩，而是空间分布不合理，在以中心城区为代表的特定城市空间的高度叠加导致了城市经济社会发展的过度集聚现象。这时候，由过度集聚的负外部性造成的市场拥挤效应会加快显现，企业和产业在空间布局时倾向于选择竞争者较少的区域，以避免企业过于集中导致的过度竞争和盈利下降。城市空间发展的离散力开始加强并逐渐超过向心力，城市功能向其他空间转移、扩散的要求日趋迫切和强烈。

（一）要素集聚的市场拥挤效应

1. 传统要素集聚的市场拥挤效应

对于以劳动和土地为代表的传统要素而言，随着城市规模的不断扩张，要素市场发展跟不上市场发展的需求，主要表现为流动性不足和制度性缺陷。在劳动方面，虽然劳动密集型产业的发展逐步让位于资本密集型和技术密集型产

---

① 刘海燕：《山东省产业集聚存在的问题与演进路径探讨》，载于《经济研究导刊》2015 年第 21 期。

业，但是服务业特别是生活性服务业，以及资本密集型和技术密集型产业的劳动密集环节仍然存在，商贸物流、家政服务、休闲娱乐、设备组装等企业对劳动的需求仍然强劲。在现有不够灵活和完善的户籍管理制度下，为缓解公共服务和社会治安的压力，大中城市纷纷采取严控落户指标和疏散常住人口的措施，限制了劳动力的自由流动。在土地方面，为了产业升级的需要，大中城市纷纷严格控制工业用地的供给和审批，工业企业的发展空间受到的限制越来越多。而服务业对土地的规模要求虽然没有工业大，但是对生态环境、基础设施和公共服务的要求更为严格，造成服务业在城市特定空间的集聚比较固定，很难向其他空间扩散和转移。再加上现有土地管理制度下工业用地向服务业用地转化“变性”的困难，造成土地供给落后于产业需求、产业发展“拥挤”在城市特定空间的现象。

2. 现代要素集聚的市场拥挤效应

对于以资本和技术为代表的现代要素而言，城市是其最佳聚集地，可以通过较高生产效率的展现获得较高的要素回报。但是，随着城市市场规模的持续扩大，市场结构的非完全竞争倾向也越来越显著。为了获得较高的垄断利润，部分龙头企业利用控制原料供给、获得行政授权、依托专利保护等手段试图垄断市场，在资本和技术为代表的现代要素市场尤为突出。在资本方面，优势产业和龙头企业基于更高的利率承受能力、更低的风险水平和更强的政府信誉背书，更容易获得信贷支持和上市许可，事实上形成了强产业和大企业对资本市场的垄断。在资本市场流动性不足的情况下，拥挤在城市空间的其他企业和产业很难获得资本支持。在技术方面，比重很少的企业拥有核心技术并且能够自主研发关键产品，拥有自主创新能力的企业基本上都有技术垄断的意图和行为。大部分企业遵循引进模仿的创新模式，但由于科技中介发展较为缓慢，以及科技创新合作体制机制构建的相对滞后和不完善，少量企业垄断技术市场的局面难以被打破。在这种情况下，涌入城市的企业越多，技术市场供不应求的情况越严重。

（二）社会发展的市场拥挤效应

1. 基础设施的市场拥挤效应

与工业化社会生产设施和生活设施相对独立不同，服务业化社会生产设施与生活设施共通的情况十分普遍。以服务业为主导产业的城市，其基础设施建设同时面向企业生产和居民生活，设计标准、建设规格、使用要求比传统城市更为严格。在生产要素和生产单位向城市大规模集聚的过程中，城市基础设施建设接受着总量扩张和功能扩展两方面的挑战，制约着企业生产与居民生活的提升。在总量扩大方面，道路交通系统、能源供给系统和给排水系统的扩张需求十分迫切。随着城市规模的扩大，日益繁忙的物流运输严重影响了城市道路交通系统的畅达能力，迅速提高的能源需求使得20世纪曾经出现的“拉闸限电”行为在部分城市重现，持续增加的人口和企业密度则令城市给排水系统已经超出了原始设计标准和容量。在功能扩展方面，通信系统、灾害防护系统和环境卫生系统的扩展需求十分迫切。互联网时代，企业生产比居民生活更需要通信系统的支持；服务业时代，灾害防护系统的底线已经从安全性维护提升到舒适度维护；生态文明时代，资源回收再利用的理念则对城市环境卫生系统的功能提出了更高的要求。

2. 公共服务的市场拥挤效应

作为城市服务功能的重要组成部分，完善的公共服务是城市集聚要素、产业和市场的重要依托。随着城市规模的持续扩大，日益膨胀的居民群体对公共服务需求的规模和水平都显著提升。虽然公共服务完善已经成为大中城市建设的重点得到大力推进，但是仍然落后于居民对大规模、高水平公共服务的需求增长，导致城市居民生活改善滞后、城市集聚能力下降，在教育和卫生领域尤为突出。在教育领域，由于育龄人口大规模涌入城市，户籍人口与常住人口的同步增长导致教育资源供需矛盾十分突出。优质教育资源稀缺引起的“学区房”问题，已经成为房地产价格过快上涨的重要因素。而公共教育资源得不到充分满足的大量城市居民，纷纷向营利性教育机构寻求替代和补充，沉重的教育负担已经成为城市生活成本上升的重要原因。在卫生领域，城市医疗资源总量不足且分布不均，每万人拥有的床位数增长缓慢。中心城区虽然医疗资源相对密集，但是较高的老龄人口和流动人口比重使医疗资源仍然供不应求。城市居民在基本医疗卫生服务上的机会不够均等，保障不够全面，看病难、看病贵的问题随着城市规模扩张越来越严重，医疗优势对城市集聚能力的贡献越来越低。

三、市场拥挤效应超过市场接近效应

（一）城市内外部发展差距的产生

1. 城市聚集的非均衡力产生

随着城市功能在城市特定空间的高度叠加，城市经济社会发展的聚集力与离散力之间的对比关系开始发生变化。所谓聚集力，是指在市场接近效应以及由其衍生的生活成本效应的作用下，推动以生产要素市场和产品市场为主要表现形式的生产力以及社会资源向城市大规模集聚的力量。所谓离散力，是指在市场拥挤效应的作用下，导致以生产要素市场和产品市场为主要表现形式的生产力以及社会资源在城市内部重新布局或者从城市向外扩散的力量。在城市发展的起步期和扩张阶段，市场接近效应和生活成本效应加快显现，市场拥挤效应处于萌芽阶段，市场接近效应和生活成本效应发挥主导作用，城市经济社会发展的聚集力大于离散力。在更大数量、更高质量、更多类型的经济与社会资源聚集支撑下，城市经济社会发展呈现加速增长的态势。当城市发展从扩张阶段向成熟期过渡时，市场接近效应和生活成本效应开始减弱，市场拥挤效应开始加快显现。随着市场接近效应和生活成本效应在城市资源配置中主导作用的消失，城市经济社会发展的离散力将超过聚集力，城市经济社会资源配置的空间布局重构成为必然。

一方面，城市经济社会资源可能向城市外部扩散。由于城市之间的发展存在梯度性和关联性，当一个中心城市进入成熟期、拥挤效应发挥主导作用时，周边地区的其他规模较小的城市通常处于起步期或者发展阶段，市场接近效应和生活成本效应强于市场拥挤效应，中心城市的离散力和周边较小规模城市的集聚力就形成互补关系。而且，由于周边较小规模城市的产业发展通常与中心城市存在很强的产业关联与区域分工，基础设施与中心城市存在很强的互联互通，其对中心城市扩散的承接具有低成本和便利性优势。另一方面，城市经济资源可以在城市内部进行布局调整。考虑到区块化行政管理对区域资源配置的限制，特别是以行政区划为基本单位的政绩考核体制对市场的分割，经济社会资源在城市内部空间布局的重构比向城市外部扩散具有更强的可接受度和可操作性。城市内部发展的梯度性虽然弱于城市之间，但是关联性优于城市之间。

城市功能在城市空间的高度叠加，也是针对以中心城区为代表的特定空间而言。将城市功能从高度叠加区向其他区域转移、扩散和疏解，已经成为众多大中城市的共同选择。

2. 城市发展差距的循环累积

无论城市之间还是城市内部，城市发展差距的产生都是客观存在的现实。虽然缩小城市发展差距已经成为各级政府的共识，但是城市发展差距的固化和强化也在持续演化。对于城市之间或城市内部的某两个区域而言，即使在发展初期处于同一水平，区域间的经济社会资源配置处于相对均衡静止的状态，但是在扶持政策、自然灾害、社会冲突等偶然因素的影响下，经济社会资源开始由一地向另一地流动。随着流入地市场规模的扩大，市场接近效应和生活成本效应越来越显著，市场拥挤效应开始滋生但较弱，城市发展差距开始产生。除土地外，劳动、资本、技术、科教文卫等经济和社会要素大规模向流入地流动，城市发展差距持续扩大并且刚化。但是，当流入地的市场规模过大、城市功能过度叠加时，动力逆转出现。流入地的市场拥挤效应将超过市场接近效应，生活成本效应越来越不显著，经济社会要素开始由流入地向流出地回流。初始流入地成为新的流出地，初始流出地成为新的流入地，两个区域之间的发展差距缩小，并出现新流入地对新流出地的反超，开始新一轮的城市发展差距循环。

从城市发展差距的循环看，其循环累积主要包括两个方面：差距产生并扩大，差距缩小和逆转。从差距产生并扩大方面看，在生产要素引导、企业和产业集聚，或者以科教文卫为载体的生活要素先导作用下，经济社会要素流入地的市场接近效应显著，更可控的生产成本和更高效的产业协作使企业距离利润最大化目标更为接近，并为居民生活提供了更低廉便利的生活条件。随着流入地聚集力的产生和加强，其市场接近效应和生活成本效应更加显著，经济社会要素的流动加速，并促进流入地聚集力进一步扩大，这种“要素流动加快—市场接近效应与生活成本效应显著—聚集力增强—要素流动加快”的循环，使得流入地与流出地的区域差距产生并呈现扩大的趋势。从差距缩小和逆转方面看，流入地市场规模的持续扩大必然导致市场拥挤效应的产生和扩大，当市场拥挤效应抵消并超过市场接近效应和生活成本效应时，经济社会要素的逆转将不可避免，流入地与流出地的角色发生互换。原流入地的离散力超过聚集力，新流入地的聚集力超过离散力，这种“原流入地拥挤效应出现并扩大—原流入地离散力加强—新流入地集聚力加强—新流入地拥挤效应出现并扩大”的循环，使得流入地与流出地的区域差距缩小并出现逆转的趋势。在这两个方面的交替循环中，是否存在一个结合点可以使城市差距保持在一个相对均衡的低水平，是城市管理的重点和难点。

（二）城市生产与生活成本的提高

1. 企业生产成本过快增长

无论从国际看还是从国内看，工业化阶段都是城市发展的主要阶段。因此，工业是城市产业结构的传统主体和主导产业。但是，随着市场拥挤效应超过市场接近效应，工业企业的生产成本迅速提高，迫使城市工业外迁或者转型升级。其中，在用地成本、用人成本和环保成本方面尤为突出。在用地成本方面，市场拥挤效应加大了城市土地供不应求的矛盾。城市管理者更愿意将土地用于收益更高的房地产业和服务业，城市土地供给中工业用地的比重持续下降，工业用地的价格持续上升，工业企业面临工业用地“又贵又少”的难题。在用人成本方面，市场拥挤效应抵消和压制了城市中生活成本效应对劳动力集聚作用的发挥。在工业工资水平总体低于服务业的情况下，数量占主体的中层以下工业企业员工难以承受日益增高的城市生活成本，造成工业领域劳动力市场供不应求、价格上升。在环保成本方面，城市规模的扩大和生产与生活密度的提升，要求工业生产向低能耗、低排放方向发展。废气排放、污水处理、噪声控制、废弃物处理等支出在工业企业成本中的比重显著提高。与激烈竞争中工业产品市场缓慢的价格增长相比，工业企业的成本上升幅度明显过快，严重束缚了都市型工业的发展。

从国内外城市发展的实践看，服务业已经成为城市的主体和主导产业。虽然服务业的服务对象、生产形态和生产效率相对于工业都有了扩展和提升，但是其生产成本受城市拥挤效应的影响依然严重。在生产性服务业方面，写字楼租金与中介服务费用持续升高。对于科技研发、信息服务、金融保险等生产性服务业企业而言，其对空间的要求是少而精，而满足其要求的具备办公、通信、消防、安保和楼宇五方面自动化系统的5A级写字楼的租金与物业费，在众多城市写字楼出租率并不高的情况下仍然连年上涨。同时，这些生产性服务业企业所需的企业管理、科技认定、法律服务等方面的外包型中介服务费用也持续上涨，增加了企业运行的成本负担。在生活性服务业方面，楼宇租金与劳动力费用持续升高。对于商贸流通、休闲旅游、家政服务等生活性服务业企业而言，其对空间的要求是空间较大且配套较优，而在拥挤效应显著的大中城市中，可以满足其要求的楼宇载体是少而贵。同时，这些生活性服务业企业的生产具有鲜明的劳动密集属性，快速上升的生活成本也使得它们必须提高工资水平才能够获得充足的劳动供给。

2. 居民生活成本过快上升

随着城市居民收入和城市物价水平的提升，城市生活成本的上升是城市经济社会发展的正常现象。但是在市场拥挤效应的作用下，城市企业生产成本的过快增长完全压制了市场接近效应所产生的生活成本效应，使得城市居民生活成本增长快于城市居民收入增长，制约了城市居民生活水平的改善和城市消费能力的提升。其中，住房成本的提升得到了社会各界的广泛关注。虽然房地产购买中的投机性与投资性动机比重在提升，但是自用型需求仍然是城市房地产购买的主流。随着经济社会的发展，城市居民的住房消费支出占总支出比重会与恩格尔系数反向变化，城市规模越大、人均收入越高的城市居民住房消费支出占总支出比重越高。从城市内部看，中上等和高收入家庭，经济基础较为雄厚，住房改善需求更为迫切，住房消费支出占总支出的比重最高，承受住房成本提升的短期压力最大。中等收入水平家庭的住房消费需求虽然同样强烈，但是由于收入水平和消费能力有限，住房消费支出占总支出的实际比重相对较低，承受住房成本提升的长期压力最大。而低收入水平家庭则完全不具备购买住房的能力，住房成本提升的压力大多由为其提供保障性住房的地方政府承受。

在住房消费之外，市场拥挤效应导致的城市居民医疗卫生和教育培训消费支出加快增长的现象也十分突出。随着城市规模的迅速膨胀，人口密度、需求数量与医疗和教育资源实际容量不匹配的矛盾进一步显现。城市居民在享受城市化带来的福利的同时，也承受着“看病难”和“入学难”引起的生活成本上升的问题的困扰。在医疗卫生方面，“看病难”导致城市居民付出了大量的时间成本，排长队似的医疗体验造成了经济效率的损失，城市居民必须在时间成本和货币成本之间做出选择。对于数量和比重都较快提升的老龄人口而言，由于已经退出就业市场，对时间成本的接受度高，通常会选择低货币成本的公共医疗机构就医。对正处于就业市场的中青年人口而言，如果没有能力接受需要较高的时间成本，就必须要到高货币成本、低时间成本的准公共医疗机构和私人医疗结构就医。在教育培训支出方面，"学区制 + 摇号制"的公共教育资源配置方式，通过学区房的价格传导间接增加了居民的生活负担。而学区房的购买则导致部分家庭在家长就业地、生活居住地和子女教育地之间进行流动，生活通勤时间和交通成本同时提升。为了教育的便利性和非随机性，还有部分家庭转向非公办教育机构，在付出高货币成本的同时挤占了其他生活支出，限制了生活水平的提高。

第三节　城市发展空间受限

一、生产与生活排放加剧

（一）水污染

1. 水资源整体短缺

作为联合国列出的 13 个贫水国之一，我国的水资源总量严重不足而且空间分布严重失衡，每个人对水资源的占有约为世界平均水平的 25%。从城市看，水资源匮乏问题更为突出，2/3 的城市处于缺水状态需要跨区域调水，全国城市每年水资源缺口超过 60 亿立方米，每年因为缺水造成的经济损失超过 2000 亿元。在城市的用水结构中，居民生活用水约占 33%，工业生产用水约占 25%，服务业、建筑业和生态用水约占 40%。严重的水资源短缺影响到城市生产和生活的各个方面，严重制约了城市的发展空间。在长期的发展过程中，大部分城市的本地水资源已经超过了开发利用的极限，地下水处于严重超采状态。虽然南水北调等区域性水资源调配在一定程度上缓解了城市水资源不足的局面，但是开采量超过补给量的问题还没有得到根本解决，水资源的质与量仍然处于失衡状态。地下水位的逐年下降，不仅增加了供水成本、引发了地面沉降和塌陷、降低了绿化成功率，更提高了治理地表水和地下水污染的难度。

2. 水资源污染严重

随着城市规模的持续扩张，工业废水与生活污水的排放也在加速增长。大量的工业废水偷排、直排到城市水系中，导致重金属、砷化物、氰化物、亚硝酸盐、有机污染物在城市水系中弥漫，而服务业与居民生活污水的增长也已经超过城市的生活污水处理能力，对城市水系直接造成了伤害。《2014 年中国环境状况公报》显示，在全国 202 个地级及以上城市的地下水水质监测中，优良级水质比例仅为 10.8%，较差级水质超过 45%。城市水资源污染呈现污染源点多、面广、强度大、难控制的特点，即使城市局部发生水污染，也会因为水系的流动而使污染范围不断扩大。

（二）大气污染

1. 工业污染

从 1952 年的伦敦烟雾事件开始，工业废气对城市发展的危害开始加速显现。集聚在城市的工业企业能源转化与生产工艺过程中产生的大量二氧化碳、二硫化碳、硫化氢、氟化物、氮氧化物、氯、氯化氢、一氧化碳、硫酸、铅汞、铍化物、烟尘及生产性粉尘被排入大气系统。这些有害物质通过大气循环进入人体和生态系统，对人口与环境造成蓄积性伤害。虽然现代城市加强了对于工业废气的控制和监管，但是由于大量工业企业拥挤于城市的有限空间，工业企业总数量的增长快于工业企业平均废气排放量，造成工业污染仍然是城市大气污染的首要来源。随着水泥建材、重金属制造、化工厂等企业生产从城市中心向城市边缘、从大中城市向小城市转移，由于杂质较多，提纯后的可燃物不能完全燃烧和分解形成的烟尘型废气逐渐减少。当前，城市工业废气排放中颗粒性废气的比重有下降的趋势，但是气态性废气的总量和占工业废气的比重呈现增长的趋势。无论含氮、含硫还是碳氢有机废气，对人体和生态环境的危害都比颗粒性废气更严重。

2. 汽车尾气

随着城市规模的持续扩大，交通系统承受着来自物流业和居民生活的双重压力。一方面，生产、服务、集散等多重城市功能的实现都需要物流业的支撑，但是物流业的发展对空气质量的危害是显而易见的。由于物流业在城市间和城市内部的中短途运输所用车辆以货车为主，主要动力为柴油燃料，其尾气排放的数量和污浊度都要高于客车。又由于城市内部的物流运输多采用小型交通工具，严重影响了城市交通系统的畅达程度，交通堵塞的加剧又间接造成了汽车尾气排放的加剧。另一方面，居民生活水平的提升使得城市汽车保有量快速增长。尽管一些城市已经采取了摇号、竞拍、摇拍结合等方式加以限制，但是截止到 2018 年 6 月，全国私家车保有量仍然超过 1.8 亿辆，月均增加 166 万辆。全国有 58 个城市的汽车保有量超过百万辆，其中 26 个城市超 200 万辆，北京、成都、重庆、上海、苏州、深圳、郑州等 7 个城市更是超过了 300 万辆。[①] 如此庞大而迅速增长的城市汽车保有量，使得汽车尾气成为城市大气污染威胁最大的来源。

（三）固定废物污染

1. 工业和建筑垃圾

《2017 年全国大、中城市固体废物污染环境防治年报》显示，2016 年我国 214 个大中城市共产生一般工业固体废物 14.8 亿吨，其中仅有 48% 得到了综合利用，超过一半的工业固体废物被处置和贮藏，对城市生态环境造成了巨大的危害。其中，工业和建筑业固体垃圾的处置与贮藏，不仅侵占了城市宝贵的土地资源，更将污染传向了土壤。大部分城市工业和建筑垃圾并未进行技术处理就直接运往城市边缘填埋和堆积。随着城市规模的扩大，被侵占的土地越来越多，工业和建筑垃圾侵占土地的问题会愈演愈恶劣。同时，工业和建筑垃圾所含有的有害物质，在降水或挤压等外力的作用下，会改变土壤原有的物理性质和化学性质，进而破坏土壤系统的平衡。同时，工业和建筑生成的垃圾通过自身的发酵和经过雨水的冲刷，地表水和渗滤污水的长时间浸泡，都将严重污染周围的地表水和地下水。此外，工业和建筑垃圾在一定的温度和水条件下，会产生具有挥发性的有机酸等有害气体，滋生的细菌和粉尘对空气形成二次污染。

---

① 汪俊民：《基于车载监控视频的车辆违规加塞特征提取与跟踪方法研究》，福建工程学院硕士学位论文，2018 年。

2. 生活垃圾

《2017 年全国大、中城市固体废物污染环境防治年报》显示，2016 年我国 214 个大中城市共产生生活垃圾 18850.5 万吨，其中上海、北京、重庆、广州、深圳、成都、杭州、武汉、西安、佛山等排名前十位的城市产生 5651.2 万吨，占全部城市产生总量的 30% 左右。虽然 214 个大中城市的生活垃圾处置率超过了 99%，但填埋和焚烧仍然是生活垃圾最主要的处置方式，对生态环境造成了严重的伤害。从填埋方式来看，由于塑料、电池等不可降解垃圾比重持续提升，试图通过细菌自然分解的途径很难实现。而对于可以通过细菌自然分解的厨余垃圾、包装垃圾等生活垃圾，由于垃圾填埋场选址不当、隔离层缺失或标准过低等原因，极易对土壤、水源等周边环境造成污染，导致异地偷埋垃圾的现象屡有发生。从焚烧方式来看，虽然减量化效果显著，在节省用地的同时可以消灭各种病原体，并将有毒物质转化为无害物质，但是由于石油产品和含氯塑料等生活垃圾焚烧产生的二噁英问题，导致很多城市在市民的激烈反对下开始控制垃圾焚烧的规模，大量垃圾焚烧厂的选址被迫取消或者更改。

二、生态容量扩充困难

（一）生态容量含义扩展

无论城市还是乡村，生态问题的实质都在于人类经济活动从大自然中索取资源的速度超越了资源本身和替代资源物品的再生速度，以及排放到环境中的废物量超过了环境的自净能力。相对于乡村而言，城市发展中这些矛盾更为突出、程度更深、影响更为巨大。对于一个城市的生态系统而言，其环境容量必定是有限的，自然资源的补偿、再生、增殖都需要较长时间，一旦经济社会的生产和生活行为超过生态系统的极限，恢复极其困难，甚至不可逆转。①

传统的生态容量又称生态承载力，是指在不损害区域生产力的前提下，一个区域有限的资源能够供养的最大人口数，即早期的生态容量是以人口计量为表征的。然而，城市发展实践中的商品交易、技术创新、社会活动、消费模式

① 蒲向军、徐肇忠：《城市可持续发展的环境容量指标及模型建立研究》，载于《武汉大学学报》2001 年第 6 期。

等因素都对生态环境提出了承载需求，对基于人口的生态容量概念提出了挑战。实践经验表明，人类对生态环境可持续性的影响不仅取决于所承载人口本身的规模，而且也取决于人类对环境的影响和环境本身的承载能力。因此，生态容量的含义就扩展为：在不损害生态系统的生产力和功能完整性的前提下，可无限持续的最大资源利用和废物产生率，是生态体系自然调节能力的客观反映。[①] 这种维持能力和调节能力具有有限性即存在最大容载量或承载力，一旦城市规模超过最大容载量，城市生态体系将失去维持平衡的能力，遭到破坏甚至濒于灭绝。同样，生态容量的载体也具有有限性。在生态容量限度内，生态系统可以针对经济社会行为的影响进行自我调节。如果超过了生态容量限度，就会破坏生态系统结构，就会丧失部分功能，就会使承载力下降，生态环境将制约城市经济社会的发展。

（二）资源容量扩充困难

从自然禀赋的角度看，城市生态容量扩充的困难主要体现在土地资源与交通资源扩充困难两个方面。在土地资源方面，由于土地具有不可流动性和不可再生性，即使城市的土地价格和投资回报率大规模增长，也无法从其他区域集聚和实现自我增长。随着城市生产和生活规模的扩大，对土地的需求规模迅速提升，由于土地供给无法实现本质上的提升，城市土地空间供不应求的紧张局面得不到有效缓解。大中城市土地资源的扩充，只能通过城市内部的存量调整实现。但是，为了预留城市发展空间，大中城市的土地供给通常是分步骤进行，土地储备规模的增长加剧了土地资源的紧张局面。而部分城市通过填海造田、湿地改造和农用土地变性的方式，试图增加生产与生活用地的存量行为，已经在日趋严格的生态保护与土地管理监察制度中被叫停和禁止。

在交通资源方面，在不损害交通系统的生产力和功能完整的前提下，必须考虑生态环境对交通建设的最大承载能力。从生态足迹的角度看，任何的生产和生活行为都要通过与生态圈的新陈代谢交换实现。在交通系统建设和运行的过程中，人们直接或间接地从生态圈中获取生存和发展所需要的产品

---

① 冯思静、姜滢、张新联、刘朝：《辽西北半干旱区煤炭型城市环境容量评价》，载于《水土保持通报》2013 年第 4 期。

和服务，并把固体垃圾和废气等废弃物排放到生态圈中。规模越来越大、使用越来越频繁、立体化趋势越来越显著的交通系统建设对生态圈的索取与污染给自然生态系统造成了巨大的压力。无论城市间的铁路、公路、水路还是空运，还是城市内部的地上交通和地下交通，只要人类对自然的压力超出生态系统的承载力范围，城市生态系统就是不安全和不可持续的。在大中城市交通体系的建设实践中，高速公路和城市快速路导致的生态隔离与噪声污染、地下轨道交通的地下水系破坏与污染、空中交通的臭氧破坏与空气污染等问题，已经对城市生态系统产生了较为严重的干扰和破坏，城市交通系统建设的生态限制越来越显著。

（三）环境容量扩充困难

从自净能力的角度看，环境容量是指在一定时间和空间范围内，静态容量和动态容量组成区域生态系统对外加污染物的最大允许承受量或负荷量。静态容量指在一定的环境质量目标下，区域内部各环境要素所能容纳某种污染物的静态最大负荷量，由环境标准值和环境背景值决定；动态容量是在考虑输入量、输出量、自净量等条件下，区域内部的各环境要素在一定时间内对某种污染物所能容纳的最大负荷量。对于城市而言，城市环境容量特指城市自然环境和环境要素在自然结构和正常功能不受损害、居民生存环境质量不下降的前提下，对污染物的容许承受量或负荷量。其规模与环境空间、要素的特征、净化能力、污染物的理化性质等有着密切的关系。[①] 大中城市规模的过快和过度扩张，在生态系统中集中体现为生态不经济现象，主要表现在大气环境与水环境容量方面。

在大气环境容量方面，大中城市的生产与生活性废气排放的增多超过了大气系统的自净化能力，城市建设中绿地面积和比重的缓慢增长更加重了空气自净化能力的退化。产业生产的能源消耗和居民生活低碳意识的不足，使得城市热岛效应越来越严重，导致城市内外部气象条件发生气压梯度变小、对流风减弱、热量散发困难等剧烈的变化，更加不利于城市废气的扩散与消退。在水环

① 蒲向军、徐肇忠：《城市可持续发展的环境容量指标及模型建立研究》，载于《武汉大学学报（工学版）》2001 年第 6 期。

境容量方面，城市的水资源存储容量、输移容量和自净容量都难以扩充。特别是作为水环境容量最重要组成部分的自净容量，关系到广义水资源的可持续利用，其大小直接影响城市水资源的质量。而城市地下水与上游来水总量不足且水质较差，生态用水难以保障且水生动植物种群下降，排污系统与净化设备陈旧落后，都直接和间接造成了城市水资源自净容量的扩充困难。

三、人口、资源与环境关系不协调

（一）城市人口过度膨胀

1. 人口规模过度膨胀

随着城镇化进程的快速推进和城市集聚能力的快速提高，我国大中城市的人口规模迅速提升。以北京为例，从“九五”末的2000年到“十二五”初的2011年，常住人口在11年间增加637万人，是1990～2000年10年间常住人口增加量的2倍多，推动北京常住人口规模突破2000万人。在北京的人口增量中，户籍人口增加所占比重还不到25%，超过75%的增长源于外来人口的集聚。由外来人口的高度集聚推动常住人口快速增长的人口发展模式，导致北京的资源环境承载不堪重负。人均面积不到全国平均水平的1/6，人均水资源占有量不到全国平均水平的1/10，完全依赖外地调入的天然气和石油，使北京难以为生产力的布局和调整提供更多的生态容量。[①] 与北京类似，上海、广州等超大城市（城区常住人口1000万人以上），南京、西安、沈阳等特大城市（城区常住人口500万～1000万人），杭州、苏州、郑州等大城市（城区常住人口100万～500万人），都在“十五”到“十二五”时期经历了人口规模增长的高峰期。[②] 在为城市发展增加人口动力的同时，给生态环境带来了很大的压力。

2. 人口密度过度膨胀

与纽约、伦敦、东京、巴黎等发达国家和地区的大城市相比，我国大中城市的人口规模并不算十分突出。但是，在城乡二元结构下，大部分城市人口在

---

① 陈建：《北京市长：坚决控制人口过快增长，降低常住人口增速》，中国新闻网，2013年12月22日。

② 国家统计局城市社会经济调查司：《中国城市统计年鉴2016》，中国统计出版社2017年版。

市辖区的集聚，导致我国大中城市的人口密度已经与国际大都市不相上下。以上海为例，2010 年第六次全国人口普查显示，虹口区、黄埔区、静安区和卢湾区的人口密度都超过了 30000 人/平方公里，每平方公里的常住人口数量分别为 36306 人、34641 人、32387 人和 30904 人[①]，已经不低于纽约、伦敦、东京、巴黎等国际大都市中心区或核心区的人口密度。在城市相对固定的空间内，人口密度的过度膨胀是人口规模过快增长的结果，对生态环境的压力比人口规模的过快增长更大。高密度的人口集聚，导致高强度的生活污染产生。越来越拥堵的交通排放越来越多的尾气，越来越狭小的生活空间投放越来越多的垃圾。远远超过生态环境自净化能力的大气污染、水污染、噪声污染、光污染，蚕食着生态环境的稳定性和多样性，对城市的经济和社会发展形成了严重的制约。

（二）过度城市化倾向增强

20 世纪 60 年代开始，部分发展中国家出现了过度城市化问题，即以人口城市化为代表的城市化水平超过以产业发展为代表的经济社会发展水平的发展模式。其主要表现为：城市人口过度集聚和增长，由于大量农村人口涌入城市，大量小城镇人口涌入大中城市，大大超过城市产业发展的需求水平和接纳能力；城市的就业率和就业质量下降，大量非农剩余劳动力出现，居民收入水平与消费能力增长乏力；非正式就业人口大量增加，城市低收入者绝对数量与占劳动者比重较快提高，构成了城市中较大规模的非正式经济成分；首位城市规模过于庞大，超大型、特大型城市人口规模的过度增长和小城镇人口规模的萎缩形成鲜明对比，中心城市内部的人口分布同时趋于失衡。与之对比，我国部分大中城市也已经出现了过度城市化的倾向，而其原因则在于城市人口过度膨胀造成的人口、资源与环境不协调，以及间接造成的产业吸收与城市接纳困难。

过度城市化倾向的增长产生了诸多弊端，大大压缩了城市长期发展空间，严重制约了城市的可持续发展。一是导致城市生态环境的恶化。过度城市化吸引大量外来人口进入城市，增加了城市的生态承载压力。在城市生态容量拓展

---

① 朱章海：《上海市人口普查资料》，中国统计出版社 2010 年版。

困难的情况下，过量人口必然加剧生态环境的污染。二是导致城市生活质量的下降。过度膨胀的人口使城市资源供不应求的矛盾更加突出，交通等基础设施拥堵、医疗和教育等公共服务排长队，严重降低了城市生活的舒适度。三是导致城市规模风险滋生。大规模人口在城市的集聚，使得群体性社会事件的发生、传染性疾病的流行、恐怖主义的危险等问题发生的可能性提高。四是导致城市治安问题的加剧。大中城市存在的大量过剩劳动力，在流动过程中容易发生偷盗、诈骗、抢劫、黄赌毒等治安和刑事案件，严重影响了城市的社会治安。

第二章　新城区发展——城市规模扩张的增量突破

随着生产、服务、管理、协调、集散、创新等城市功能在以中心城区为代表的城市特定空间的高度集聚，市场拥挤效应逐渐超过市场接近效应，城市生产与生活成本的过快增长对企业生产的扩大和居民生活的改善形成制约，人口、资源与环境关系的失调压缩了城市未来发展的空间，对城市的可持续发展提出了严峻的挑战。为了拓展城市发展空间，为城市功能的有序疏解提供载体支撑，我国大中城市开展了大规模的新城区建设，试图通过城市规模扩张的增量突破，提升城市资源配置效率，优化人口、资源与环境关系，实现城市经济社会的可持续发展。

第一节　新城区的内涵特征

一、行政管理特征

从不同的学科角度看，区域包括自然区域、社会区域、行政区域和经济区域等多种类型。在人类经济社会发展的过程中，区域的发展通常经历从自然区域、社会区域、行政区域到经济区域的演化和升级。作为城市发展的增量空间，新城区的自然区域属性和社会区域属性与以中心城区为主的老城区和城市整体基本一致，行政区域属性和经济区域属性则存在较为明显的差异性。行政区域的本质是政府实施宏观调控与社会管理的空间范围与载体，经济区域的本质则侧重于市场资源配置的空间单位与载体。与以中心城区为代表的老城区经济区域属性超越行政区域属性不同，新城区呈现行政区域属性与经济区域属性并重、行政区域属性比经济区域属性更为昭显的特征和趋势。为了拓展城市可持续发展的增量空间，政府使用各种宏观调控手段调整城市的生产力布局，以宏观调控引导市场资源配置向新城区倾斜。在促进新城区快速发展的同时，也为新老城区关系的失调埋下了隐患。

（一）国家级新区

1992年，党的十四大做出了关于发展中国特色社会主义市场经济的伟大决策。中央政府开始依托大中型城市设立国家级新区（见表2－1），探索为城市乃至国家的经济社会发展培育新增长极的路径和经验。以上海浦东新区为代表的国家级新区陆续成立，并迅速成长为所在城市、城市群乃至国家的发展重心和中心。这些国家级新区带有浓厚的行政区域属性，政府机构和人员设置均为副省级，部分新区甚至超过了所在城市政府的行政级别；新区政府在经济决策、社会管理等方面拥有更广泛、更高级别的权利，部分领域可以越过所在城市和省份直接向中央政府寻求授权，宏观调控在资源配置中起到了决定性作用。

表2－1　国家级新区名单（截至2017年12月31日）

序号	新区名称	中央政府批复时间	所在省份	所在区域
1	上海浦东新区	1992.10	上海市	东部地区
2	天津滨海新区	2010.01	天津市	东部地区
3	重庆两江新区	2010.06	重庆市	西部地区
4	浙江舟山新区	2011.06	浙江省	东部地区
5	甘肃兰州新区	2012.08	甘肃省	西部地区
6	广州南沙新区	2012.09	广东省	东部地区
7	陕西西咸新区	2014.01	陕西省	西部地区
8	贵州贵安新区	2014.01	贵州省	西部地区
9	青岛西海岸新区	2014.06	山东省	东部地区
10	大连金普新区	2014.06	辽宁省	东北地区
11	四川天府新区	2014.10	四川省	西部地区
12	湖南湘江新区	2015.04	湖南省	中部地区
13	南京江北新区	2015.06	江苏省	东部地区
14	福建福州新区	2015.09	福建省	东部地区
15	云南滇中新区	2015.09	云南省	西部地区

续表

序号	新区名称	中央政府批复时间	所在省份	所在区域
16	黑龙江哈尔滨新区	2015.12	黑龙江省	东北地区
17	吉林长春新区	2016.02	吉林省	东北地区
18	江西赣州新区	2016.06	江西省	中部地区
19	河北雄安新区	2017.04	河北省	东部地区

（二）省市级新区

在国家级新区的示范带动下，全国各省份也掀起了依托大中城市建设新城区的浪潮。与改革开放之后大范围出现的开发区、产业园区等作为经济功能区仅具有经济区域属性的发展载体不同，这些新城区自成立伊始就兼具行政区域与经济区域双重属性。其行政级别通常不低于老城区，政府在资源配置中发挥的作用明显高于老城区，土地市场开发和基础设施建设对市场资源配置的引导作用比老城区更为突出。而是否具有行政区域属性和宏观调控的社会管理职能，也成为判断某些“新城”和“新区”是属于房地产项目、经济功能区还是城市新区的核心标准。从省市级新区建设的区域分布看（见表2－2），作为改革开放前沿阵地的东部地区仍然领先，东部各省份的地级以上城市基本都开展了新城区建设，并且起步最早、数量最多、质量最好。在西部大开发和中部崛起战略支持下，中西部地区各省份的部分中心城市也开展了新城区建设，虽然起步较晚，但是推进速度较快，空间规模较大。相比之下，东北地区的省市级新区建设则相对滞后，虽然起步较早，但是推进速度较慢且空间分布不均衡。由于城市规模扩张压力不大，东北地区大部分城市的空间建设重点还停留在开发区和产业园区阶段。

表2－2　部分省市级新区名单

所在区域	新区名称
东部地区	河北曹妃甸新区 石家庄正定新区 济南黄河新区 中山翠亨新区 海口江东新区

续表

所在区域	新区名称
中部地区	郑州郑东新区 武汉长江新区 合肥滨湖新区 襄阳东津新区 太原东峰新区
西部地区	银川滨河新区 西宁海湖新区 乌鲁木齐新市区 南宁王象新区 昆明呈贡新区
东北地区	沈阳沈北新区 沈阳沈抚新区 锦州松山新区

二、主导功能特征

（一）生产功能

1. 工业生产

将工业生产从老城区向新城区转移，是大中城市疏解生产功能、缓解工业排放压力、为工业转型升级提供空间载体的重要举措。而工业生产本身具有的强要素集聚、大规模扩张、高速度增长等特点，也使其成为大部分新城区在构建经济基础的起飞阶段的共同选择。从发展实践来看，新城区已经成为我国大中城市工业生产的首要载体，工业生产也成为我国大中城市新城区的主导功能之一。

上海浦东新区在成立之初，依托外高桥保税区、金桥出口加工区、陆家嘴金融贸易区和张江高科技园区等四大国家级开发区的建设，引进了英特尔、IBM、飞利浦、西门子、贝尔、三菱、日立、惠普、理光、可口可乐等一大批知名跨国公司投资设厂，形成通信信息设备、化工及精细化工、家用电器、汽车制造、钢铁制造、医药制造等六大支柱产业。1999 年，浦东新区工业总产值超过1450亿元，其中高新技术产值450亿元，全社会科技进步贡献率达到43%。[①]“十五”期间，天津市开始推进工业布局从中心城区向滨海新区转移的工业战略东移。2001年至2006年上半年，共有236家工业企业从天津中心城区迁入滨海新区，项目总投资达到418亿元，项目总产值达到762亿元。[②]工业战略东移强化了天津滨海新区产业集聚效应的发挥，石油化工、现代冶金、生物制药、电子信息、纺织服装、装备制造等产业集群加快形成。截至2005年，滨海新区工业总产值占天津市比重达到59%，高新技术产业占工业总产值比重比天津市平均水平高出10.4个百分点。[③]

2. 服务业生产

随着新城区工业规模的扩大以及在产业结构中比重的提升，服务业的兴起成为趋势。一方面，服务业可以支撑工业的发展，特别是新型工业化的推进需要科技研发、信息服务、金融保险等生产性服务业的支撑。另一方面，产业结构的服务化成为现代城区发展的趋势和方向，在工业平稳发展的基础上通过服务业发展优化产业结构成为众多大中城市新城区的路径选择。

为满足区内工业企业日益增长的信息服务需求，2009年，天津滨海新区与国防科技大学联合建设了国家超级计算天津中心，在生物医药、航空航天、环境气候、新材料、新能源等诸多领域提供应用服务。通过石油勘探数据处理、生物基因健康、工程设计与仿真、建筑工程设计与管理等平台的构建，与新区内外的众多企业建立了良好合作关系，实现了企业研发效率和产品竞争力的提升，在推动滨海新区传统产业转型的同时培育了新的经济增长点。自2014年被批准为国家级新区以来，青岛西海岸新区依托金沙滩、琅琊台等丰富的旅游资源，以青岛国际啤酒节、青岛国际时装周等知名节会的引进，以及东亚海洋合作平台黄岛论坛、全球大数据论坛等国际平台的打造为先导，在东方影都、中铁世界博览城、东方时尚中心等大项目、好项目的引领下，实现了服务业的快速崛起。2016年，西海岸新区金融业贷款增长19.6%，旅游业总收入增长21.2%，批发、零售、住宿和餐饮总产值分别增长44.1%、31.3%、26.5%和24.7%；服务业增加值占全区生产总值的比重首次超过50%，以服

① 佚名：《浦东开发开放十年概况》，载于《瞭望新闻周刊》2000年第14期。

②③ 李玉峰：《天津，工业战略东移，236家企业滨海扎营》，新华网，2006年10月5日。

务业为主导的产业结构初步形成。其中，金融业实现增加值 68.7 亿元，绿色金融中心建设、金融机构集聚、上市企业培育等重点工作得到快速启动和推进。①

（二）创新功能

1. 制度创新

与改革开放之初，以深圳为代表的经济特区充当改革开放试验田相类似，新城区建设在我国大中城市的发展中同样具有先行先试的制度创新功能。一方面，渐进式改革仍然是我国改革开放的总体路径，随着改革开放向更广的领域、更深的层次推进，其难度不断加大。将部分重要的制度创新在新城区先行先试，可以避免过高沉没成本的产生。另一方面，新城区的发展是时代的产物，其建设的路径、模式和影响与其他国家和地区，以及我国历史上的城市建设大相径庭。因此，新城区的建设离不开制度创新的先行先试做配合。

2005 年和 2006 年，中央政府相继将上海浦东新区与天津滨海新区批准为国家综合配套改革试验区。浦东新区先行先试的重点是政府职能的转变，探索如何通过经济体制改革与其他方面改革的结合，完善社会主义市场经济体制。滨海新区先行先试的重点是新的城市发展模式，探索在外资和先进技术引进的基础上，在以增强自主创新能力为中心环节的新型工业化道路中，如何通过积极发展高新技术产业和现代服务业提高对区域经济的带动作用。2018 年，重庆两江新区启动了企业集群登记制度改革。允许多个企业在托管机构的营业场所注册为住所，托管代理机构提供住所管理服务以形成企业集群注册。只要是不需要特定营业地的公司，或者不具备营业场所条件的小型微型企业或初创企业等，均可以申请企业集群的注册登记，从而解决了 SOHO 式办公企业注册难的问题，大大降低了企业的注册门槛。

2. 科技创新

作为城市新兴生产力的集聚区和发展载体，新城区的科技创新在城市具有不可替代的重要作用和地位。一方面，新城区新型工业化的发展离不开科技创新的支撑，生产效率的提升、节能减排的促进、新产品和新技术的创造，都需

---

① 董梅雪：《西海岸新区：一业一策激活服务业新动能》，青岛政务网，2018 年 3 月 23 日。

要科技创新的主导。另一方面，科技创新是新城区现代服务业发展不可或缺的组成部分，科技研发、信息服务、服务外包等产业的发展既是科技创新的内在动力，也是科技创新的外在表现，更是第二、第三产业联动发展的桥梁和纽带。

南京江北新区成立以来，通过创新驱动发展“121”战略的实施，在人才引进、研发机构落地、创新创业等方面加强引导，加速集聚海内外创新资源，加快打造创新策源地、引领区和增长极。截至 2017 年，江北新区共拥有高新技术企业 354 家，在智能制造、生命健康、新材料、高端装备制造等产业领域取得了一大批在国际和国内领先的科技创新成果，形成了集成电路、大健康医疗、新金融三大科技创新集群。2011 年，科技部和天津市政府开始共同建设天津滨海新区首个国家 863 计划产业化合作伙伴试点城市。滨海新区作为天津与科技部探究高技术成果转化的重要载体，积极打造以企业为主导，以市场为导向，产学研相结合的技术创新体系，天津滨海新区已基本构建了政府、产业和研究有机结合的新发展模式，现已成为实施国家 863 计划的推行成效展示区和国家高新技术成果转化示范区。到 2015 年，滨海新区国家 863 计划产业化合作城区建设的“115”目标已基本实现，10 个国家 863 计划研发转化基地、100 项规模项目交易、500 项科技成果转化落地相继完成，为滨海新区和天津市经济社会的发展增添了强劲动力。

三、空间演化特征

（一）漂移式演化

在城市发展的过程中，作为增长极的空间可以在城市内部发生移动，并通过扩散带动作用的发挥促进区域产业结构的换代升级。从空间演化的角度看，我国部分大中城市发展中心从老城区向新城区的转移，就属于这种在综合因素引导下的城市增长极的区域移动。在漂移式演化的过程中，新城区作为城市新增长极，通过城市功能的承接快速发展，而作为城市传统增长极的老城区则随着部分城市功能的疏解或剥离进入转型发展期。

1. 交通区位的引导

商品经济的发展与市场的扩展可以诱使城市生产布局发生改变，以适应经济增长方式的变化，从而造成增长极的漂移。进入 21 世纪以来，随着国际贸易范围的不断扩大，以及海港、空港和高铁网络建设的不断提速，交通枢纽成为城市建设商品市场和发展市场经济的重要区位选择，部分大中城市在开展新城区建设时纷纷向海港、空港和铁路枢纽靠近。

2012 年，河北省选择在曹妃甸建设唐山市新城区。曹妃甸港区位于渤海湾，它的深水岸线长达 69.5 公里，其间无冰无淤泥，是一个可以直接建设 50 万吨级大型远洋泊位而不需要挖航道和港池的天然港址，存在较多新建万吨以上级泊位码头的空间，远期吞吐量超过 8 亿吨。曹妃甸港区距离韩国仁川港 400 海里，距离日本长崎 680 海里、神户 935 海里，与欧美、南美、中东、东南亚等全球主要贸易国航路畅通、航线便捷。2017 年，曹妃甸地区生产总值达到 440.9 亿元，累计建成运营码头泊位 92 个，完成港口货物吞吐量 3.1 亿吨，引进港口贸易企业 67 家，实现港口贸易额 152 亿元，完成进出口总值 11.3 亿美元。① 2012 年，国家批准成立西北地区首个国家级新区，即兰州新区。尽管新城区距离老城区 70 公里，但是兰州新区作为丝绸之路经济带钻石节点的交通区位优势显著。围绕甘肃省“三大国际陆港”和“三大国际空港”建设，兰州新区初步搭建了综合保税区、航空口岸、铁路口岸的三大对外开放平台格局，到 2017 年，兰州新区综合保税区跨境电商监管中心和进口肉类指定查验场正式投入运营，兰州中川国际航空港进口冰鲜水产品、进口水果进境指定口岸建成并通过验收；兰州铁路口岸（中川北作业区）也建成并通过验收；在保持中欧、中亚顺利发运的基础上，兰州中川国际机场成功开通了兰州到迪拜和达卡的国际货运包机航线，进一步通畅了空中物流通道。②

2. 自然禀赋的引导

自然禀赋的改变会对城市产业形成集聚力或离散力，诱使城市增长极从其他地区漂移过来或者从本地区飘离。受稀缺性的影响，随着作为城市传统增长极的老城区的不断发展，特别是随着生产规模的不断扩大，其自然禀赋将消耗殆尽，生产要素的成本将逐步增加，市场萎缩，生产要素报酬明显下降。原先的主导和推进型产业所吸引的依赖性生产要素将转移到发展潜力较大的其他产

① 孟超：《世界大港，产业新城——魅力曹妃甸》，中国网，2018 年 7 月 7 日。

② 张建平：《兰州新区构筑西北内陆开放新高地》，载于《兰州日报》2018 年 8 月 23 日。

业和空间，从而在新城区形成新的城市增长极。

2017 年，中央政府批准在河北省的容城、雄县和安新成立雄安新区，目的是疏导转移北京的非首都功能，积极探索如何优化开发人口经济密集度高的地区。新中国建都北京 70 年以来，北京市的自然禀赋已经基本被“占满耗尽”，交通拥堵、空气污染、公共服务供不应求等城市病全面爆发。在这个背景下，非首都功能的疏解就成为北京可持续发展的必然选择，而承接北京非首都功能则成为雄安新区发展为区域增长极的良机。截至 2017 年底，北京市累计关停退出一般制造企业近 2000 家，调整疏解各类区域性专业市场近 600 家，同时推进教育、医疗资源向京外转移布局。① 2017 年 8 月，北京市与河北省签署了《关于共同推进雄安新区规划建设战略合作协议》，将中央在京部分行政事业单位、总部企业、金融机构、高等院校、科研院所确定为河北雄安新区产业承接的方向，推动符合雄安新区定位的北京非首都功能向雄安新区有序疏解转移。北京将在雄安新区投资建设高水平幼儿园、小学、完全中学和综合医院，部分北京市属国有企业将为雄安新区开发建设及城市管理提供服务，京雄两地还将积极推进异地就医即时结算、医疗机构临床检验结果互认、医学影像检查资料共享等工作。②

（二）叠加式演化

从区域发展的现实特征与发展趋势看，我国城市格局与改革开放之初相比并没有发生根本性的改变，以北京、上海、广州和深圳为代表的大中城市在区域发展中的核心地位与主导作用持续巩固和提升。但是，城市内部的空间发展在离心力作用下的非均等化倾向日益显著。在漂移式演化、零起点建设新城区的同时，部分大中城市的新城区建设依托传统经济区域展开。即在其原有城市功能的基础上将其他空间的城市功能转移、叠加其上，实现作为城市新增长极的新城区建设的高起点建设与快速推进。

1. 成本最小化战略的引导

作为城市传统增长极的老城区，已经形成了与作为城市主导产业的推进

---

① 杜燕：《截至去年底北京累计关停退出一般制造业企业近 2000 家》，中国新闻网，2018 年 12 月 21 日。

② 殷呈悦：《雄安新区产业承接方向明确，包括中央在京部分行政事业单位、科研院所等》，载于《北京晚报》2017 年 8 月 21 日。

型产业，以及配套的基础设施和公共产品，成为表现为固定资产形式的沉淀资本。如果发生城市增长极的漂移，沉淀资本就转化为沉没成本，成为城市发展的负担。而在叠加式演化中，城市传统增长极以基础设施和公共产品的补充和完善替代重新投入和建设，沉淀资本被重新激活并得到更加充分的利用，推动城市新增长极的低成本、高效率发展。同时，对于部分具有自然垄断性质的产业而言，只能通过规模经济实现生产扩张，叠加式演化则可以满足其在较短时间内实现生产规模扩大和生产成本降低的要求，实现成本最小化战略的目标。

2002 年，沈阳市在铁西区和沈阳经济技术开发区的基础上成立了铁西新区。原铁西区是中国现代工业的摇篮，是东北老工业基地的核心，被称为“东方鲁尔”。沈阳市有 3/4 的大中型企业和 2/3 的工业产值集中于此，是辽宁作为“共和国长子”的重要支撑。而沈阳经济技术开发区，在改革开放的前 20 余年已经吸引了法国米其林、美国江森、日本普利司通、德国宝马、瑞典阿特拉斯、韩国中光电子等 40 多个国家和地区的 1300 余家企业入驻，其中跨国公司 83 家，世界 500 强企业 21 家，是沈阳高新技术企业和外资经济最为集中的地区。依托原铁西区和沈阳经济技术开发区宏大的企业规模、齐全的工业门类、强大的配套能力，铁西新区的装备制造、汽车及动力、医药化工、食品饮料及包装、纺织印染、新兴冶金等六大产业快速集聚发展，形成汽车及汽车零部件、摩托车及零部件、家电及电气、工程机械、通用机械、纺织服装、冶金产业、模具及压铸件、包装印刷、食品饮料等 10 个产业集群，2010 年总产值超过 1000 亿元。

2. 技术创新的引导

技术创新源于科技知识从量变到质变的突破，而知识存量比较大的地区往往是创新活跃的地区。增长极的支柱产业特别是推进型产业在路径上具有相似性并且在技术上具有相关性，在原有技术基础上容易形成技术创新并促进产业升级。一些大中型城市出现的主导产业从老城区向新城区漂移的失败，很大程度上是因为新城区科技人员数量和知识结构难以满足技术创新的要求。老城区是科技人员聚集的地方，在技术创新方面具有天然优势，可以支撑原产业的不断升级和扩张。这就导致了城市技术创新易叠加、可溢出、难漂移问题的出现，使叠加式演化成为城市建设新城区重要的路径选择。

在我国大中城市新城区的建设实践中，依托城市原有高新技术产业开发区、经济技术开发区、高新技术产业园区等城市技术创新核心载体已经被证实是一条行之有效的捷径。作为天津滨海新区的核心组成部分，天津经济技术开发区的科技创新能力长期名列全国 219 家国家级经济技术开发区的前列。滨海新区成立之前，天津经济技术开发区通过摩托罗拉、丰田、三星等高新技术企业的引进集聚了大量的科技创新资源；滨海新区成立之后，这些科技创新资源成为全区科技创新的重要基础和主体依托。“十二五”时期，天津经济技术开发区的科技型中小企业超过 5500 家，“科技小巨人”企业超过 400 家，国家级高新技术企业超过 300 家，在各类资本市场挂牌、上市企业 25 家，分别比“十一五”时期增长 3.5 倍、2.5 倍、0.75 倍、4 倍；获专利授权超过 8000 件，在超级计算、膜技术、干细胞、生物芯片领域走在了全国前列，38 种产品入选天津市级“杀手锏”产品，创新成果不断涌现；大众变速器、一汽大众华北基地、中石化 LNG、中沙新材料、澄星集团等重特大项目相继落户，销售收入超过百亿元的企业达到 24 家。[①]

四、发展动力特征

（一）开放驱动

1. 对外开放

改革开放以来我国大中城市的发展实践证明，对外开放是城市集聚国内国外两种资源、开拓国际国内两个市场的成功路径。而城市开放度的差异，则是大中城市发展差距的重要影响因素。因此，在新城区建设的探索和实践中，大中城市依然坚持对外开放的发展方针，外来技术、外资企业、国际贸易等涉外经济形式成为推动新城区高质高端发展的骨干力量。

2017 年，大连金普新区实际使用外资超过 20 亿美元，同比增长超过 51%，占大连全市比重超过 62%，占辽宁全省比重超过 36%。其中，新批外商投资企业 51 家，投资总额 4.6 亿美元、注册资本 4 亿美元；新批增资项目

---

① 万红：《天津经济技术开发区迈进“十三五”开启新征程》，中国网，2016 年 1 月 20 日。

30 个，新增投资总额 27.7 亿美元、注册资本 7.7 亿美元；批准外商投资项目 31 个，固定资产投资总额 105 亿元。① 以世界顶级汽车自动变速器生产企业博格华纳的双离合器自动变速器组件项目、面向欧美日市场的欧姆龙（大连）有限公司健康医疗商品研发中心项目、国际领先的汽车热管理供应商翰昂新能源汽车空调压缩机项目为代表的外资新兴产业项目建设，已经成为金普新区、大连市乃至辽宁省高新技术产业发展和经济增长的重要推动力。

2. 对内开放

受地理位置的限制，以及后金融危机时期国际经济增长放缓的影响，部分大中城市新城区建设的对外开放推进缓慢。但是，国内区域合作的快速推进使对内开放成为对外开放的重要补充。与对外开放相比，对内开放受国际政治和经济关系调整的影响较小，国内技术、人才和企业的流动障碍更小、落地速度更快、区域适应性更强，内资引进已经成为新城区聚合资源的重要途径。

2017 年，贵州贵安新区在精准联动招商中重点推进内资引进工作。针对珠三角、长三角、环渤海等国内发达地区，特别是它们的高端装备制造、新能源汽车、人工智能、电子集成电路、军工民用融合等领先产业，开展精准分析和重点引资。通过新区政府部门领导恳谈、招商团队集体沟通等方式，以高新技术企业中的上市企业引进为中心，走出去、引进来，先后拜访了深圳、昆山、重庆、北京等城市的维信诺、京东方、柔宇科技、华星光电等 20 余家企业，吸引了中利集团、石家庄以岭药业集团、四川好医生集团等 200 余家国内行业领军企业到新区考察洽谈，腾讯贵安七星数据中心、华侨城 V 谷创意园、宝能集团物流园、中国航发高温合金涡轮叶片生产基地等优质项目相继落户贵安新区。

（二）投资驱动

1. 固定资产投资

与老城区相比，新城区的资本积累相对薄弱。因此，在新城区建设的过程中，我国大中城市普遍采用了政府投入引导、基础设施先行的模式。通过固定

① 大连金普新区管理委员会：《金普新区实际使用外资总量占全省近 4 成全市超 6 成》，大连市人民政府网站，2018 年 1 月 16 日。

资产投资的积累，特别是完善配套设施的配套，为企业生产创造外在经济效应，分担和减轻企业生产成本。在新城区建设的初期和起步期，固定资产投资起到了首要发展动力的作用。随着新城区建设进入成长期和成熟期，固定资产投资在国内生产总值中的比重将下降，但是基础动力的地位和作用不会发生根本性改变。

云南滇中新区成立的前三年，累计完成固定资产投资 1998 亿元。其中，综合交通投资累计完成 512 亿元，嵩昆大道、哨关大道、空港大道、小龙高速、武易高速、新昆嵩高速等 73 条主干道路建成通车，东南绕高速、机场北高速、呈黄快速路等项目顺利推进，新区“两横两纵”高速路网和“两横三纵”城市骨干路网基本成型；同时，滇中新区大力推进重点园区和重点片区内部路、供水、供电、供气、排污、通信等生产性配套项目建设，不断健全和完善功能配套设施及其功能。[①] 为满足区内企业职工的住宿需求，滇中新区加大经济适用房、公租房等保障性住房建设力度，三年累计建成 11713 套，解决了企业的后顾之忧。

2. 资本市场融资

顺应虚拟经济与实体经济协调发展的趋势，部分较为发达的大中型城市新城区建设，以及部分已经进入成熟期的新城区建设，已经开始重视资本市场的利用，新城区已经成为大中城市上市企业数量增长最快、募资额最高的地区。通过上市企业的培育和引进，充分发挥资本市场资金融通量大、投资周期灵活、工具期限长等优势，为企业、产业和区域发展提供可持续、高效率的投资动力。

2017 年，浦东新区新增 A 股上市企业 11 家，合计募资超过 57 亿元；新增境外资本市场上市企业 5 家，其中两家港股上市公司合计募资 233 亿港元，3 家美股上市公司合计募资 4. 3 亿美元。截至 2017 年，浦东新区已经拥有 A 股上市企业 143 家，占上海全市的约 40%；境外上市企业 40 家，占上海全市的 44%。此外，浦东新区还拥有新三板挂牌企业 228 家，占上海全市的 23%。其中，创新层企业 26 家，占上海全市的 20%；上海股交中心挂牌企业 165 家，

① 士闻：《滇中新区：三年“破茧”振翅飞》，载于《创造》2018 年第 9 期。

含科技创新板企业 77 家和 E 板企业 98 家，占上海全市的比重分别为 46% 和 25%。值得一提的是，浦东新区民营企业参与资本市场积极性最高，在 2017 年新增的 16 家上市企业中，有 14 家为民营企业，占比超过八成。①

第二节　新城区发展存在的主要问题

一、产业结构不够协调

（一）工业结构偏重

1. 重化工业占比过高

以石油化工为代表的重化工业，由于具有固定资产投资与税基规模较大、项目建设与投资回收周期较短、社会支撑与产业协作要求较低等优点，被众多新城区定位为主导产业加以重点发展，为新城区产业规模的快速扩张做出了重要贡献。但是，由于同时具有高能源消耗、高污染排放、高生态压力和低就业创造等缺点，对新城区产业质量的提升、生态环境的改善和社会发展的促进也形成了制约。

作为国内最大的炼化一体化基地，天津滨海新区形成了以石油化工为龙头，石油化工、海洋化工、精细化工、能源与资源综合利用等四大产业多点支撑的产业发展格局，拥有 3500 万吨原油、2200 万吨炼油和 130 万吨乙烯的年生产能力，2014 年实现产值 3259 亿元，占滨海新区工业总产值的 20%；浙江舟山新区拥有中海油舟山石化、浙江海洋石油化工、浙江天禄石油化工、中化兴中石油转运（舟山）公司等规模以上石油化工企业 10 余家，涵盖炼化加工、石油储运、贸易流通等多个产业链环节，2015 年实现产值近 270 亿元，占舟山新区工业总产值的比重超过 12%；青岛西海岸新区聚集青岛炼化、丽东化工、思远化工和中石化山东 LNG 等石油化工类规模以上企业 79 家，产品涵盖原油炼制、石油储存、有机化工原料生产、化学试剂、液化天然气等多个领域，形成了较为完整的产业链，2015 年总产值超过 800 亿元，占西海岸新

① 张淑贤：《浦东借力资本市场发展实体经济》，载于《浦东时报》2018 年 1 月 25 日。

区规模以上工业产值超过15%。①

2. 高端装备制造业大而不强

与传统制造业相比，以关键基础零部件、智能装备、轨道交通、航空航天、能源装备等为主体的高端装备制造业具有高技术含量、高价值链地位和高产业链地位的鲜明特征，因而成为绝大多数新城区建设的重点产业。但是，新城区高端装备制造业发展普遍存在大而不强的问题。由于高端装备制造业没有明确且严格的产业领域限制，因此很多新城区的高端装备制造业属于"旧瓶装新酒"式的传统制造业改造提升，体量虽然巨大但是竞争力不强。由于从模仿创新到自主创新的路径尚未实现全面突破，致使具有国际领先技术水平的产业领域数量少、比重低，在国际产业分工协作和价值分配中的地位有待进一步提升。

"十二五"和"十三五"时期，几乎所有的国家级新区和众多省市级新区都将作为信息时代核心元器件和互联网企业关键设备元件的集成电路芯片列入重点产业，但是在核心技术研发与关键设备制造等方面进展缓慢，在国际竞争中处于相对弱势地位。中国的手机和计算机产量约占全球产量的70%，彩电产量位列世界第一，对集成电路芯片的需求占全球市场供货量的1/3。而与之形成鲜明对比的是，国产集成电路芯片的自给率不到30%，国产集成电路产业的产值不到全球市场的7%、市场份额不到全球市场的10%，包括高端装备制造业在内的中国制造业与信息产业所需集成电路芯片的90%以上仍然依赖进口。②

（二）服务业发展不充分

1. 生产性服务业不够独立

随着市场经济中专业化分工的不断推进，以生产性服务业为代表的服务业从以制造业为代表的工业中分离并独立成为产业发展的必然趋势。独立的生产性服务业的专业化水平和生产效率，要显著高于包含在制造业中的生产性服务业部门。但是，从国内大中城市新城区生产性服务业发展的现实看，科技研

① 张宁、卢向虎：《国家级新区主导产业比较分析——兼论陕西西咸新区主导产业发展对策》，载于《城市》2016年第9期。

② 毕夫：《加快"中国芯"弯道超车》，载于《中国青年报》2017年3月27日。

发、信息服务、金融保险、仓储物流等产业环节难以从制造业分离的现象还普遍存在。这既限制了新城区产业分工协作的深入展开，也制约着新城区资源配置效率的提升。

一方面，部分新城区制造业企业对分离生产性服务业的重要性认识不足。虽然国务院已于2014年出台了《关于加快发展生产性服务业促进产业结构调整升级的指导意见》，但是部分制造业企业对生产性服务业的涵盖范围不清楚、发展方向不明确，存在分离生产性服务业属于“自断手足”的保守思想和错误观念。即便在从老城区向新城区搬迁的过程中，也不愿意为了分离生产性服务业投入太多时间和精力。另一方面，部分新城区制造业企业分离生产性服务业的动力不足。无论考虑到分离出生产性服务业企业后，制造业企业会丧失政府针对生产性服务业的税费减免资格、增加企业负担，还是考虑到涉及企业关键技术研发与核心制度实施的服务分离和外包会泄露商业机密、损失竞争优势，都使得制造业企业在分离生产性服务业时积极性不高。

2. 生活性服务业缺乏支撑

与老城区相比，新城区的人口总量小、人口密度稀疏。中高等收入、高质量就业人口工作在新城区而居住在老城区的特征十分显著，使得新城区生活性服务业发展缺乏必要的消费支撑。同时，由于新城区社会发展相对迟缓，人文环境相对落后，难以为休闲旅游、商贸流通、中介服务等生活性服务业提供必要的社会支撑，使得新城区生活性服务业的发展缺乏充足的外部动力。

根据预计发展的趋势，兰州新区人口规模在2015年、2020年、2030年会分别达到30万人、60万人和100万人，但是据甘肃省统计局发布的《关于2016年全省人口变动主要数据的通报》表明，2016年兰州新区常住人口仅为14.28万人。[①] 即便加上入驻企业员工、政府机构人员等流动人口，截至2018年3月居住人口也不超过25万人。相对于兰州新区超过800平方公里的面积而言，如此稀疏的人口分布是难以为生活性服务业的发展提供足够的消费支撑的。同样地处西北的西咸新区坐落于西安和咸阳两座城市建成区之间的乡村地带，社会发展时间短、城镇化程度偏低，科技、教育、文化、卫生等公共事业

① 王登海：《兰州新区困局》，载于《中国经营报》2018年1月8日。

发展缓慢，交通基础设施建设不足。虽然在泾河新城布局了乐华欢乐世界等休闲娱乐项目，在秦汉新城、沣东新城和国际文教园布局了疗养院、养老院等健康养生项目，但是受制于不完善的社会配套和不强烈的服务意识，还没有达到预期的建设效果。生活性服务业缺乏支撑，已经成为新城区发展的普遍问题。

二、社会发展落后于经济发展

（一）人口发展落后于产业发展

1. 就业创造落后于产业发展

由于工业结构偏重、服务业发展不充分，新城区的就业创造普遍落后于产业发展。有研究表明，由于重化工业资本劳动比高，就业弹性较弱，因此在重化工业主导的发展阶段，国内生产总值每增长 1 个百分点创造的就业机会，仅相当于轻工业主导发展阶段的 1/4 左右。同时，由于大部分新城区重点发展的科技研发、金融保险等现代服务业对劳动的需求重“质”不重“量”，也使得新城区的服务业发展呈现“弱就业式增长”的特征。

在发展初期，很多城市新区都是从劳动密集型产业或者劳动密集型产业环节起步的。但是，随着新城区发展、特别是产业升级的加速，服装纺织、皮具箱包、玩具百货等劳动密集产业，以及电子设备组装、商贸流通等劳动密集型产业环节，由于比较优势减弱、相对收益下降等原因，被更高端、高质、高新的装备制造、石油化工、航空航天等资本和技术密集型产业，以及科技研发、市场营销等资本和技术密集型产业环节替代。虽然产业升级得以实现，但是就业创造能力、特别是“量化”的就业创造能力却被削弱。“十三五”时期，各个国家级新区的产业发展规划中已经难见劳动密集型产业和产业环节的踪影，大部分省市级新区的劳动密集型产业和产业环节也在大规模外迁，就业创造落后于产业发展的问题依然突出。

2. 人口集聚落后于就业创造

新城区就业创造的落后，是相对于其庞大的产业规模而言的。与陷入产业空心化困境的老城区相比，新城区的就业创造并没有明显的落后，但是人口集聚的落后却十分显著。由于新城区的就业机会相对较多、薪酬水平相对较高，选择在新城区就业的人口越来越多；而由于老城区的生活配套更为优越、社会环境更为舒适，选择在老城区居住的人口并没有减少。这种工作在新城区、居住在老城区的职住空间分离的现象，导致新城区的人口集聚落后于就业创造。

职住空间的分离，既是新城区社会发展相对滞后的原因，又是结果。由于就业人口较多而常住人口较少，政府部门在新城区基础设施建设和公共服务供给上就更加侧重于生产而不是生活，生活性服务业的发展也缺乏足够的需求拉动和载体依托，导致新城区社会发展更加缓慢。由于新城区社会发展相对落后，更多人口选择在新城区就业而在老城区生活，使得职住空间分离的情况愈演愈烈，在新城区形成了“职住空间分离—社会发展相对落后—职住空间分离”恶性循环。对大中城市的整体发展而言，职住空间的不平衡严重降低了城市交通的运行效率、制约了城市居民生活质量的改善。《2014 中国劳动力市场发展报告》显示，北京、上海、广州、深圳等城市的内部通勤时间都已经接近和超过了 90 分钟。

（二）公共服务落后于基础设施

1. 基础设施利用率偏低

“十一五”和“十二五”时期，我国的固定资产投资掀起了高潮，而大中城市新城区的基础设施建设则成为固定资产投资的重点领域。这在很大程度上弥补了早期的新城区建设基础设施落后的短板，并为新城区的发展增添了动力。但是，在强烈的“铁公基”投资冲动下，众多新城区的基础设施建设出现了过度超前的倾向，偏低的利用率与老城区基础设施的不堪重负形成了鲜明对比。

截至 2017 年底，我国高铁通车里程达到 2. 5 万公里，大量高铁车站和高铁新城拔地而起。[①] 部分城市将高铁车站的选址与新城区的建设相融合，涌现出近百座高铁新城。由于与老城区距离过于遥远、产业模式过于单一、人口聚集过于缓慢、综合配套过于简陋等原因，绝大部分高铁新城的发展相当缓慢，导致高铁车站的利用率难以提高。同样，部分大中城市的海港建设也存在类似的问题。在环渤海地区，天津、营口、唐山、黄骅等城市均将新城区拓展与海港建设融合推进，使得天津港（滨海新区）、营口港（鲅鱼圈新区）、唐山港

---

① 樊曦：《献礼 2017：中国高铁“刻下”2. 5 万公里新里程》，新华网，2017 年 12 月 29 日。

（曹妃甸新区）、黄骅港（渤海新区）的航运能力和货物吞吐量持续提升，超过了航运需求的增长。这就使得环渤海港口群从投资过度问题演化为产能过剩问题，港口闲置率提升，港口之间的恶性竞争滋生，制约了经济效率的提升，造成经济资源浪费。

2. 公共服务标准不高

“十三五”时期以来，绝大部分新城区的公共服务实现了从无到有的跳跃，但是由低到高的转变尚未完成。一方面，与老城区相比，新城区的公共服务设施虽然更为先进，但是公共服务水平明显落后。有好设备没好医生、有好教室没好教师等现象普遍存在。另一方面，与新城区比重较高的中高端人才的高质高端需求相比，公共服务的标准和层次偏低。在待遇留人、感情留人、事业留人的同时，高标准的公共服务对中高端人才的吸引作用同样重要。

在医疗卫生和基础教育领域，新城区公共服务标准不高的问题尤为显著。由于新城区的医疗卫生和基础教育大多依托乡镇医院和学校建设，水平普遍不高，与老城区存在较大差距。为了平衡优质医疗卫生和基础教育资源的空间布局，大中城市纷纷采取了设立分院和分校的形式，将老城区的优质资源扩散到新城区。这些举措虽然在一定程度上缓解了新城区优质资源不足的局面，但是仍然存在着两方面的突出问题。一方面，老城区的资深医疗专家和优秀教师到新城区工作的动力不足、主动性不强、工作时间不持续，使得部分三级甲等医院和重点中小学的新城区分院和分校成为年轻医生和教师的实习基地。另一方面，在企业参与投资建设的情况下，部分医院的分院和学校的分校采用“公办民营”的运营模式，收费水平明显高于老城区，加重了新城区居民的医疗和教育负担。

三、投资依赖与政策依赖并存

（一）投资结构较为单一

1. 固定资产投资比重过高

由于社会发展落后于经济发展，并且社会发展难以实现经济发展般的跨越式发展，因此新城区的消费水平不可能在短时间内快速提升。而在后金融危机时期，由于境外需求增长乏力，国际贸易保护主义又有卷土重来之势，出口规模的提升也十分困难。在这种情况下，新城区发展对投资驱动的依赖也无可厚非。但是，过高的固定资产投资比重对新城区乃至城市整体的发展产生了诸多不利影响。一是受资本边际效益递减规律的影响，持续的大规模固定资产投资扩张产生的边际效益越来越小。过强的投资冲动、过大的投资供给，使得回报率在投资决策中的地位边缘化，投资监管被迫放松，为效率不高、效益不强的低质量投资项目提供了生存空间。二是由于政府财政与政府投融资平台在固定资产投资中占据了相当大的份额，持续扩张的政府固定资产投资加重了政府债务危机。为了满足新城区固定资产投资的需要，众多城市在财政赤字规模持续扩大的情况下，只能通过发行债券和抵押融资等方式筹措资金。这既挤压了社会保障等民生支出的增长空间，又增加了后任政府和城市居民的代际负担。三是固定资产投资在短时间内的快速增长，意味着折旧回收和重置投资也将在未来集中大规模爆发。这不仅会在很大程度上降低项目的未来收益，还为下一轮的固定资产投资扩张埋下了隐患。

2. 社会资本参与度不高

为了拓展固定资产投资的来源和渠道、缓解政府主导固定资产投资的财政压力，众多城市纷纷在新城区基础设施建设中采用 PPP 模式，吸引社会资本参与到新城区的固定资产投资中来。但是，社会资本的参与程度并不高。一方面，PPP 模式的核心在于政府与社会资本的合作，而为数不少的 PPP 项目的社会资本都来自国有企业的投资。国有企业代表的国有资产与政府的合作，与非公有制经济代表的民间资本与政府的合作，存在本质上的区别。比重过高的国有企业 PPP 项目的参与，偏离了 PPP 模式吸引社会资本参与的本意。另一方面，部分民营企业的 PPP 项目参与，过度重视短期收益而轻视长期运营管理。在“项目建好就拿钱，项目落地就走人”思想的作用下，甚至出现了通过虚增工程造价攫取非法利润的行为。部分民营企业自有资金实力并不充足，资本金大多通过借贷获得，难以分担和承受 PPP 项目长期运行可能出现的风险。同时，新城区的金融创新大多处于起步阶段，中介服务组织和机构经验不足，对 PPP 的相关制度还处于“干中学”的熟悉阶段。另外，在配套政策方面，PPP 模式与项目监管的上位法尚未出台，社会资本的甄选与简化招标的前置程序还没有形成权威的规范。这些方面都使得社会资本参与新城区建设的效果大打折扣，制约了新城区社会资本参与度的提升。

（二）扶持政策过于强势

1. 生产力布局过于倾斜

新城区建设的过程，本质上是城市生产力布局的调整过程。从存量上看，城市现有的生产资料与生产载体从老城区向新城区转移；从增量上看，城市新增加的生产资料与生产载体直接在新城区布局。在市场经济的框架内，城市生产力布局调整的动力应该是政府宏观调控引导下的市场主导。数量更多、质量更优、价格更低的要素供给，更密切的产业协作和更完善的配套设施，更高的利润和更广阔的发展空间，应该是新城区成为城市生产力布局新中心和重心的主导原因。但是，从大中城市新城区建设的实践看，政府主导的生产力布局向新城区的倾斜在一定程度上已经超过了市场作用的影响。为了加快新城区的生产力发展，部分城市直接通过行政手段命令特定产业范围的老城区公有制企业向新城区转移，部分城市的对外宣传推介和招商引资以新城区代表城市整体，使得众多新城区对生产力布局的政策倾斜产生了很强的依赖性，失去了对市场资源配置的尊重和信任。在较高比重的企业是单纯响应政府号召而未充分考虑经济效益而落户新城区的情况下，会严重制约新城区的产业发展和生产力提升，违背了生产力布局调整的效率性原则和目标。一旦城市生产力布局方向出现变化，对新城区的政策倾斜力度有所降低，新城区的发展就会陷入困境，前期的投入就成为巨大的沉没成本。

2. 财政手段过于集中

政府对新城区发展的财政扶持，基本都是从面向企业的税费减免和财政补贴两方面开展。由于财政扶持手段过于集中，导致新城区企业对政府财政扶持产生了较强的依赖性。一方面，大部分城市针对新城区企业的税费减免主要集中在税率优惠与减免等直接优惠领域，对于加速折旧、税收扣除等间接优惠手段的使用比较少。由于我国税收优惠预算制度的缺失，税收优惠的管理方式不够集约高效，距离系统和规范化的预算管理模式还有很大差距。在地方政府税收优惠管理权不足的情况下，为了新城区的招商引资，很多城市的税收优惠政策以暂行条例、行政法规等形式出现，甚至相同地区和产业使用的政策不尽相同，导致税收流失严重。另一方面，大部分城市针对新城区企业的财政补贴主要集中在贷款利息补贴、科技研发补贴、人才生活补贴等领域，在降低融资成本、鼓励科技研发、建设和稳定人才队伍等方面发挥了积极的作用。但是，由于新城区财政补贴一定程度上存在重申报、轻管理考核的倾向，导致财政补贴范围过大、使用效率不高，在部分企业的财务结构中占据了过高的比重，部分企业滋生了对政府财政补贴的“等、靠、要”思想。一旦政府财政政策由扩张向紧缩转型或者财政能力下降，对新城区企业财政补贴减少，这些企业就会陷入经营危机中。

四、行政管理条块分割严重

（一）横向关系错综复杂

1. 部门整合推进缓慢

大部分城市的新城区建设是在整合原有行政区和经济功能区的基础上进行的，政府管理机构以新成立人民政府或管理委员会两种情况为主。比如天津滨海新区，是在整合塘沽区、汉沽区和大港区等行政区，以及天津经济技术开发区、天津港保税区和天津新技术产业园区等功能区的基础上成立的，于2010年初成立了天津市滨海新区人民政府，履行政府管理职能。又如陕西西咸新区，是在整合西安的未央区、长安区、鄠邑区和咸阳的秦都区、渭城区、泾阳县、兴平市等行政区，以及空港等经济功能区的基础上成立的，在2014年被批准为国家级新区之后，仍然由西咸新区管委会实施政府管理，并于2017年划归西安管理。无论是新成立的新区人民政府还是新区管理委员会，都要面临新区政府整合这个难题。一方面，新区成立之后原有行政区或经济功能区的行政级别通常下降一级，岗位编制随之出现下降。如何分流原有行政区和经济功能区的公务人员，成为新区政府整合的首要难题，直接影响新区干部队伍的稳定。另一方面，新区政府或者管委会的工作人员通常由原有行政区和经济功能区上调而来，原有工作薪酬与福利待遇往往存在较大差距。在同工同酬的要求下，能否既不过分增加财政负担又令绝大部分人满意，会直接影响新区干部的工作积极性。

2. 职能整合推进困难

在新区政府部门整合缓慢推进的同时，新区政府职能的整合也在艰难推进。在行政区和经济功能区的基础上成立新区，其目标是通过资源配置范围的扩大提升经济效率。但是，由于原有行政区和经济功能区政府管理边界的存在，对新区政府的管理产生了巨大的挑战，造成新区内部不同地区和不同部门的职能割裂、各自为政。一方面，新区政府职能难以实现对原有行政区和经济功能区的真正覆盖。如西咸新区虽然在2017年之前一直由陕西省直管，但是具体的工商管理、国土管理、民政管理等行政职能依然分别由西安和咸阳两个城市实施。在西咸新区五大组团中，沣东新城和沣西新城由西安市管理，秦汉新城、空港新城和泾河新城则由咸阳管理。西咸新区管理委员会的管理职能，只能在西安和咸阳协调配合下才能顺利开展。另一方面，新区政府难以实现与省部级主管区域部门的职能协调。如天津滨海新区与天津港的关系长期相对独立，天津港长期隶属于交通运输部管理。虽然2003年转制为天津港（集团）有限公司，人事任免权划归天津市委市政府，但是业务指导仍然属于交通运输部。在条块分割管理的情况下，政府管理职能整合的进程直接决定了政府监督管理的效果，非常容易滋生安全生产事故等隐患。

（二）纵向关系互动不佳

1. 上级政府监督不力

从大中城市新城区建设的实践看，普遍存在“严审批、松监督”的现象。由于大部分新城区行政级别较高，比如国家级新区通常是副省级、省市级新区通常是副市级，因此大部分省市级政府不愿意也没有足够的权利去对新城区的政府管理和经济社会发展履行监督职责。而在新城区内部，各种经济技术开发区、产业园区、试验区、示范区等经济功能区的管理机构行政级别并不比新城区人民政府或者管理委员会低，新城区人民政府或管理委员会也就难以对其管理开展有效监督。新城区管理机构越过所属城市，以及新城区经济功能区管理机构越过新城区，直接向中央部委申报政务的现象广泛存在；中央部委略过新城区所属城市乃至新城区管理机构，向新城区甚至新城区经济功能区直接下达批文批复的现象也并不少见。这严重混乱了新城区管理机构与所属省市乃至中央部委之间的上下级关系，造成部分城市新城区行政管理不统一、职能交叉重叠，降低了政府管理的效率。特别是个别新城区以“先行先试”为名，钻上级监督的漏洞，行违反中央精神之举。部分地区钢铁冶金、光伏材料、船舶制造等行业的产能过剩，与众多新城区利用产业发展“特权”盲目扩张产能不无关联；而在“环保风暴”中，部分新城区成为高污染高排放产业和企业的避风港，更值得警惕。

2. 新城区政府主动性不强

随着改革开放事业的全面和深入推进，改革开放的路径也从“自上而下”向“自下而上”转变。与改革开放早期中央政府制定政策、特定区域实施政策的“自上而下”不同，现阶段更多的改革开放属于特定区域探索实践、中央政府认可并授权的“自下而上”。在大中城市新城区建设的实践中，部分新城区政府改革的主动性不强、创新能力不足问题十分突出，难以与上级政府形成良性互动。一方面，部分新城区政府的“等、靠、要”思想比较严重，主动性不强。部分新城区干部抱有“新区发展靠扶持政策”的思想，将新城区发展的区域竞争归因为扶持政策竞争，认为“有了扶持政策发展就会好”而不是“发展好了就会有扶持政策”，颠倒了扶持政策与发展之间的关系。部分新城区干部坚持“会哭的孩子有奶吃”的思维，一味向上强调新城区的困难，而不是突出新城区的优势，将上级政府对新城区发展的扶持降格为扶贫。另一方面，部分新城区政府创新意识强劲，但是创新能力不足。虽然大部分新城区政府的领导岗位都采取了行政“高配”，并从所属省市乃至中央部委交换了大量干部充实到岗位上。但是，新城区政府的基层干部大多由原行政区和经济功能区整合而来，眼界不够开阔、思维不够活跃、关系不够稳定，难以将领导干部的决策充分、有效地实施。

第三节　新城区发展的“空城”个案

受宏观经济发展波动性、市场机制的自发性与滞后性，以及政府宏观调控经验不足等因素的影响，我国大中城市的新城区建设注定不是一帆风顺的。个别城市的新城区由于企业和人口集聚迟缓被冠以“空城”的称呼，虽然反映了社会各界对新城区建设的关切，但是也体现了人们对经济发展规律、特别是新城区发展艰巨性的认知不足。从国内外先进城市发展的经验看，新城区的发展都不是一蹴而就的。市场机制主导的投资项目需要一定的建设周期才能发挥集聚效应，政府宏观调控引导的环境营造也需要一定的探索实践才能促进市场集聚效应的发挥。也许并非所有的新城区建设都可以获得成功，但是以“空城”对发展暂时受挫的新城区盖棺定论显然为时尚早。

一、房地产型“空城”个案

AB 新城位于东部地区 A、B 两个特大型城市交界的 A 市远郊 X 区，属于《A 市城市总体规划（2005 年—2020 年）》规划的 10 余个新城之一，建设目标是以休闲度假等现代服务功能为特色的现代化新城（区）。到“十三五”中期，AB 新城的发展现实与现代化新城（区）的规划目标还存在较大差距，是国内诸多由房地产项目主导的新城区发展“空城”个案的典型代表。

（一）AB 新城存在的主要问题

1. 开发模式单一，人口集聚迟缓

AB 新城的开发主要以房地产项目的建设为主导，开发模式较为单一。北部居住组团以低密度、中高档住宅为主，主要产品为独栋和联排别墅，占 AB 新城的空间比重相对较高、住宅数量比重相对较低。南部居住组团的容积率较高、住宅档次稍低，主要产品为多层和高层，占 AB 新城的空间比重相对较低、住宅数量比重相对较高。从购房者来源看，AB 新城的 X 区本地消费者相对较少、A 市中心城区和 B 市的外地消费者相对较多；从购房目的看，AB 新城房地产的改善性购买、“刚需”消费和投机动机不相上下。受宏观经济波动和房地产行业调整的影响，AB 新城发展的可持续性在“十三五”时期受到了严峻的挑战，动摇了消费者和投资者的信心，集中表现为人口集聚的迟缓。相对于作为远郊区的 X 区本地居民的平均收入，AB 新城房地产的价格水平较高，使得本地购买者的比重难以提高、规模难以扩大。而 A 市中心城区和 B 市的周末休闲型与周期度假型购房消费群体，以及作为常住人口主力的几所民办独立本科院校和军事院校的师生员工，在消费需求拉动和劳动供给推动两方面的贡献都比较有限，制约了 AB 新城的可持续发展。

2. 公共交通滞后，科教文卫缺失

处于 AB 两个特大型城市之间的优越区位是 AB 新城发展的核心依托，但是 AB 新城与 A 市中心城区和 B 市之间的公共交通建设长期滞后，致使本该发

挥积极作用的区位条件反而成为制约 AB 新城发展的短板。AB 新城与 B 市之间的公共交通只有一条商务班车线路，与 A 市中心城区之间的公共交通线路既稀又少。AB 新城与 A 市中心城区和 B 市之间的大部分通行需求都要经过 X 区中转，或者由价格较高的出租车与拥堵压力较大的私家车完成。在途径 AB 新城的 AB 城际二线，以及在 AB 新城设站的 A 市相关轨道交通建设完成之前，AB 新城公共交通滞后的局面很难得到改观。公共交通的滞后，使得 AB 新城居民所需的科教文卫等公共服务只能在 AB 新城内部完成。但是，AB 新城的科技、教育、文化、卫生等基础设施和公共服务严重缺失，远远不能满足常住人口的正常需求。到 2017 年，AB 新城还没有三级综合性医院，医疗力量薄弱；义务教育阶段的幼儿园、小学与中学数量少且水平偏低，大部分常住居民的子女只能选择到作为 A 市远郊区的 X 区或者 A 市中心城区就读。

3. 城市功能缺失，产业带动不足

城市功能是一个相互联系的有机整体，虽然不同城区的城市功能各有分工、不尽相同，但是不同城区的不同城市功能之间的相互依赖和相互支撑是不可缺少的。从发展现实看，AB 新城显然还只是以生活居住为主的城市空间，生产、服务、管理、协调、创新等先进城市或城区应该具备的城市功能严重缺失。由于距离 A 市中心城区空间距离较远且交通设施不够完善，而空间距离较近的 X 区属于远郊区和涉农区，经济社会发展水平比较落后，因此 AB 新城很难从其他城区获得充足的支撑，只能依靠自身的功能开发与增进。特别是在生产功能方面，近 10 年没有大型的产业项目开工建设，近 15 年产业用地累计面积还不到总土地面积的 1/10。AB 新城最具区域影响力的温泉旅游项目，开业之初曾经火爆 A 城。但随着 A 市其他城区相似温泉旅游项目的增多，以及受到设施更新缓慢、经营管理不善等因素的制约，在 A 市的区域影响力、在同行业的企业竞争力都已经严重下滑。落后的项目建设与产业发展，使得 AB 新城的就业创造十分有限，从而出现了人口集聚不足导致的“门前冷落车马稀”的“空城”现象。

（二）AB 新城发展困难的主要原因

1. 主导企业缺乏城区建设经验

作为房地产项目引领的新城区建设，AB 新城主要由房地产企业开发和运营。由于新城区建设的内涵远比房地产项目丰富，使得缺乏城区建设经验的房地产企业的管理决策不够科学和有力。一方面，AB 新城主导企业“重销售、轻配套”的倾向十分显著。过分重视商品房销售带来的短期现实收益，轻视商业、医疗、教育等配套设施建设对长期潜在收益的刺激，混淆政府和企业在基础设施建设和公共产品供给中的主体关系。另一方面，AB 新城主导企业的人才队伍结构不合理。房地产项目建设和运营的人才相对充足，区域整体开发和产业体系运营的高级管理人才严重不足。特别是新城区建设这种投资周期远远长于房地产开发的项目，主导企业中高级管理团队的频繁调整更是不利于项目的稳定运行。

2. 居住需求比重过低

与众多新城区商品房市场供过于求产生的低销售率和高空置率不同，AB 新城的低入住率是在商品房市场供不应求和高销售率的背景下产生的。作为较早规划建设的“养老休闲宜居新城”，AB 新城凭借高端的住宅供给、中低等价格定位、庞大的空间体量、新颖的销售概念获得了消费者的热情追捧，销售率接近 100%。购房业主以拥有稳定工作和中上等收入的 AB 两市及周边地区中年人群为主，购房动机呈现显著的多元化特征。占购房者约 50% 的 B 市业主，购房动机以短时度假和预防养老为主；占购房者约 30% 的 A 市业主，购房动机以投机转卖和投资出租为主；占购房者约 20% 的 AB 两市周边地区业主，购房动机以获得 A 市蓝印户口和保值投资为主。在多元化的市场需求动机中，居住、特别是自住和常住比重非常低，这就造成了 AB 新城“门前冷落车马稀”的现象。

3. 对政府政策依赖过强

AB 新城的谋划和建设初期，适逢国内房地产建设、特别是“造城运动”的高潮期，众多房地产企业和房地产项目成为大中城市新城区建设的先锋和骨干力量，得到政府在国土规划、财政税收等多方面的政策支持，AB 新城也不例外。但是，由于我国房地产调控政策的不断颁布和实施，政府对于房地产行业的支持力度明显减弱，AB 新城建设从外在经济向外在不经济转变。从政府的区域战略看，在从 AB 同城化到 AB 所在更大区域协同发展的过程中，X 区在 AB 两市之间的节点地位明显下降。A 市其他远郊区依托率先完工的高铁项目和生态环境优势，大有赶超X区之势。区域地位的下降，使AB新城获得的政策支持进一步下降，规划建设的途径X区和AB新城的高铁项目一再推迟就是典型的例证，严重制约了AB新城的可持续发展。

二、投资冲动型“空城”个案

“十五”时期，西部地区资源型城市N市启动建设CD新区。经过10余年的发展，CD新区被国务院批准设立为行政区，下辖4个街道办事处、19个社区，总面积超过370平方公里，人口约15万人，是N市的政治、文化、科教中心。到“十三五”中期，CD新区的人口集聚和产业集聚明显滞后于基础设施建设和载体建设，是国内最早引起舆论关注的新城区发展“空城”个案之一。

（一）CD新区存在的主要问题

1. 房地产市场投机盛行

与众多大中城市相同，N市也将房地产先行作为CD新区建设的重点。而与大部分大中城市不同的是，N市属于典型的地广人稀、城镇居民人均居住面积不低、城镇化进程又相对缓慢的地区，大规模的房地产供给似乎必然会对房地产市场的供求关系造成冲击，形成供过于求、销售不畅、价格下降的局面。但是，在以本地购买者为主的情况下，CD新区建设的早中期出现了房地产市场供销两旺的局面，众多楼盘开盘就售罄，商品房价格居高不下。出现这种情况的原因，在很大程度上是投机超越居住和投资需求成为CD新区房地产市场需求的主导力量。大部门购房者买房不是为了居住或者投资，而是为了在商品房价格上涨的时候抛售获取差价牟利。CD新区的商品房一度偏离了居住的属性，也超出了不动产投资的范畴，成为投机的对象和载体。房地产市场投机盛行的后果主要有两个：一是商品房空置率居高不下，制约了人口的集聚和消费市场的形成；二是“买涨不买跌”的投机思维，使得购房者都不愿意当“接盘侠”，在商品房价格下降时争相离场，引发房地产市场的崩盘。

2. 生活不便职住分离

空间上的职住分离是发达国家与我国大城市存在的普遍现象，其原因主要是老城区生活成本、特别是房租与房价的过快上涨，以及生活空间、特别是生态环境的加快恶化，导致城市居民生活空间外扩而形成的就业在老城区、居住在新城区的通勤模式。但是，CD 新区的职住分离与它们有本质上的不同。为了表示对新区的重视和支持，向企业和居民发挥示范和引领作用，N 市的党政机关和部分事业单位搬迁到了 CD 新区，带动了大量公务员和事业单位人员的转移。但是由于生活配套设施的不完善和城市文化氛围营造的滞后，绝大部分 CD 新区的就业者仍然选择在老城区生活，出现了就业在新城区、居住在老城区的逆通勤现象。与 AB 新城的“全日制空城”特征相比，CD 新区呈现“周末空城”的鲜明特征。这一方面加剧了商品房空置率高的现象，使得 CD 新区的常住人口增长困难，制约了集聚效应的发挥；另一方面则延长了城市居民的职住通勤时间，加剧了 N 市内部的交通压力，降低了在 CD 新区就业人口的生活质量，降低了城市整体运行效率，加大了产城融合的难度。

3. 基础设施过度超前

在我国大中城市的新城区建设中，CD 新区的基础设施是相对领先的，特别是在文化和教育事业领域的公共设施建设方面，更是走在了全国的前列。在适度超前规划思想的指导下，CD 新区建设了不少拥有“亚洲之最”乃至“世界之最”称号的地标建筑。坐落于 CD 新区的 N 市博物馆、图书馆、大剧院、会展中心、文化艺术中心，也都拥有国际领先、国内一流的硬件水平，这是上海浦东新区、天津滨海新区、重庆两江新区等国家级新区都不完全具备的。但是，相对于 CD 新区的人口规模和产业发展现实而言，这些基础设施的建设已经从“适度”超前变为了“过度”超前。一方面，这些基础设施的使用率并不高，建设和运营成本却相当高昂。在政府财政收入增长放缓的情况下，就挤占了用于产业发展和民生改善的财政支出份额。另一方面，这些基础设施的建设初衷是通过文明氛围的营造促进文化和旅游产业发展，但是文化事业和文化产业并未形成协调联动的局面，特别是大剧院、会展中心等基础设施的产业化运营尚未取得突破。

（二）CD 新区发展困难的主要原因

1. 资源型城市流动性波动

N 市属于典型的资源型城市，虽然在轻工业领域拥有声名远扬的产品和品牌，但是遍布 70% 国土面积的矿产资源才是其经济发展的核心依托。2008 ~

2010 年，在持续上涨的矿产价格刺激下，N 市的矿产开采量实现了倍增。矿产相关的企业利润、企业经营者收入、产业工人收入和政府财政收入都实现了大幅度增长，区域货币市场的流动性过剩为 CD 新区的造城运动提供了有力的资本支撑。但是，随着我国经济增长的低碳化演变、矿产价格的下降和国家对矿产开采环保监督的加强，N 市的矿产生产加速下降，区域货币市场从流动性过剩变为流动性不足，CD 新区建设的资本支撑被弱化和动摇。在实现经济发展方式转变、摆脱对矿产经济的依赖之前，区域货币市场的流动性波动对 CD 新区的制约在所难免。

2. 民间借贷链条断裂

2005 ~ 2010 年的几次矿产价格上涨，为矿产资源丰富的 N 市创造了巨额的社会财富。而老城区改造和新城区拓展产生的大范围拆迁，更使得 N 市的民间财富加快积累。在当地正规金融机构数量较少、金融产品供不应求的情况下，N 市的民间借贷顺势而生。CD 新区的建设，吸引了大量中小型房地产企业的参与。由于贷款资质不够，大部分中小型房地产企业难以从正规金融机构与合法渠道获得充足的融资支持，而只能向民间高利贷高息举债。在 CD 新区的房地产建设高峰期，几乎所有的房地产项目都涉及民间资本借贷，民间资本占项目资本比重高达 40% ~ 50%。在“房住不炒”思想的指导下，当房地产调控打破了商品房价格“只涨不跌”的神话，N 市“击鼓传花”式的民间借贷链条断裂分解，CD 新区房地产市场的供求两端同时受到打击。

3. 商铺租金成本过高

从国内外大中城市发展的经验看，由于土地供给更为充足，市场拥挤效应尚未形成，新城区的生产和生活成本通常要低于老城区。但是，由于 CD 新区在建设起步期就完成了房价快速上涨的过程，商铺租金一直在高价位运行，大幅度提高了产业进入门槛。CD 新区的产业定位以服务业、特别是生活性服务业为主，而对于商铺租金占运营成本比重较高的商贸流通、餐饮住宿、休闲旅游、居民服务等生活性服务业而言，过高的商铺租金阻碍了它们在 CD 新区的落地生根，进而严重制约了 CD 新区服务功能的提升和居民生活质量的改善。同时，过高的商铺租金成本既抬高了商品和服务的价格，又压低了从业者的收入，成为阻碍人口集聚的重要影响因素。在投机浪潮消退的情况下，实体经济在过高商铺成本的制约下又发展乏力，加剧了 CD 新区产业空心化的倾向。

三、“空城”的逆袭个案

EF 新区位于中部地区省会城市 M 市的东部，是所在城市群的金融集聚核心功能区、所在省的推进城镇化建设先行区和国家大数据综合试验区核心区。自 21 世纪初启动建设以来，累计完成固定资产投资超 6000 亿元，建成区面积超 150 平方公里，入住人口达 150 万人，城市核心区绿化覆盖率接近 50%，成为展示中部地区、特别是所在省份的靓丽窗口和名片，获得社会各界的广泛称赞。

（一）EF 新区逆袭的主要表现

1. 人口集聚速度加快

人口集聚过慢是我国大中城市新城区建设面临的共同问题，也是众多新城区被称为“空城”的重要原因。2003 年 EF 新区建设伊始，人口规模仅在 5 万人左右，到 2005 年人口规模也不过 8 万人。经过几年的发展累积，在 2010 年以后，EF 新区的人口集聚速度明显加快，吹响了“空城”逆袭的号角。在 2011 年人口规模超过 50 万人的基础上，2013 年 EF 新区人口规模更是突破 100 万人，成为中部地区较早达到百万人口规模的城区之一。虽然人口总数在 M 市 10 余个区（县）中排名第二，但是其人口结构的优化程度却引领 M 全市。高等院校师生员工占 EF 新区人口比重接近 20%，位列 M 市之首。金融保险等高端产业从业者，以及企业中高层管理者等高收入人员比重也明显高于其他区县。高质量人口的大规模和快速集聚，成为 EF 新区逆袭的最直接表现。

2. 产业格局稳定形成

产业空心化与产业结构偏重是新城区产业发展的两大难题，为了避免产业空心化而重点开展投资规模大、投资周期短的工业项目建设，使得这两大难题的解决似乎成为“鱼和熊掌不可兼得”的艰难选择。EF 新区从规划建设开始，就将产业发展定位于现代服务业。虽然经过了较长的培育期，甚至陷入产业空心化的“空城”质疑，但是仍然坚守产业定位，直至形成了如今以金融业和楼宇经济为主导的产业格局。2016 年，EF 新区实现国内生产总值 326 亿元，其中第三产业增加值超过 90%，而金融业则占到了第三产业增加值的近

50%，涵盖了传统金融、股权投资、互联网金融等10多种业态，形成了较为完整的金融产业链条。在2015年亿元楼宇达到29座的基础上，2016年EF新区商务楼宇建设继续提速，入驻企业超过44万家，形成特色楼宇23栋。

（二）EF新区逆袭的主要依托

1. 稳定统一的战略引领

受急功近利思想的影响，发展战略的不稳定和不统一成为制约区域经济社会发展的重要因素。而EF新区对金融城发展战略的长期坚守，则为自己的逆袭提供了充分的时间和空间。10余年的时间里，历任省市领导坚持“城市建设与产业发展必须协调一致，实现双轮驱动”的思路，EF新区始终按照金融城的定位深耕城市建设与环境营造。2008年，EF新区完成“三年出形象，五年成规模”的目标任务，多家金融机构在CBD自发集聚。2011年，EF新区金融集聚核心功能区建设被列入国务院相关指导意见。2013年，所在省的《政府工作报告》中明确提出“加快EF新区金融集聚核心功能区建设”。2014年，所在省的《2014年国民经济和社会发展计划》强调要“推进EF新区金融集聚核心功能区等一批服务业项目建设”，M市《政府工作报告》中也明确提出“加快EF新区金融集聚核心功能区发展”。在稳定而统一的发展战略引领下，“金融立区”的EF新区已经成为M市打造国家中心城市的先导区、示范区和核心区。

2. 充足的公共资源配置

“十二五”和“十三五”时期，所在省与M市的公共资源配置持续向EF新区倾斜。特别是在城市居民需求迫切的优质医疗与教育资源方面，将EF新区打造成了国内一流的公共资源高地。10余所综合医院、中医医院、骨科医院、儿童医院、肿瘤医院等高水平公立医疗结构已经完成了在EF新区的布局，三级甲等医院数量超过了大部分国家和省级新区。2006~2016年，EF新区的义务教育阶段公办学校从1所增长到72所，按照适度超前的原则增加学位供给。2017年，又从省内外引进清华大学附属中学、上海师范大学附属中学、省实验中学等一大批优质教育资源，实现了从教育新区到教育强区的转变。与众多城市新城区就业、老城区就医和入学不同，EF新区的医疗和教育资源不仅可以自给自足，而且实现了面向M市与全省的服务辐射，为EF新区的人口集聚和服务功能增强提供了有力的支撑。

四、"空城"个案对新城区发展的启示

（一）坚持市场主导与政府引导相结合

1. 以政府引导优化市场主导

党的十八届三中全会指出，要发挥市场在资源配置中的决定性作用。在新城区发展的过程中，企业的主体地位应该得到认可和扶持。众多的"空城"个案表明，企业数量少、规模小、就业创造不强和税收贡献弱，既是新城区"空"的表象，也是原因。因此，必须提升招商引资的地位，创新招商引资的手段，加大对入驻企业的培育和帮扶力度，持续强化企业在新城区发展中的主体地位。但是，在新城区发展的过程中，要充分发挥政府对市场的引导作用。时刻警惕市场失灵现象的发生，缓解市场机制的盲目性与滞后性对企业决策和新城区发展的消极影响。"十二五"时期的房地产投资热潮，席卷了为数不少的新城区，使房地产企业成为众多新城区发展的主导。而随着房地产投资热的消退，以及人口集聚的滞后，房地产企业发展陷入困境，这些新城区也逐渐沦为"空城"。在这个过程中，政府宏观调控的效果值得反思。面对各种经济"热潮"，是顺势而为、锦上添花，还是逆经济风向行事、为"冷门"雪中送炭，就对新城区政府的治理能力形成了挑战。不能因为急于摘掉"空城"的帽子，从一个"热潮"投身另一个"热潮"，导致新城区从"空城"变成"乱城"。

2. 以市场主导支撑政府引导

在新城区发展的起步阶段，政府的引导通常先行于市场的主导，在事实上成为资源配置的"主导"。通过科学规划的引领、区域战略的实施和扶持制度的出台，政府为市场主导资源配置奠定坚实的基础、创造良好的外部条件。在新城区发展度过起步阶段后，市场正式在资源配置中发挥决定性作用，政府在资源配置中的作用真正归位于"引导"。但是从"空城"的现实看，部分新城区资源配置的主导权迟迟没有从政府交到市场手中，政府名为引导、实为主导的局面长期存在。究其原因，一方面在于新城区市场主体成长缓慢，外部引进和自主培育都较为滞后，导致政府想交权而企业无力承接。其中，特别是民营

企业的发展，已经成为新城区是否“空”的重要影响因素。民营经济在集聚资源、活跃市场、创造就业和扩大税源上的积极作用，正是“空城”脱“空”所急需的。另一方面，在于新城区政府的资源配置与市场主体的现实需求不完全匹配，过于侧重社会效益而忽视经济效益，导致企业难以与政府顺畅对接。其中，特别是科教文卫体领域基础设施的超前建设，以及楼宇、园区等发展载体的过量供给，并未成为吸引“金凤凰”的梧桐树，反而加速和固化了“空城”的形成。

（二）理性认知新城区发展的曲折性

1. 新城区发展需要较长的历史过程

改革开放以来，高增长已经成为中国经济发展伟大成就的核心特征。无论政府、企业还是社会，都对作为大中城市发展生力军的新城区充满了高增长期待，希望新城区能在较短的时间内实现跨越式增长，尽快担当起大中城市新兴增长极的重任。因此，当新城区发展出现“空城”现象时，失望乃至批评的声音不绝于耳。这既显示了社会各界对新城区发展的关切，又体现了对新城区发展曲折性的认知不足。不过，大中城市新城区的发展必然要经历较长的历史过程，是不能一蹴而就的。一方面，随着改革开放事业进入新阶段，我国的经济发展进入由高速增长转为中高速增长的新常态阶段，新城区发展的宏观环境发生了重要改变。与20世纪八九十年代那些率先发展的经济特区、沿海开放城市相比，新常态阶段大中城市新城区发展的宏观经济依托已经从高增长目标转向高质量导向，快速增长也不应该再是新城区发展的中心任务。另一方面，要发挥市场在新城区资源配置中的决定性作用，要坚持企业在新城区发展中的主体地位，就必须接受包括波动性与周期性在内的经济发展客观规律的挑战。“空城”的形成，固然有市场盲目性与政府引导不力的原因，但也受到产业发展周期和宏观经济波动的重要影响。总而言之，对于新城区的发展，要多给予一些耐心，杜绝急功近利的思想。

2. 新城区发展依然拥有光明前景

“空城”是新城区发展的个案和过程，不是新城区发展的普遍现象和结果。不能因为“空城”的出现否定建设新城区的战略抉择，更不能因为暂时的发展困难而对“空城”弃之不用，要坚信新城区发展依然拥有光明前景。

从国内外区域经济发展的实践看，没有哪个地区的发展是一帆风顺、畅通无阻的，“道路曲折，前途光明”在区域经济发展上仍然是被实践证明了的真理。回顾近代社会的城市发展史，“空城”现象在特定的时期、局部的地域都曾经出现过，但也都随着经济的优化和社会的进步而消逝在历史长河中，EF 新区的“空城”逆袭个案更是丰富了中国的城市发展史。在坚定新城区发展信心的基础上，政府要持续推进新城区发展战略，保持新城区建设的稳定性，审时度势及时调整“空城”发展规划，引导“空城”快速转型、健康发展；企业要着眼于发展空间和长期收益，加快向新城区布局，国有企业承担起稳定“空城”的重任，民营企业充分发挥自身在集聚资源、活跃市场、创造就业和扩大税源上的积极作用，实现企业发展与“空城”摘帽的共进；社会各界要给予新城区发展更多的包容，宣传新城区发展对城市的重要意义，认识新城区发展的客观规律，营造鼓励新城区发展的社会氛围，依法依规严肃处理污名化“空城”的不良舆论导向。

第三章　老城区转型——城市质量提升的存量变革

在经济发展方式转变的过程中，城市质量提高的重要性与紧迫性日益加强。在“以增量优化促进存量调整”的原则指引下，更多的大中城市将质量提升的重任赋予新城区，力图通过新城区的高质、高新、高端发展促进城市整体水平的发展。相比之下，作为城市文化高地、居民集中地和传统产业基地的老城区获得的关注较为不足，重“新”轻“老”甚至丢“老”保“新”的现象普遍存在。从时间的维度看，所有的新城区最终都会成为老城区；从空间的维度看，新城区比重降低与老城区比重提高的趋势不可逆转。因此，城市质量的提升不能仅仅着眼于新城区建设的增量优化，必须对老城区转型的存量变革予以足够的重视。

第一节　老城区的类型特征

一、发展历史悠久

（一）封建王朝的城市中心

作为源远流长、博大精深的中华文明的重要组成部分，我国古代的城市发展长期冠盖全球，创造了灿烂且影响深远的城市文化。从唐宋到明清1200多年的时间里，西安、洛阳、开封、杭州、南京、北京、沈阳等封建王朝的都城“各领风骚数百年”，城市规模、城市结构、城市布局和功能不断发生着变化。在城市新空间、新载体和新功能持续涌现的同时，部分城市的传统中心也得到了延续和保留，形成了今天的“历史遗珠”型老城区。

1. 城市行政中心的代表：西安市莲湖区

西安市莲湖区曾经是隋朝和唐朝中央政府行政机关的所在地，即国家首都行政中心。与秦朝和汉朝相比，隋唐时代中央政府权力的覆盖范围更为广阔，国家首都行政中心的官员规模更为庞大、官僚结构更为复杂，为莲湖区的多元文化和传统商贸的形成奠定了坚实的基础。虽然在文化上汉朝已经“罢黜百家，独尊儒术”，但是在宗教上隋唐时代的东西交融更加紧密。在中央政府任职的地方达官贵人的带动下，道教、佛教、伊斯兰教、基督教、天主教纷纷聚集于莲湖区，形成了延续至今的独特多元宗教文化。而为了满足中央政府官员及家属的消费需求，以及在地方与外邦朝贡贸易的推动下，莲湖区的商贸传统加速形成。西大街、北大街等闻名全国的商业街，北院门回坊民族聚居区等享誉全国的商贸旅游区，都可以追溯到隋唐时代上千年的历史。

2. 城市物流中心的代表：杭州市拱墅区

杭州市拱墅区位于京杭大运河的最南端，自春秋时期京杭大运河开凿以来便是联结南北的水陆交通枢纽和物流中心。南宋时期，随着国家首都自开封到杭州的迁移，拱墅区的发展进入高峰期并持续到元明清。种类丰富、数量巨大的官府物资与民间商品，在官府漕运和民间商运的组织下，经由京杭大运河先后在“杭州—洛阳—北京”和“杭州—北京”间运输，极大地促进了中国东部和中部、南方和北方的物资流通和商品贸易。从大关桥到米市巷，从北新、夹城、德胜桥到卖鱼桥，拱墅区形成了布局均衡、分工明确、门类齐全的专业市场和综合性市场，造就了“十里银湖墅”的商贸盛景。清末以后，随着铁路运输和海运的兴起与官府漕运的消亡，京杭大运河逐渐荒废，拱墅区城市物流中心的地位同步衰落。但是，历经千余年形成的运河文化影响至今。

3. 城市平民中心：北京南城

与西安市莲湖区和杭州市拱墅区等“历史遗珠”型老城区不同，北京南城不是行政区域而是地理区域的概念。其传统范围包括原崇文区和宣武区，通常泛指北京二环以内老城的南部。按照《北京南城振兴计划》的定义，其当前范围除原崇文区和宣武区之外，还包括丰台区、房山区和大兴区。从元代到明清时期，封建王朝的皇城一直建在北京城的北部，并带动大量皇亲国戚和达官显贵在皇城周边聚居。而北京南城由于地势低洼，约 1/3 的面积遍布农田、沼泽和乱葬岗，自有居民起就以平民为主。没有固定职业的低收入劳动者，以及小本经营的小作坊业主，成为北京南城居民的主体。这些城市平民在城市资源配置中处于明显的弱势地位，使得北京南城发展落后的局面愈加刚化。到近代，“穷崇文，破宣武”的说法不胫而走，北京南城振兴发展的要求也更加迫切。

（二）半殖民地半封建社会的外国租借地

鸦片战争之后，中国逐渐沦落为半殖民地半封建社会。帝国主义列强为了全方面加强对中国的政治控制和经济掠夺，在通过签订不平等条约要求清政府割地赔款、开埠通商的同时，还在天津、上海、广州、汉口、重庆、福州等中国大中城市强行“租借”土地，设置脱离中国政府管理、实行外国居留民自治管理的外国租界。这些城市的外国租界在成为帝国主义奴役中国大本营的同时，客观上也促进了近代中国城市的发展，形成了今天的“外部推动”型老城区。

1. 主导城市发展的代表：天津租界

从1860年第二次鸦片战争到1945年第二次世界大战结束，天津市的发展基本上是由外国租界主导的。作为中国人的主要生产和生活空间，老城厢地区的面积在天津市中心城区的比重持续降低，社会影响力微弱。而作为拥有行政自治权和治外法权的租借地，英、法、美、德、意、俄、日等九个国家的租界则持续扩张，社会影响力日益强大。不能否认，租界的建设对天津的城市发展起到了显著的主导和示范作用。国际领先、质量上乘、各具特色的房屋建筑和基础设施极大地改善了天津的城市风貌，提升了天津的生产能力和生活水平。由教会提供的医疗、教育和新闻服务，虽然具有强烈的文化殖民色彩，但是在很大程度上也促进了东西方文化的融合发展。时至今日，原外国租界所在地已经成为天津市的老城区，但是仍然在天津市的发展、特别是文化传承中发挥着重要的作用。

2. 引领城市发展的代表：上海租界

与天津相比，上海的外国租界成立时间更早、存在时间更长，对城市整体发展的引领作用强于主导作用。与天津老城区与外国租界“华洋分居”的格局不同，上海的租界在小刀会起义和日军侵华等特殊时期接纳了大量避难华人，形成了“华洋杂处”的格局。外国殖民者将相对先进的西方物质产品、文化制度和生活方式带入租界，通过在租界生活和工作的华人，使其被华人社会接受、理解、模仿和应用，成为培育上海开放、包容、创新、进取精神的土壤。如果说外国租界对天津发展的影响是主导性的、由外国人直接完成的、中国人参与度不高的，那么外国租界对上海发展的影响则是引领性的、由外国人间接完成的、中国人参与度很高的。作为中国第一栋高楼、第一盏电灯、第一家广播电台等诸多第一的诞生地，原外国租界在近百年里仍然深刻影响着上海的经济发展和精神风貌。

3. 内地城市开放的代表：汉口租界

帝国主义对中国的殖民侵略不仅限于东部沿海的港口城市，自第二次鸦片战争起开始向内地沿江城市渗透。1861 年，汉口按照《天津条约》的规定成为新增通商口岸城市，英国率先设立租界，随后俄国、德国、法国和日本的租界相继设立，使长江沿岸地带迅速成为汉口的新经济中心，开启了中国内地城市对外开放的先河。到 20 世纪的前十年，汉口的对外贸易总额占全国的贸易总额约 1/10，超过天津名列全国次席，成为当时唯一可以与上海、天津、广州等沿海通商口岸匹敌的内地口岸城市，享有“东方芝加哥”的美誉。汉口租界的快速发展，为内地城市的开放发展积累了经验，培养了专业人才。值得一提的是，与上海租界和天津租界相似，汉口租界“国中之国”的性质为众多共产党人和革命志士提供了活动场所和掩护，客观上为辛亥革命、特别是武昌起义做出了贡献。

（三）新中国城市建设的先驱

新中国成立后，我国开展了大规模的城市建设，并呈现出三个鲜明特征：一是城市建设与工业化紧密结合，工业生产成为城市功能的首要选择；二是传统城市的扩充与新兴城市的增建紧密结合，城市规模与数量得到同步提升；三是城市的空间布局更加均衡，中西部地区的城市发展取得了长足进步。历经半个多世纪的发展，当初的传统城市与新兴城市都历久弥坚，无论“老城新区”和“新城新区”都已经进入壮年，形成了今天的“共和国长子”型老城区。

1. 传统城市提升的代表：沈阳市铁西区

沈阳市铁西区的工业生产能力，在日本殖民统治时期就已经形成。三井、三菱、住友等日本财团在铁西区建立了众多工业企业，在大肆掠夺中国资源的同时，通过军工制造的开展为日本军国主义服务。新中国成立后，东北地区、辽宁省、沈阳市肩负起国家工业发展的重任，而铁西区则成为国家工业建设的重中之重。在前两个五年计划期间，中央政府将1/6的财政专项支出投向铁西区，将其建设成为门类齐全、企业集中、配套完备的国家装备制造业基地，享有“东方鲁尔”“中国重工业摇篮”的美誉。在工业生产能力提升的同时，铁西区的居民生活质量也得到了改善。1952年开始建设的工人村，建筑面积近10万平方米、名列当时全国工人居住区之首。而以“楼上楼下，电灯电话”为代表的基础设施建设和公共服务配套，则为全国的工业生活区建设提供了示范和借鉴。

2. 新兴城市增建的代表：兰州市西固区

从社会发展的角度看，兰州应该属于传统城市的类别，早在汉唐时期就是丝绸之路上的重镇。但是从经济发展的角度看，兰州更应该属于新兴城市的类别，其重要工业生产功能基本上是在新中国成立之后才具备的。为了改变我国石油化学工业严重落后的局面，经过水源供给、土地空间、铁路运输、风向方位等方面的认真勘察选址，中央政府决定在甘肃省的皋兰县建设国家石油化工基地。甘肃省随即将皋兰县的这片土地划归兰州市管辖，设置为兰州市第五区也就是如今的西固区。兰州炼油化工总厂（兰炼）、兰州化学工业公司（兰化）等龙头企业拔地而起，为我国的石油化工产业发展做出了重要的贡献。值得一提的是，作为半个世纪之前的新城区，兰州市西固区的产城关系非常融合，企业生产、居民就业、职工生活得到了兼顾，为今天的新城区建设提供了参考和借鉴。

二、产业传统突出

（一）生活性服务业中心

“城”为管理“市”为交易，大部分城市的发展都源于区域行政管理中心与商贸交易中心的形成。从行政管理中心的角度看，权力的集聚带动人流、物流、资金流、信息流等经济与社会资源的集聚；从商贸交易中心的角度看，资源的集聚促进资源配置效率的提升，但也对城市的服务功能提出了较高的要求。作为城市发源地和人口集聚地，众多大中城市的老城区呈现生活服务功能强于生产服务功能、生活性服务业发展领先于生产性服务业的特征。

1. 商贸流通中心的代表：天津市红桥区

天津市红桥区不仅是天津的城市发源地，也是天津的商贸发源地。子牙河、南运河、北运河交错形成的三岔河口地区成就了明成祖朱棣的天子津渡，更孕育了天津卫市井味道十足的传统商贸文化。拥有 600 余年历史的估衣街，早在 20 世纪 30 年代就成为华北地区重要的绸缎、布匹、服装和日用小商品集散地，诞生了谦祥益、瑞蚨祥、元隆、老茂生等著名的民族企业和品牌。毗邻估衣街的大胡同则进一步将天津的商贸传统发扬光大，自民国时期历经百年长盛不衰，大胡同批发市场到拆迁前一直是北方重要的服装和小商品集散地。红桥区还诞生了名闻海内外的狗不理包子、耳朵眼炸糕等著名小吃，西北角地区至今仍然是煎饼果子、民族糕点、清真牛羊肉制品等天津市传统食品与特色小吃的集聚地。红桥区的商贸流通传统，已经成为天津城市文化不可或缺的组成部分。

2. 休闲娱乐中心的代表：广州市荔湾区

广州市荔湾区俗称西关，自东汉以来物产丰富，区位优越，商贸活跃，是广州海上丝绸之路的起点和岭南文化的中心，在 1922 年广州市政厅成立伊始就被划归广州市。依托于悠久的发展历史和深厚的商贸传统，西关自民国时期以来一直是广州市休闲娱乐的中心。禅宗达摩的“西来初地”、千年道观“仁威祖庙”、岭南建筑艺术宝库“陈家祠”、清代唯一的外贸通商口岸“十三行”、中国历史文化名街“沙面”、粤剧艺术圣地“八和会馆”等名胜古迹星罗棋布，中国最早最大的百货商店“南方大厦”、新中国第一家五星级酒店“白天鹅宾馆”、广州市第一条商业步行街“上下九”等商业场所长盛不衰，“食在广州、味在西关”的皇上皇腊味、南信双皮奶、伍湛记状元及第粥等民间美食深入民心，泮溪酒家、陶陶居、广州酒家等中华老字号享誉华人世界。

（二）传统工业基地

鸦片战争后，中国的民族工业在半殖民地半封建社会的风雨飘摇中艰难前行。商贸业在城市产业结构中一家独大的格局被逐渐打破，工业为城市的发展增添了强劲的动力。新中国成立后，工业发展与城市发展之间的良性互动关系加快形成。工业发展为城市发展提供了强大的产业推动力，城市发展为工业发展提供了坚实的载体依托和良好的社会环境。作为传统工业基地，老城区在传统工业文明与现代科学技术的交相辉映中为产业和城市发展做出了重要的贡献。

1. 传统制造业基地的代表：天津市河北区

作为中国近代工业的重要发源地和新中国工业的重要摇篮，天津市河北区的工业发展可以追溯到袁世凯“天津新政”时期的河北新区建设。在“官督商办”模式的引领下和在周学熙等实业家的带领下，在海河北岸成立了北洋银元局、北洋劝业铁工厂等大量工业企业，以及直隶高等工业学堂、考工厂、实习工场等工业教育机构。新中国成立后，天津市河北区更是成为国有工业企业的集聚地，制造出新中国首台履带式推土机、首台高速柴油机、首台彩色电视机等工业产品，飞鸽、金鸡、达仁堂、灯塔、移山等工业品牌享誉全国，成为国家重要的制造业基地。在百余年的工业发展史中，天津市河北区不仅为国家贡献了大量的工业产品、工业技术和工业人才，更积累了丰硕的工业文明和精神财富，对天津市乃至全国的工业发展和城市进步有着深远的影响。

2. 传统纺织业基地的代表：青岛市市北区

从1902年中德合资的“德华缫丝厂”创办开始，经过1916~1936年日本殖民占领时期8家日资纱厂的主导带动，纺织业在20世纪上半叶成为青岛市的主体工业，青岛也成为中国最早的纺织业基地之一。1951年，中纺公司青岛分公司更名为华东纺织管理局青岛分局，拥有国营青岛第一至第八棉纺织厂等大型国营纺织企业19家、中小型私营纺织企业480家。青岛纺织业的技术水平、产品质量、企业竞争力在全国纺织业中都占有举足轻重的地位，与上海和天津共同赢得了“上青天”的美誉。“文革”期间，青岛纺织企业向越南、柬埔寨、巴基斯坦、尼日利亚、赞比亚等国家输送了大批管理干部和技术骨干，并支援了北京、陕西、山西、河北、河南、内蒙古、新疆等地的棉纺厂建设。同时，在山东的枣庄、平阴、德州、临沂等地先后建设了15家分厂，促进了山东省纺织业的整体发展。

3. 传统钢铁基地的代表：重庆市大渡口区

重庆市大渡口区属于因厂设区的典型，其钢铁基地的形成远早于城区建立。1938 年，为了防止日军破坏、保证后方物资供应充足，著名的汉阳铁厂由武汉向重庆搬迁并选址大渡口。抗日战争时期，其钢铁产量曾经占大后方钢铁总量的 90%，保障了军工生产的钢铁供给，被誉为“国之桢干”。1950 年，重庆钢铁厂轧制出新中国第一根钢轨。1952 年，完成成渝铁路所需全部钢轨的生产任务，获得新中国成立后重工业部颁发的第一张奖状。内昆铁路、天成铁路、兰新铁路等国内十几条铁路的建设，以及武汉长江大桥、重庆大礼堂、重庆发电厂等重大工程的建设，都得到了重庆钢铁厂的大力支持。1965 年，为了更好地服务重庆钢铁厂，重庆市设立大渡口区。多年来，重庆钢铁厂向全国 100 多个单位输送了 8000 多名领导人才和技术骨干，在业界享有“北有鞍钢，南有重钢”的美誉。

三、文化积淀厚重

（一）物质文化历经洗礼

1. 生产的历史足迹星罗棋布

城市生产功能的形成，历经了漫长的历史过程，在老城区留下了星罗棋布的足迹。在西安市莲湖区、杭州市拱墅区等老城区，唐宋时期的纺织、酿酒、造纸等手工作坊遗址在考古中屡见不鲜。在天津市红桥区、上海市黄浦区等老城区，民族资本主义探索者和西方资本主义殖民者创办的近代工业生产遗存众多，天津三条石历史博物馆、上海当代艺术博物馆等现代文化设施都是依托这些遗存建设而来的。在广州市荔湾区、天津市和平区等老城区，以商贸流通和休闲娱乐为主业的百年老街仍然充满活力，广州十三行、天津劝业场至今名闻遐迩。这些遗址遗存、旧企业厂房和老商业街，承载着城市生产功能的发展史，昭显着城市的工业文明和传统活力，也为老城区文化旅游、休闲娱乐等创意产业的发展提供了载体和依托，孕育出北京 798 艺术区、上海 M50 创意园、成都东郊记忆、广州太古仓码头等成功的老城区转型发展项目。

2. 传统的民居遗存弥足珍贵

生活功能是最原始和最基本的城市功能，而传统民居则是城市生活功能演进的重要载体和历史见证。在漫长的历史过程中，历经地震等自然灾害和战争等人为破坏，以及城市更新的大规模拆迁，独具区域特色、昭显人文精神的传统民居越来越少，老城区的传统民居愈加弥足珍贵。北京市规划委 2010 年发布的《北京市历史文化名城保护工作情况汇报》中显示，老城区的胡同数量持续减少，已经从 1949 年的 3250 条减少到 2003 年的 1571 条，大量未被列入文物保护项目的传统四合院面临被拆迁或不合理翻新的威胁。2019 年，广州市政府批准的《广州市骑楼街保护利用规划》显示，在越秀区、荔湾区和海珠区等老城区，现存传统骑楼街总计 26.5 公里，传统骑楼建筑 3886 栋。四合院与胡同、骑楼与骑楼街，已经成为北京和广州重要的文化符号，构成了老城肌理的骨架。传统民居的保护和开发，也成为老城区转型发展的动力和抓手。

（二）非物质文化历久弥坚

1. 昭显城市文化个性特色

与物质文化相比，城市非物质文化的形成需要更长的历史过程。在昭显城市文化个性特色方面，老城区的非物质文化具有不可替代的作用，老城区的“一城一味”与新城区的“千城一面”形成鲜明对比。马克思主义人民观提出，人民群众是历史的主体。老城区的平民文化，则构成了大中城市传统文化的主体和根基。一方面，从生活习俗看，老城区的婚丧嫁娶等习俗大都流转了千百年。虽然掺杂少量的封建残余和迷信思想，但是大部分体现了孝敬老人、邻里和睦、勤俭持家等中华民族的传统文化。不同的城市城区，接亲有早有晚，送老有长有短，但同样温暖着人心。另一方面，从方言土语看，老城区已经成为城市方言保护的最后阵地。随着外来人口的增多和普通话推广力度的加强，会说、愿意说方言土语的人越来越少，为数不少的城市居民甚至断绝了面向下一代的方言土语传承。幽默的天津方言、直白的北京土语、婉转的苏州话，只有在老城区才原汁原味。

2. 凝聚中华文化共性特征

城市文化是中华文化的重要组成部分，不同的城市文化交融、凝聚出中华文化的共性。虽然老城区的非物质文化充满了城市个性特色，但是往深层次挖、向久远看，“殊途同归”的还是指向中华文明的共性特征。一方面，老城区是传统节庆文化的主要舞台，体现了中华民族爱国爱家、崇尚丰裕、珍视和平的文化共性。春节期间，北京老城区有庙会，广州老城区有花市，到了正月十五北京吃元宵广州吃汤圆；端午节，赛龙舟吃粽子，杭州老城区爱咸而天津老城区偏甜；重阳节，尊老敬老，广东城市的老城区大摆敬老宴，山东城市的老城区以祭祀为先。另一方面，老城区承载着我党的革命记忆，孕育了和传承着红色文化。上海市黄浦区的中共一大会址，长沙市天心区的湖南省立第一师范旧址，天津市河北区的觉悟社纪念馆，都见证了红色精神的形成和发展。随着时间的流逝，有形的革命遗存也许会消失，但是无形的革命精神必将永存。

第二节　老城区发展存在的主要问题

一、产业空心化倾向显著

（一）传统产业大规模外迁

自20世纪90年代开始，我国大中城市的老城区普遍出现了传统产业大规模外迁的现象。究其原因，主要表现在四个方面：一是城市土地开发强度越来越高，可利用空间越来越小，传统产业的老企业规模扩张与新企业发展立足只能着眼于新城区；二是城市生产成本增长速度过快，工业用地价格、商务楼宇租金、中高级劳动者工资、银行信贷利息的上涨明显高于商品和服务的价格上涨，严重压缩了老城区生产者的利润空间；三是部分传统产业的生命周期进入了衰退阶段，产业生命力和企业竞争力严重下降，在退出历史舞台之前只能以梯度转移的形式向老城区以外的相对落后地区转移；四是政府政策引导和制约的双重作用，部分城市的政府为了优化生产力布局使用税费优惠政策引导传统产业从老城区外迁，部分城市的政府通过环保等负面清单的制订倒逼传统产业从老城区主动外迁。

1. 传统工业

“十五”时期，天津市开始实施工业战略东移的重要举措，钢铁、纺织、制药、机械制造等天津传统工业大规模从河北区、红桥区、河西区等老城区向以滨海新区为代表的新城区转移，截止到2006年10月，累计东迁企业达到236家。[①] 同期，为了缓解空气污染和水资源紧缺压力，为北京市的产业升级

① 李玉峰：《天津：236家企业滨海扎营》，新华网，2006年10月5日。

提供空间，首都钢铁集团的制造企业从北京石景山外迁至河北曹妃甸。从长远看，传统工业的大规模外迁为大中城市的老城区实现从工业化向服务业化的升级提供了契机。但是从短期看，传统工业大规模外迁对老城区企业固定资产投资、居民就业和政府税收的冲击还是不容乐观的。

2. 传统商贸业

对绝大部分大中城市的老城区而言，传统商贸业的发展都是一把双刃剑。一方面，传统商贸业在就业机会创造、居民生活改善、市场氛围活跃上具有积极的促进作用；另一方面，传统商贸业在税费征收缴纳、市场秩序监管、社会治安维护上具有持续的消极作用。“十三五”时期，以服装和小商品批发市场外迁为代表，北京、天津等城市的传统商贸业大规模从老城区向新城区甚至其他城市转移。2017 年，随着北京非首都功能的疏解加快，万通、天意、动批相继关门停业腾退。同年，北方重要的小商品集散中心——天津大胡同市场的核心部分也从天津市红桥区外迁。批发市场的外迁，使得与其关系紧密的零售、餐饮和住宿的发展也受到了明显影响。长期形成的商业传统与市场氛围如何保持？大量从业人员如何安置？原有土地空间如何利用？对老城区的产业转型提出了挑战。

（二）新兴产业发展低于预期

传统产业的大规模外迁，为大中城市老城区新兴产业的发展和产业转型升级提供了充足的空间。但是从产业发展的现实看，大部分城市老城区新兴产业的发展是低于预期的，主要原因有三：一是国际经济的影响，主要发达国家和新兴经济体仍然没有完全走出后金融危机时期的阴影，复苏乏力，国际贸易保护主义又大有抬头之势，增加了老城区新兴产业借助外资外智外力的难度；二是宏观经济环境的影响，随着我国经济社会发展进入新常态，经济增长从高速向中高速转变，经济发展方式从投资驱动到消费拉动转变，老城区新兴产业发展的动能也在革新中寻求转变；三是产业发展规律的影响，无论服务业领域还是工业领域的新兴产业的发展，对技术等创新要素和社会等外部要素的要求都比传统产业更为严格，而创新要素与外部要素的培育和集聚都需要长时间的积累，不可能一蹴而就。

1. 楼宇经济

“十三五”时期，楼宇经济几乎被所有的大中城市、特别是大中城市的老城区列入产业发展规划加以重点扶持，总部经济和现代服务业则成为楼宇经济的互补产业。但是，大部分城市的楼宇经济都存在三个不良的倾向，导致发展效果不佳。一是重数量、轻类型。众多老城区沉溺于对楼宇数量和面积的痴迷，轻视不同产业、不同领域、不同企业对不同楼宇类型的需求，造成楼宇经济短缺与过剩并存，个性化的楼宇供不应求，共性化的楼宇严重过剩。二是重建设、轻管理。众多老城区的楼宇建设已经达到了国际先进水平，但是物业管理和商业运营水平严重滞后，难以满足总部经济和现代服务业的中高端专业化需求。三是对楼宇经济与现代服务业的关系认识不清。现代服务业是皮，楼宇经济是毛。没有现代服务业的发展，没有现代服务业企业的支撑，楼宇经济的发展就是空中楼阁。

2. 都市工业

城市中是否需要工业，是现代城市产业体系构建中的一个重要议题。对于拥有扎实工业基础和悠久工业文明的老城区而言，现代服务业主导的发展趋势必须顺应，但都市工业的顺承也未尝不可。之所以大部分老城区都市工业发展效果不佳，主要是对都市工业的认知存在三个误区。一是认为工业发展与生态环境保护之间存在必然的矛盾，建设环境优美的宜居之城必须要摒弃工业的发展，忽视新型工业化与生态环境的友好关系。二是认为工业发展必须走规模化道路，将规模经济视为工业盈利的唯一路径，过于强调老城区空间对大规模工业生产的限制，轻视中小型工业企业在效率方面的优势。三是混淆都市工业与生产性服务业的概念，将科技研发、信息服务等生产性服务业的发展等同于都市工业的发展，忽视都市工业与生产性服务业在服务对象、产品性质等方面的根本区别。

二、人口质量严重下滑

（一）人口老龄化程度持续加深

随着我国人口增长的放缓，大中城市人口集聚的速度也在下降，上海、北京等超大型城市的人口甚至进入了负增长阶段。从城市内部的人口布局来看，虽然老城区仍然是城市人口最为密集的地区，但是大部分老城区的户籍人口数量已经开始下降。一方面，居高不下的商品房价格使得大量人口难以在老城区购房落户，特别是工作时间不长、收入水平不高的年轻人对老城区是可望而不可即；另一方面，新城区的蓬勃发展提供了更多的就业机会和更高的收入水平，吸引大量人口、特别是青年人口到新城区就业和生活。在这种情况下，老城区人口增量中的青年人口越来越少，人口存量中的老龄人口却越来越多，使得老龄人口在老城区户籍人口中的比重不断提升。上海市黄浦区、天津市红桥区、青岛市市北区等大中城市老城区的人口老龄化程度都已经达到了日本、欧盟等发达国家和地区的水平。

1. 经济影响

从生产的角度看，老龄化人口比重的持续提高使得长期推动我国经济增长的“人口红利”消散殆尽。在人口总量增长困难甚至下降的情况下，老城区老龄人口比重的提升意味着青年人口比重即劳动力参与率的下降。这将造成老城区劳动力供给不足、工资价格上涨，进而提高企业生产成本。短时间看，老城区劳动力的不足可以通过劳动力的流动弥补，但是长时间看，随着城市整体老龄化程度的进一步提高，外部向老城区的劳动流动将越来越困难。从消费的角度看，老龄人口由于收入水平降低，消费水平相对于中青年时期会有明显的下降。因此，作为老龄人口集聚地的老城区的消费能力将持续下降，进而削弱老城区经济发展的动力。虽然“银发经济”近年来有了长足的发展，但是受制于我国总体较低的退休人员收入，在短时间内难以逆转老龄化程度加深对消费的消极影响。

2. 社会影响

受产业空心化倾向的影响，大部分大中城市老城区的财政收入增长较为困难。随着老龄人口比重的提升，老城区在社会保障方面的支出不断加大，而持续下降的青年人口比重则使得老城区的税源拓展困难，这就直接导致了老城区财政收支长期赤字的困难局面。更为严重的是，人口老龄化程度的持续加深严重降低了城市运行效率、制约了城市发展活力。相对于新城区，老城区的医疗卫生、公共交通等基础设施和公共服务更为优质和完善。但是，规模庞大的老年人口对这些基础设施和公共服务的长期占用影响了其他人的使用。大量的医院成为“老人医院”，大量的公交成为“老人公交”，影响了基础设施和公共服务“全民使用”效率的提升。同时，过高的老年人口比重，也使得新思维、新技术、新商品、新模式、新制度在老城区推广困难，城区活力日益消退。

（二）城市贫困人口持续增长

城市贫困人口的存在是国内外城市发展的客观现实，即便在纽约、伦敦、东京等国际发达城市，城市贫民窟和城市流浪汉也星罗棋布。与农村贫困人口相比，我国的城市贫困人口得到的社会关注度相对较低。虽然城市贫困人口的规模和贫困程度都低于农村贫困人口，但是城市贫困人口空间分布的集中程度并不亚于农村贫困人口，而老城区就是城市贫困人口最为集中的地区。在老城区的城中村、城市棚户区、破产或外迁工业企业的职工生活区，集中居住着大量的城市贫困人口。从年龄看，他们以中老年为主；从受教育程度看，他们以初等和中等学历为主；从就业看，他们以临时和低端岗位为主；从收入看，他们以劳动性收入和转移性收入为主。这些特征使得城市贫困人口不愿意或者没有能力从老城区向新城区转移，部分大中城市老城区的贫困人口规模甚至出现了扩大的趋势。

1. 代际贫困

在老城区户籍人口中的贫困户中，“爷贫、父贫、子贫、孙贫”的代际贫困现象十分普遍。导致代际贫困发生的原因是多方面的，比如长期低收入导致的家庭资产积累缓慢、家庭资本性收入来源不足，比如老年人因病致贫、中年人失业致贫和青少年因学致贫叠加导致的家庭负担叠加，比如家庭观念更新滞后导致的自卑、自我封闭、对社会公平公正态度消极、不愿意接受新鲜事物等。然而，代际贫困发生的根本原因还是家庭教育支出即人力资本投入的长期不足。在“读书无用论”等落后思想的禁锢以及家庭财务入不敷出困境的制约下，贫困家庭用于教育的支出十分有限，导致贫困家庭子女的思想观念进步、知识水平提高和就业能力改善十分困难，只能在低端就业和低等收入中徘徊，并开启下一轮的“低教育投入—低思想观念—低就业能力—低端就业—低教育投入”代际循环。

2. 低端就业

虽然大部分大中城市生产力布局的重点都发生了从老城区向新城区的转变，但是人口布局的转变要明显滞后于生产力布局的转变。特别是对于规模庞大的城市流动人口而言，老城区仍然具有较强的吸引力。一方面，老城区的城市文化更为成熟，更有活力和魅力，更能满足作为外来者的流动人口的城市梦想；另一方面，老城区的生活条件更为便利，生活成本效应依然显著，能满足只谋求较低生活水平的流动人口的基本需求。由于城市工业大规模外移，老城区流动人口的就业主要集中在服务业；由于教育水平和劳动技能有限，在服务业的就业也只能集中在商贸零售、餐饮住宿、物流配送、家政服务等经济收入较低、社会地位不高、劳动关系不稳的低端岗位。大规模低端就业人口的存在，对老城区产业结构的升级、消费能力的激发、社会治安的稳定，都产生着越来越强的消极影响。

三、文化传承日益困难

（一）城区风貌特色日益消逝

作为城市发源地，老城区在漫长的发展过程中形成了与自然环境和人文环境相得益彰的城区风貌。南方小桥流水与北方深宅大院兼具，中国绿瓦红墙与外国别墅洋房并存，可谓百城千区，各有不同，形成了特色各异的城区风貌。但是，随着时间的推移，老城区的风貌特色却日益消逝。一方面，随着城市规模的扩张、人口规模的扩大和生产功能的提升，老城区原有的低密度、小体量、独立性建筑模式已经不能满足城市发展的要求，越来越多的高层建筑和大规模公共场所成为老城区发展的必需品。另一方面，部分城市的管理者对城市现代化的理解较为机械和生硬，将越来越高的楼宇、越来越宽的公路、越来越大的公共空间作为现代化城市的标志和象征，导致越来越多的老城区进入到千城一面的队伍中。如果说新城区风貌特色的缺失是令人失望，那么老城区风貌特色的消逝则是令人遗憾。

1. 传统建筑特色加速消失

并非所有的老城区建筑都不能拆除和改建，只有那些具有历史价值、文化价值和难以复制再生的地域特色的建筑才需要保护和留存。遗憾的是，近些年众多大中城市老城区的名人故居、工业遗迹、传统民居以越来越快的速度消失，其所承载的城市记忆也同时消散。突出表现在四个方面：一是拆真建伪，为了节省维护费用、扩大建筑体量，将还有使用价值的历史建筑拆除并扩大重建；二是拆旧建新，为了配合城市规划调整，将工业遗迹和传统民居拆除，进行土地招拍挂；三是不合理改造和使用，采用统一屋顶、统一颜色、统一招牌等方式强行改变建筑风格，或者在经济开发中将传统特色建筑用于与原有文化毫无关联的产业领域；四是将怪异等同于特色，以中西合璧的名义，在老城区植入与周边建筑和整体风格格格不入的建筑，使老城区原本鲜明的建筑特色变得模糊和混乱。

2. 传统城市肌理加速逝去

与新城区相比，老城区的城市肌理具有城市功能多元化、产城关系融合化与交通系统密集化三个显著特征。但是，在老城区改造的过程中，这三个特征都在明显弱化。在城市功能方面，老城区的城市功能越来越单一，部分城市功能逐渐转移和剥离。这固然是大中城市城区功能专业化的必然要求，但是却使得老城区在城市发展中的地位逐渐降低。在产城关系方面，以前店后厂、商住一体为代表的生产与生活关系日益分离，产业区与居住区的空间分割越发清晰，使得老城区生产与生活的便利性大打折扣。在交通系统方面，老城区传统的毛细血管式路网大规模被宽敞的公路和高耸的立交桥取代，大量沿街商铺失去了区位价值，交通拥堵绕行的难度越来越大。在老城区改造中，如何协调“洋城”“新城”与“古城”“土城”的关系，已经成为越来越紧迫的问题。

（二）城区文化特色日益磨灭

在有形的风貌特色日益消逝的同时，老城区无形的文化特色也在日益磨灭。有形的风貌特色如果消逝，凭借历史文献和图文资料还可以重建；无形的文化特色一旦磨灭，将彻底消失在人类历史的长河中，造成无法挽回的损失。老城区文化特色的日益磨灭，一方面是外来文化冲击的结果，另一方面则是文化载体流失的结果。随着城市开放范围的扩大和程度的加深，外国文化和外埠文化大规模进入老城区，在与老城区原有特色文化的交流和碰撞中赢得越来越大的发展空间。而传统建筑的大规模拆建和传统肌理的大幅度改变，则使老城区原有特色文化失去了越来越多的发展载体。历史悠久、传承有序、独具特色的传统文化，本来是老城区相对新城区的绝对优势，是新城区无法通过资源集聚和政策扶持赶超的安全领域。如今已经弱化为相对优势，并有进一步沦落的可能。

1. 本土地域文化明显萎缩

本土地域文化是城市文化的基础和根源，是一个城市区别于其他城市的最根本特征。作为城市的发源地和原住民聚居地，老城区的本土地域文化就是城市本土地域文化的典型和代表。但是，随着老城区更新改造的推进，大量的城市原住民在拆迁中离开老城区，大量的外地文化和新文化与外来产业、资本和劳动力共同进入，本土地域文化受到严重冲击。能够熟练使用本地方言并知晓其意义的居民越来越少，愿意接受本地民俗并知晓其来历的居民越来越少，长期传承的生产方式和生活习惯在青少年居民中更是已经难觅其踪。本土地域文化的萎缩，动摇了老城区传统产业发展和社会治理模式的基础。越来越多的传统技艺、传统产品和传统节庆退出历史舞台，越来越多的居民自我服务和自我管理领域需要政府介入，老城区的传统经济魅力和社会管理效率出现了明显的退化。

2. 产业文化传承出现断代

随着传统商贸业和工业大规模从老城区外迁，老城区的产业结构正在重组和重构中。在未来产业发展谋划、特别是新兴产业培育的过程中，部分大中城市的老城区未能充分考虑新兴产业与原有传统产业的关系，使得老城区长期形成的产业文化传承无门，造成了巨大的文化资源浪费。一方面，老城区千百年来形成的产业文化的内涵与精髓还没有进行全面的总结和深入的提炼，也就无法在新兴产业的培育中加以应用和传承；另一方面，老城区产业文化传承的载体、对象和方式还不够明确，文化传承与文化创新的关系还不够协调，新瓶装老酒式的假创新和老瓶装新酒式的伪传承层出不穷。大部分商贸业的文化传承依然通过店铺开张和产品销售，大部分工业的文化传承依然通过技艺相传和品牌持有，产业文化传承的关系十分脆弱，工匠精神的断代已经从未来时成为进行时。

四、土地更新阻力加大

（一）地面附着物更新的经济阻力加大

在老城区发展所需要的经济资源中，资本、技术、劳动力、制度等要素供给的增量都可以通过资源的跨区域流动获得，而土地供给的增量只能通过老城区原有土地的更新实现。其中，居民住宅、企业厂房等长期、稳定地附着于土地的建筑物的更新居于主体地位。但是，随着城市土地资源稀缺性的凸显、商品房价格的居高不下、企业搬迁成本的持续上升和居民与企业权益保障制度的逐渐完善，老城区地面附着物更新的成本越来越高昂，无论是企业还是政府主导的土地更新都难以承受。城中村、城市棚户区、外迁企业厂房的拆迁改造已经成为制约大中城市老城区发展的重点和难点问题。这个问题不解决，老城区的经济社会发展就得不到新的承载空间，老城区的土地整合就无法推进，老城区的土地使用效率就无法得到提升，老城区的企业生产和居民生活条件就得不到改善。

1. 住宅建筑更新的困难

悠久的发展历史，在给老城区留下深厚传统文化的同时，也积累了体量巨大的老旧住宅建筑。它们的更新主要通过维护、整建和重建三种模式完成。所谓维护，是指针对具有较高历史和文化价值的老旧住宅建筑，在保持原有风格的基础上进行较小幅度的改造、维修和保养，力图改善建筑面貌，延长使用年限。所谓整建，是指针对具有较高使用价值的老旧住宅建筑，按照保留与改造相结合的原则实施部分扩建和改建，使建筑的外观与功能发生一定变化。所谓重建，是指将历史和文化价值不高、使用价值急剧下降的老旧住宅建筑整片拆除，再对土地进行整合和重新利用，力图最大限度挖掘出土地的发展潜力。但是，三种模式所需要的经济投入都在急剧增加，而科学合理的投入产出关系却尚未建立，导致老城区财政负担严重，老城区拆迁户、开发企业和政府管理部门之间矛盾重重。

2. 生产类建筑更新的困难

由于早期的城市发展缺乏规划指导，老城区的生产力空间布局较为混乱，生产功能、居住功能与其他服务功能在空间上犬牙交错，这就导致部分传统企业在关停并转或者外迁后，继续占用着老城区的土地空间，成为闲散资源。这类闲散生产类建筑的更新，主要通过改建和改用两种途径完成。在改建方面，实力雄厚的房地产开发商往往成为土地招拍挂的主角，大量的闲散企业土地被房地产企业竞拍获得后改建为商品房。在这种途径下，虽然土地更新完成，但是城市的生产功能被削弱，导致老城区有向“睡城”转变的可能。在改用方面，以文化创意产业为代表的新兴产业和企业进行了在这些建筑形态“外壳”内融入新经济元素的尝试，将闲散厂房改造为休闲娱乐或办公场所。这种途径虽然广获社会赞誉，但是盈利模式尚不稳定，厂房改造与租赁的高额成本形成的阻力越来越大。

（二）土地产权更新的制度阻力加大

土地产权的更新与地面附着物的更新，是老城区土地更新中相互影响的两个方面。一方面，土地产权的更新困难是地面附着物更新困难的重要原因，部分住宅和厂房由于土地产权难以确定和让渡，土地所有权、使用权与收益权的主体和主体关系无法明晰，导致土地无法整合和重新开发利用。另一方面，地面附着物更新的困难也导致了部分土地产权的更新的困难，一旦错过了政府为了推进解决土地附着物更新、为土地产权的历史遗留问题而提供的特事特办的“窗口期”，土地产权的难题解决将再次进入死胡同。如果说地面附着物更新的困难主要是由于经济原因，通过政府财政改革和企业金融创新就可以解决；那么土地产权更新的主要困难则在于制度原因，必须要通过政府的产业政策、财政政策、户籍政策、国有资产管理政策等制度创新才能实现。

1. 产权明晰较为困难

由于大部分大中城市的老城区都经历了从清末民初、北伐战争、抗日战争、解放战争、新中国成立等历史时期，导致部分老城区建筑的产权混乱，房屋使用者与房产所有者的契约关系复杂，“多方治房”问题突出。在履行房屋维修、税费缴纳等义务时，房主身份无人认领；在主张拆迁补偿、房产置换等权利时，房主身份多方争抢。由于新中国成立后房屋主管部门发生过数次变迁，原始资料遗失严重，产权关系更是难以明晰。值得关注的是，近年来部分老城区出现了家庭关系不和睦导致的住宅产权难确定，在城市棚户区尤为突出。部分几代同堂的大家庭虽然已经子女分家、居住分离，但是与原有住房产权人仍存在继承关系。在地面附着物更新时，二代和三代家庭成员无法就产权明晰达成一致。

2. 产权让渡推进困难

在产权明晰之后，产权让渡成为摆在老城区土地更新面前的又一个难题。一方面，私有产权房产的产权统一较为困难。由于老城区私有产权房屋的产权分布在居民手中，较为分散，使得政府或者开发企业在土地整合和重新利用之前必须要推进私有产权房产的产权统一。政府通常通过征地拆迁的方式谋求产权统一，实现居民个体对政府的产权让渡。但是在现有政策下，只要有极少量的居民不配合，这种产权统一就难以推进。另一方面，公有产权房产的存量激活较为困难。作为计划经济时期福利分房政策的产物，公产房屋的产权虽然属于政府或企业，但住户可以通过缴纳租金获得长期的居住权。作为公产房屋最为集中的区域，大部分老城区的公有房屋管理处于低效率运行状态，导致公产房屋的地下交易盛行，阻碍了公有产权房产的存量激活。

第三节　老城区转型发展的青岛个案

作为青岛市中心城区的三个城区之一，现在的市北区是在 2012 年 12 月由青岛市传统商贸中心——原市北区和青岛市老工业基地——原四方区合并组建而来的。成立伊始，市北区直面老城区发展困境，坚持以城区更新和产业升级为主线，以科学规划为引领，明确发展方向，优化产业布局，创新体制机制，取得了显著的成绩，成为我国大中城市老城区转型发展的典型代表。①

一、顺应发展趋势，明确发展方向

（一）把握国内外现代城区产业发展的总体态势

1. 产业结构服务化

后工业化时代，第三产业成为城市经济发展的主导力量。随着辅助劳动由社会分工独立并形成产业化，服务行为超越物质产品成为企业价值来源的主渠道，技术和信息取代土地和资本成为城市产业发展的核心要素。以纽约和北京为代表的国内外先进城市第三产业比重均超 70%，中心城区的金融保险、商贸商务、文化创意、科技研发等现代服务业增加值占服务业的比重超过了 85%。

① 南开大学滨海开发研究院：《青岛市市北区产业发展与空间布局规划》，2014 年。

2. 产业关系融合化

作为工业文明的集中体现，现代城区以历史与现代的传承融合推动产业升级的实现。高新技术应用破除了传统产业与新兴产业的壁垒，产业链条延伸强化了制造业与服务业的协调联动，行业约束与整合创造了革新性产品和服务。高端制造、电子商务、网络金融、服务外包等复合产业显示了产业融合的强大力量，为现代城区的转型和可持续发展提供了强劲的动力。

3. 产业布局集聚化

为实现资源集约、企业集群、平台集中和服务集成，集聚化成为现代城区产业布局的主流思想。在起步期产业政策引导、发展期龙头企业带动、成熟期市场机制主导作用下，按照门类相近、关系相连、特色相通的原则，经济组织向楼宇、街区和园区大规模集中。纽约曼哈顿、东京银座、北京中关村、上海田子坊等地区已经成为产业主题鲜明、企业格局协调、链条关系紧密的集聚区典范。

4. 产业目标社会化

随着社会发展成为经济发展的充要条件，在土地更新、人口调整与产业升级同步展开的背景下，现代城区产业发展目标不仅限于速度提升和体量扩大，更表现为对就业创造、收入增长、生活改善与社会和谐的重视。以公共服务提升和行政效能改善为外延，政府产业政策已经成为现代城区实现社会目标的最重要支撑。

（二）明晰现代服务业发展的特点与趋势

1. 部门剥离

随着技术进步的加快、生产专业化的加深和产业组织复杂化的加剧，原属于工业企业内部的设计、研发、财务、营销、物流等非制造环节逐渐剥离出来，形成独立的专业化服务部门；工业企业的制造部门与非制造部门的剥离，推动了工业与服务业的分工协作；服务环节的独立，既提高了制造业的生产效率，也促进了现代服务业的大规模迅速发展。① 特别是从产业价值链的角度看，一个产品真正处于生产制造环节的价值比重越来越小，设计、研发、财

① 周权雄、周任重：《谈现代服务业发展的新特点和趋势》，载于《商业时代》2009 年第 1 期。

务、营销、物流等服务环节创造的价值比重越来越大，生产要素向服务环节的集聚已经成产业链条延伸的首要推动力。

2. 融合联动

以高新技术的广泛应用为基础，现代服务业与先进制造业、现代服务业内部各行业之间的渗透、延伸与重组不断加强，企业的生产与服务功能的界限越来越模糊，部分传统制造企业的经济活动中心正在从制造向服务转移，制造与服务的融合联动程度已经成为影响现代企业市场竞争力的关键因素，并创造出服务外包、电子商务、互联网金融、物联网、光机电一体化、嵌入式软件等新型业态与产品。现代服务业与先进制造业的延伸融合赋予了制造业新的附加功能和更强的竞争力，形成融合型的生产性服务业新体系。现代服务业内部的重组融合使服务业向数字化、智能化和网络化发展，形成融合型的生活性服务业新体系。

3. 创新驱动

以思维创新为引领，现代服务业在功能、领域、形态和产品等方面全面创新，驱动产业快速和可持续发展。通过增加创意类无形产品内容，利用符号意义创造产品价值和强化知识产权保障，将现代服务业的产品和服务上升到审美和愉悦的程度，提高体验式消费在消费结构中的比重，力求简明、系统、新奇地将无形资产转换成经济资产。同时，依靠商业模式创新获得成功的服务企业越来越多，要素创新推动 Amazon、Grameen Bank、Alibaba 等企业以前所未有的方式提供已有的产品或服务，既开创了全新可赢利的产业领域，又给企业带来更持久的赢利能力与更大的竞争优势。

4. 国际转移

在制造业大规模从以金砖四国为代表的新兴市场国家向最不发达国家转移的同时，服务业从欧美日发达国家向以金砖四国为代表的新兴市场国家的转移也在悄然兴起。众多跨国公司的商务服务、研发设计等部门和业务被外包给发展中国家的企业，中国、印度等发展中国家正在从“世界工厂”向“世界办公室”转变。在占全球 500 强企业一半以上的服务业跨国公司的主导下，服务业跨国投资占外国直接投资（FDI）比重超过 2/3，以服务外包为首要业务的国际服务贸易在后金融危机时期仍然保持 10% 以上的年增长速度，现代服务业的国际转移已经由制造业追随型逐步向服务业自主扩张型转变。①

5. 品牌提升

作为现代服务业的核心价值之一，品牌效应对服务企业、服务行业、服务集聚地区和国家经济发展的带动作用越来越显著。与工农业生产的有形产品不同，服务业产品增值的源泉更加侧重于消费者心智中形成的关于其载体的抽象印记。在近年的“世界品牌500强”中，服务业品牌的数量和比重持续增加。互联网、金融、传媒等行业在市场开拓与占有、利润获取、品牌忠诚度和全球领导力等方面显示了强大的生命力和强劲的竞争力，拥有雅虎、亚马逊、迪斯尼、花旗、时代华纳等著名服务业品牌的美国继续保持世界第一品牌大国地位，占据500强的40%以上。

二、认清自身现实，把握外部形势

（一）产业发展基础扎实

1. 产业结构持续优化

2013年，市北区实现地区生产总值551.55亿元，第三产业增加值402.56亿元，占地区生产总值的73%，产业结构进一步优化。② 商贸流通、先进制造、能源供应等支柱产业蓬勃发展，商业地产、商务服务、科技研发、现代金融等优势产业加速扩张，教育、文化和卫生等基础产业与社会事业稳步前行。传统产业与新兴产业融合互动、制造业与服务业协调联动的产业格局形成。

2. 产业布局日益明晰

在“一带突破、双核引领、三区集聚、四轴展开、多园支撑”的城区空间布局指引下，支柱和优势产业的空间集聚持续增强。滨海蓝色经济发展带加速建设，中央商务区与新都心高起点发展，大学科技园区、啤酒文化休闲商务区和浮山商贸区显著提升，四条商贸和商务发展轴线联动展开，多园区整合蓄

① 王子先：《服务业全球化发展五大趋势》，载于《经济日报》2007年7月4日。

② 青岛市市北区政府办公室：《青岛市市北区政府工作报告》，2014年。

势待发。主题鲜明、特色突出、定位准确、集聚有力的产业空间发展格局日益明晰。

3. 产业载体显著拓展

随着市北区资源整合的不断深入，以及老企业搬迁、旧城区和城中村改造的全面推进，市北区产业载体的建设空间得到拓展，载体数量和类型显著丰富。以台东商贸区、橡胶谷和滨海新区为代表的特色街区、产业园区和经济功能区成为支柱和优势产业及蓝色经济发展的主要载体，在楼宇经济和总部经济的组织下，承载并推动了现代产业体系的建设和发展。

4. 产业支撑更加充实

作为青岛城市发源地，市北区历史悠久，人文荟萃，文化特色突出；作为胶东老工业基地，市北区工业积淀深厚，科技资源丰富，创新优势明显；作为青岛主城中心区提升的重点区域，市北区基础设施建设加快，城区面貌改善，城市功能提升。随着市北区民生改善和经济社会协调可持续发展，对现代服务业发展的文化、科技和社会支撑更加充实。

（二）瓶颈制约日益突出

1. 产业层次不够高端

商贸流通、先进制造、能源供应等支柱产业的传统业态比重较高，商业地产、商务服务、科技研发、现代金融等优势产业的前沿与高端业态发展不足，教育、文化和卫生等基础性和社会事业的经济效益增长缓慢，使市北区面临传统产业升级和新兴产业培育的双重挑战。

2. 资源整合不够显著

由于原市北区和四方区在要素禀赋、产业结构和发展水平等方面存在较大差异，老企业搬迁、危旧房和城中村改造数量大、任务重，使市北区的资源整合面临成本难控、收益难分、方向难定等诸多问题，制约了资源配置的进一步优化与效率提升。

3. 城区功能不够完善

作为老城区，市北区人口密度大、老年人口比重高，公共服务负担沉重，基础设施建设不完善、不均衡，公共服务不能满足经济社会进一步发展的需要，与主城中心区的功能定位不相适应，公共服务完善和基础设施升级加大了市北区财政收支平衡压力。

（三）外部机遇挑战并存

1. 从全国看

随着改革开放进入全面攻坚期和发展方式深刻转变的关键阶段，以中心城区转型为代表的大中城市复兴发展成为我国经济社会可持续发展的主导力量。城市空间的更新、要素结构的升级、体制机制的创新和社会服务的改善为中心城区的转型发展提供了难得的机遇，而新城区发展的竞争、产业转移的加速、生态承载的制约和财政失衡的威胁则对中心城区的转型发展提出了严峻的挑战。

2. 从山东全省看

随着山东半岛蓝色经济区建设上升为国家战略，山东省的经济社会发展进入新一轮机遇期。作为省域经济发展的核心引擎与龙头城市，青岛是全国东部沿海区域经济中心、现代化服务中心、文化中心，国家重要的现代化制造业及高新技术产业基地，东北亚国际航运中心，国家重要的区域性航空港，国际滨海旅游度假胜地定位的明确，为市北区建设以现代服务业为主体、现代服务业与先进制造业融合发展的产业体系提供了坚实的依托。

3. 从青岛全市看

随着青岛市“全域统筹、三城联动、轴带展开、生态间隔、组团发展”战略的实施，特别是行政区划调整与同城效应增强，为市北区拓展发展空间、整合优势资源、集聚优质人才、优化城区品质、提升城市综合服务功能、提升主城中心区地位提供了契机。但是，以西海岸经济新区、高新区和崂山区政策优势与市南区先发优势为代表，其他中心城区快速发展形成的极化效应和虹吸效应，以及青岛港老港区和老工业企业搬迁，也加大了市北区转型发展的难度。

三、坚持发展原则，抢占战略地位

（一）发展原则顶天立地

1. 城区更新与产业升级相结合

坚持土地更新与产业布局调整相结合，以土地整合促进产业集聚，保障优势和支柱产业用地，科学配置用地比例和合理安排供给进度；坚持人口更新与产业结构升级相结合，以人口结构调整推动就业结构调整，加强人口流动和人才引进，充实高端产业人力资本；坚持基础设施更新与产业发展需求相结合，以基础设施完善支撑现代产业体系建设，提高城区经济运行效率。

2. 提升传统与培育新兴相结合

坚持立足经济社会发展现实，全面提升传统产业，以高新技术应用、高端环节转换和先进理念经营提升传统产业的层次、竞争力和效益；坚持着眼时代潮流和未来趋势，大力培育新兴产业，以超前谋划、梯度推进和宽容失败培育关键技术、核心环节和品牌产品；坚持传统产业与新兴产业融合发展，以产业的渗透、交叉和重组促进业态与产品创新，追求现实优势与战略空间的兼容并包。

3. 联动发展和渐进路径相结合

坚持现代服务业与新型都市工业联动发展，以生产性服务业为工业技术进步、结构优化和效率提升提供保障，以都市工业转型升级为生产性服务业提供载体和市场支撑；坚持区内产业与区外产业联动发展，发挥比较优势，借助区外资源和市场，借力区外优势产业，共享发展空间；坚持渐进式发展路径，优先发展现实优势产业，重点培育特色潜力产业，着力推进后续储备产业。

4. 经济发展和社会进步相结合

坚持以经济发展带动社会进步，通过产业增值实现企业增效、居民增收，为民生工程建设提供稳定的财政收入保障；坚持以社会进步促进经济发展，通过生态环境的改善、公共服务的完善、政府效能的增进和人文氛围的积淀，为现代服务业发展提供坚实的依托；坚持经济发展和社会进步协调互动，兼顾产业发展的经济效益和社会效益，不断提升城区功能，实现人口、资源和环境可持续发展。

（二）战略定位深谋远虑

1. 国家中心城区转型示范区

以国家经济发展方式转变为契机，从市北区经济社会发展的现实情况出发，充分借鉴国内外大中城市中心城区转型的实践经验，加快城区更新，推进产业升级，强化机制创新，完善公共服务，促进社会进步。寻求中心城区转型新路径，探索中心城区转型新模式，为全国中心城区的转型发展提供示范和经验借鉴。

2. 山东半岛蓝色经济联动区

以山东半岛蓝色经济区建设为契机，充分发挥市北区在区位条件、资源禀赋、产业基础、社会文化等方面的优势，依托科技信息、现代金融、休闲旅游等产业的发展，实现青岛市蓝色经济科学发展先行区、山东半岛蓝色经济核心区、海洋自主研发和高端产业聚集区、海洋生态环境保护示范区在市北区的耦合联动。

3. 青岛市现代服务业集聚区

以青岛市国家现代服务业创新发展示范城市建设为契机，构建以总部经济和楼宇经济为依托，以现代服务业为主体，现代服务业与都市工业协调联动的现代城区产业体系，完善现代服务业配套设施与政策，提升城区功能，吸引青岛市现代服务业向市北区集聚，实现现代服务业的资源集合、产业集群和服务集成。

4. 青岛市体制机制创新先导区

以青岛市行政区划和城市空间布局调整为契机，通过廉洁政府、法治政府、效能政府的打造，推进三城联动、财政税收、招商引资、园区运营管理、中小微企业发展、金融要素集聚、土地功能混合等体制机制创新，成为青岛市综合配套改革的先导区。

四、突出重点产业，协调产业格局

（一）产业选择有理有据

1. 依托既有基础

从市北区经济社会发展的现实出发，充分依托既有要素结构、产业基础和社会条件，继承传统优势，传承城市文明。城市更新不等于否定或中断城市发展史，产业升级更没必要一切从零开始。

2. 着眼发展空间

把握国际国内现代城区发展趋势和主导产业发展特征，顺应时代潮流，开辟新兴市场，开创战略空间，抢占前沿阵地。不能被短期利益和局部空间一叶障目，面对热门产业和热点领域要冷静思考，经得起诱惑。

3. 发挥比较优势

在区内与区外两个层面、历史与未来两个维度，找寻产业发展比较优势，加快推进从潜在优势向现实优势的转化。要杜绝跟风盲从的不良倾向，根据比较优势的动态变化，有所为有所不为、有所先为有所后为。

4. 追求经济效率

以投资强度、产出强度和税收强度引领产业发展，通过经济效率的提升带动产业结构优化、质量提高和规模扩张。要认识到从规模经济向规模不经济的转变是“大而全”发展的宿命，经济效率的提升才是产业发展的本质要求。

5. 促进社会提升

将就业创造、设施共享、文化提升和环境友好作为产业发展的社会目标，促进城区功能提升、社会文明进步和人民生活改善。以经济建设为中心不等于唯经济效益，对社会效益强、经济效益稍弱的产业应给予特别的关注。

（二）精准明晰产业领域与产业形态定位

在产业门类上，探索以商贸零售、电子商务和敏捷物流为重点领域的商贸流通，以企业管理和中介服务为重点领域的商务服务，以商业地产、产业地产和物业管理为重点领域的地产物业为优先发展产业；探索以创新金融和普惠金融为重点领域的现代金融，以科技研发、信息服务和服务外包为重点领域的科技信息，以文化体验游、滨海休憩游和休闲购物游为重点领域的休闲旅游为重点培育产业；探索以生物医药、健康养老和养生健身为重点领域的健康服务，以建筑设计、工业设计和文化传播为重点领域的文化创意为着力推进产业；同时，兼顾能源供应、工业制造等留存工业的改造提升。

在产业形态上，以细化总部类型、发挥总部效应、强化总部支撑为重点，加快发展总部经济；以商务楼宇、城市综合体和公寓为重点，加快发展楼宇经济；以产业园区经济和特色街区经济为重点，加快发展区街经济。具体产业领域与产业形态定位见表3－1。

表3－1　　市北区产业领域与产业组织定位

产业门类选择	优先发展	商贸流通	商贸零售	传统商贸改造；新型零售
			电子商务	行业平台；双线互动
			敏捷物流	商业物流；信息物流
		商务服务	企业管理	总部管理；功能管理
			中介服务	传统中介；现代中介；新兴中介
		地产物业	商业地产	城市综合体；主题商区；专业楼宇
			产业地产	科研楼宇；综合楼宇；标准化厂房
			物业管理	住宅物业；商业物业
	重点培育	现代金融	创新金融	财富金融；业务创新
			普惠金融	商业银行；保险公司；小额贷款公司
		科技信息	科技研发	技术研发；软件开发；科技中介
			信息服务	信息融合服务；智能信息服务平台
			服务外包	信息技术；业务流程；知识流程
		休闲旅游	文化体验游	工业旅游；民俗节庆游；军事旅游
			滨海休憩游	邮轮旅游；商务旅游
			休闲购物游	免税购物；特色餐饮；创意体验
	着力推进	健康服务	生物医药	海洋新材料；药物与保健品；医疗器械
			健康养老	医疗护理；疗养康复；社区养老
			养生健身	健康养生；休闲健身
		文化创意	建筑设计	结构设计；室内设计；环境设计
			工业设计	产品设计；模具设计；服装设计
			文化传播	传播设计；影视传播；婚庆设计
	留存工业改造提升		能源供应	新一代城市能源系统；景观改造
			工业制造	啤酒制造；粮油生产；印刷包装

续表

产业形态选择	总部经济	总部企业	新兴国家跨国企业中国总部；国内企业区域总部； 山东省和青岛市中小微型企业全球总部
		总部类型	综合型总部；职能型总部；成长型总部
		总部效应	推动转型升级；协调区域分工；带动区域发展
		总部支撑	人力与科教资源；交通效率；信息通道；文化氛围
	楼宇经济	商务楼宇	新建5A写字楼；传统楼宇改造；物业体系建设
		城市综合体	商业综合体；专业市场综合体；旅游综合体
		公寓	商务公寓；酒店式公寓
	区街经济	园区经济	载体：橡胶；中航；百洋；纺织；建筑；工业；海尔 方向：明晰定位；差异扶持；集聚资源；科学经营
		街区经济	载体：步行街；啤酒街；科技街；文化街；汽车大道 方向：整体规划；高效利用；业态升级；管理优化

五、充分借鉴经验，坚定转型道路

（一）国内代表性城市老城区转型发展的主要经验

1. 上海市杨浦区："四位一体"促转型

20世纪90年代以后，作为上海老工业基地的杨浦区工业随着上海整体产业结构转型进入了发展衰退期，产业结构老化、国企纷纷转置或倒闭、民生等社会负担沉重，杨浦区成功探索出了一条"四位一体"的老城区转型之路。

（1）立足自身优势，以"三区联动"发掘创新要素为核心理念。立足作为上海"中央科教区"的比较优势，通过促进包括复旦、同济、上财等14所高校和150余家科研院所在内的大学校区、科技园区与城市社区的"三区联动"，大力挖掘、整合、提升辖区内的科教资源，逐步打造以高新科技、服务经济为核心的新型产业体系，快速实现产业升级和能力提升。①

（2）以科学规划主导城区布局调整。2002年前，杨浦城区布局较为分散，规划性不强，杨浦区高度重视通过城市发展规划调整和完善来整合区域要素资

① 容志：《现代城区转型的规律与路径分析——基于上海杨浦的思考》，载于《求索》2012年第8期。

源，根据“三区联动”的总体要求，根据科学规划，建立“三区融合、联动发展”的多元模式，“一心、一城、一江、三区”的产业布局初步形成。

（3）以包容性发展的具体实践提升公共服务。通过公共财政支出向民生保障、事业发展、城市管理等领域的倾斜，着力提高基层公共服务能力，逐步强化区级政府、各委办局、街道镇和居委会的社区建设能力和服务能力，试点推行街道剥离招商职能改革，实现街道财力与税收目标脱钩，减轻街道公共服务压力。①

（4）以政府管理改革的多重配套推动机制创新。通过强化政府信息公开打造“透明政府”，通过优化行政运行机制打造“法治政府”，通过完善绩效评估机制打造“效能政府”，通过深入推进行政审批制度改革建设“高效政府”。

2. 沈阳市铁西区：“四面突围”求转型

在经济体制转轨时期，铁西区成为企业大面积亏损、职工大量下岗、环境严重污染、城市破旧脏乱的“东北现象”的典型代表。2002 年成立铁西新区以来，经过多年探索实践，铁西新区通过“四面突围”，走出了一条老工业基地改造振兴的新路。

（1）产业突围，以结构调整推进产业转型升级。把生产性服务业的突破和先进制造业的优化作为产业转型升级的重点，政府设置超过 30 亿元的专项资金支持企业开展科技创新和技术攻关，同时，利用老城区“东搬”腾出的新空间，大力发展以生产性服务业为代表的现代服务业。

（2）空间突围，以科学规划实现资源最优配置。铁西区和沈阳经济技术开发区的合并既为铁西区工业企业搬迁和改造提供了空间载体，也为利用新老区域的级差地租发展第三产业提供了保证，同时，铁西区制订了“东搬西建，壮二活三”的产业发展规划，通过科学规划来实现资源的有机整合和优化配置。

（3）制度突围，以市场化改革路径破解发展难题。针对老工业基地改造“钱从哪里来、人往哪里去、企业怎么活”的难题，通过市场手段筹集企业搬

① 容志：《现代城区转型的规律与路径分析——基于上海杨浦的思考》，载于《求索》2012 年第 8 期。

迁改造资金，解决“钱从哪里来”的问题；通过转变体制机制，实施并轨、转换身份和转制“三步走”，解决“企业怎么活”的问题；通过大力发展现代服务业创造新的就业岗位，解决“人往哪里去”的问题。

（4）环境突围，以生态治理推动城市居住和生活品质的提升。铁西新区10年累计投入210多亿元，相继实施了重大基础设施建设、园林绿化、集中供暖、关停重污染企业等一系列环境建设工程，使铁西区成为环境优美、品位高档的新城区，强化了对资本、人才和企业的吸引，同时也促进了土地价值的快速提升。

3. 济南市历下区：“四个结合”推转型

2002年开始，历下区实施了“率先建成现代服务业聚集发展先行区”的战略部署，把发展现代服务业、打造现代服务中心确定为发展实体经济和提升区域竞争力的关键路径，取得了良好的效果。

（1）坚持产业体系打造与功能片区建设相结合。围绕“西部提升、中部崛起、东部腾飞”布局规划，构建六大产业功能片区，形成以现代服务业为核心、智力密集型产业为引擎、传统商贸旅游业为基础，具有强劲区域核心竞争力和省会城市群特色的现代产业体系。[①]

（2）坚持楼宇经济与总部经济发展相结合。针对老城区普遍面临的发展空间受限的问题，历下区以国际超级写字楼和超级商业综合体为中心、以增量招商和存量专业化特色化为方向，大力发展楼宇经济，并通过总部经济定位增强楼宇经济的集聚效应和规模效益。

（3）坚持挖掘转化与改造提升相结合。依托区内雄厚的科教资源，大力发展知识经济，将资源优势转化为产业优势。同时，以百盛等龙头企业和恒隆广场等新兴业态为切入点，对泉城路等传统商贸区进行改造提升，实现了企业增加效益、群众增加就业、政府增加税收、区域增加品牌的协调发展。

（4）坚持项目引领与环境优化相结合。通过每年启动各50个过亿元项目的续建、新开工和策划项目，同步强化基础设施建设和环境综合整治。同时，以“山东金融超市”和综合服务平台“历下区行政审批服务中心”建设为代

① 祝蕾：《历下：现代服务业中心的华美蝶变》，载于《济南日报》2012年5月7日。

表，历下区的软环境不断优化，宜居宜商宜业氛围不断完善。

4. 杭州市拱墅区："三大目标"撑转型

拱墅区的经济社会发展在20世纪90年代陷入困境，虽然杭州市为拱墅确定了"北秀"城区定位，但在土地整合、动迁补偿和富余人员安置三大瓶颈制约下，拱墅区的发展举步维艰。2007年，拱墅提出了"实力拱墅、秀美拱墅、和谐拱墅"的三大奋斗目标，并且以秀美拱墅作为引擎和突破口，取得了良好效果。

（1）以秀美拱墅为突破。以《"实施十大工程、加快城市更新、建设秀美拱墅"三年行动计划》推出为契机，打造秀美拱墅。为此，杭州市面向拱墅区落实了四项扶持政策：运河（拱墅段）综合保障工程土地出让金，全部用于拱墅区；区属工业企业和市场盘活的所有土地出让金，100%返还；农转用土地的土地出让金，100%返还；市里专项用于社会环境改善等工程的资金，向拱墅区倾斜。有效解决了十大工程的资金平衡问题。

（2）以实力拱墅为重点。利用企业搬迁后的优质土地资源，除了部分用于土地出让还贷外，拱墅区保证重点产业用地供应，并坚持以服务经济、高新经济、总部经济和创意经济为产业升级的目标和定位。面向国内外知名的高新企业和服务企业重点招商，形成可持续的经济和税收增长点。

（3）以和谐拱墅为落脚。拱墅区坚持把改善民生，打造和谐拱墅作为经济和社会转型发展的落脚点。在"经营城市、经营土地"中，把新增财力的90%用于民生改善。"和谐拆迁"、居家养老机制，企业退休人员社会化管理以及外来流动人员的服务、管理、维权三位一体服务机制，创失业预警干预机制等一系列举措相继出台，为和谐拱墅奠定了良好的制度基础。

（二）国内代表性城市老城区转型发展的主要启示

1. 明确定位，高层统筹

国内代表性城市老城区转型的经验表明，对自身特点和未来定位的正确认知是决定老城区能否成功转型的先决条件。老城区的定位应跳出自身窠臼而着眼于城市发展的现实需要并顺应城市发展的未来方向。

同时，鉴于老城区在转型发展中通常面临的民生压力大、财力紧张、剩余待就业人员多等难题，积极努力争取市级乃至省级政府的高层统筹是老城区成功转型的重要制度保障。沈阳市关于铁西区与沈阳经济技术开发区合署办公的决策和杭州市面向拱墅区四项财政倾斜政策的实施，对于两区转型发展都起到了关键作用。另外，在寻求上级政策扶持上，老城区要实现从“被动等上面给”到“主动向上面要”的转变，“敢于要”和“善于要”是老城区转型发展重要的制度突破口。

2. 规划引领，项目带动

定位清晰之后，制定科学、前瞻性的规划就成为老城区转型发展的引领，规划的制定一方面立足本区经济和社会发展客观现实，充分挖掘和利用本区的已有和潜在优势，另一方面也要遵循经济社会发展的客观规律，把握国际国内老城区转型的最近动态，顺应产业发展的潮流和趋势。

项目带动则是实现老城区转型的核心抓手，老城区转型困难多、任务重、面广线长，全面开花式的快速推进不可能，应集中区内外优势优质资源，做好区外上级部门的沟通协调和区内相关部门的协调配合，以加快推进重点项目建设，通过项目建设带动由点及面带动不同层面发展，避免“起得早，到得晚”。

3. 优化环境，机制创新

现代产业特别是服务业对社会环境、生态环境和制度环境的需求要远高于传统的制造业，因此老城区转型发展必须坚持环境优化和机制创新。一方面，要加快基础设施完善和生态环境改善，提升所在区域的人文环境和生活品质，进而升值土地资源，打造投资热点，进一步强化对产业和人才的吸引。另一方面，要改善政府公共服务供给能力，增强社会活力，促进社会和谐。

另外，老城区的顺利转型必须要在政府服务和管理等方面进行创新，通过透明政府、效能政府、高效政府和服务的建设来打造宜商利商的软环境。

4. 彰显特色，打造品牌

雄厚的历史底蕴和浓厚的文化氛围是老城区通常具有的独特优势，也应该是老城区转型发展必须加以利用的要素。一要内拓外延历史文化，深挖历史内涵，拓展历史关联，将学术研究与产业发展相结合，实现历史资源向经济资源的转化。二要开发转化遗存载体，可以通过将古文化街区、历史建筑和老旧厂房建设成为旅游休闲、餐饮娱乐、电子商务、研发设计等文化创意和都市产业的发展载体，以集聚资本和项目创造就业。三是要打造提升区域品牌，效仿国内老城区转型的成功经验，以保护与开发相结合的原则、修复与改造相结合的技术、特色与精品相结合的路线、旧载体与新产业结合的模式，打造区域特色、塑造区域品牌。

（三）加快市北区转型发展的四点思考

1. 找准自身地位，争取高层协调

上述四城区的转型经验均表明：进行科学、前瞻性的自身定位是成功转型的基础。因此，市北区应该在客观认识自身条件基础上，跳出市北看市北，站在全市甚至全省的视角来重新审视市北的定位，并找准自身定位。如果说“区位在市南、政策在崂山、工业在黄岛、科技在高新”，那么市北区应该瞄准和聚焦“服务”定位，即通过为百姓提供良好的公务服务，为企业提供便利高效的管理服务，来强化对资本、产业和人才的吸引，进而带动产业的发展。

此外，市北区的困难群体在青岛市内是最多的，棚户区改造任务也是最重的，要大力争取上级政府针对性的政策支持，敢于要、善于要。包括：建议成立市级的老城区转型发展领导工作小组，常设在市北区，定期召开市属各单位参加的联席会议，加快协调解决市北区自身难以解决的问题；赋予市北区某些方面进行先行先试的深化改革优先权，如工业转移后的税收分成问题、重点区块土地的变性问题、基础设施建设的优先布局等。

2. 创新规划、项目和招商选资，坚持空间留白

“定位—目标—方向—手段—保障”是老城区转型的演进逻辑，定位确定之后，应通过规划引领、项目带动、招商保障来实现既定的定位。要编制科学、前瞻性的规划，实施调整，坚定实施；加大项目的协调和推进，树立抓项目就是建产业、就是拓税源的思想；创新招商引资方式，更多开展定载体、定产业、定区域的专向招商。

另外，沈阳铁西区和天津滨海新区的产业发展中最重要的经验之一就是要坚持产业留白，即给后人留下一些可以发挥的空间。一旦土地进行了不当开发，那么由于选择失误而造成的损失有时将达投资的数倍甚至是难以弥补，市北区应有所为、有所不为，坚守未谋先动、不谋不动、空间留白的原则。

3. 以社会转型促进经济转型，以经济转型支撑社会转型

社会转型既是老城区转型制约因素也是促进因素。因此，市北区必须加快社会发展，实现社会转型与经济转型的良性互动。一方面，要以青岛市和市北区两级政府财政投入为引导，动员多方面力量参与基础设施的硬件更新和城市管理的软件建设，完善公共服务，增强社会活力，这既可以有效提升土地价值，增强政府财政收入，同时也可以吸引资金、项目和人才，形成“环境—产业—人才”的良性循环。另一方面，要顺应市场的需求导向，推动社会要素与经济要素融合，推动社会要素向经济要素转变，构建非营利性公共服务业与营利性公共服务业互动发展、公共服务业支撑带动其他产业发展的协调格局。

4. 构建市北特色，打造市北品牌

市北区现代产业发展应着眼于区内区外两种资源和两个市场，在更大的范围集聚资源、更深的层次整合资源，以更广的视角开拓市场、以更高的效率利用市场。在生产性服务业方面，要争取政策支持，采用税收分成方式努力将外移工业企业的研发和营销部门留住，并针对青岛高新技术开发区企业和青岛市优势工业的需求，引进或培育研发机构和营销企业，打造“研在市北、营在市北”品牌。在生活性服务业方面，要推出具有代表性的标志性项目并加大宣传力度，与市南区联手打造“游在市南，玩在市北”品牌，吸引区外、市外、省外消费者，延长游客在青岛的整体停留时间，建设立足山东半岛、面向全国的新兴海洋娱乐休闲基地，增加市北区的历史感和厚重感，拓展产业开发空间；将青岛的滨海、生态、啤酒、航运、休闲等概念扩大至市北区，提高市北区的知名度和辨识度，延伸产业价值链条。

第四章　新老城区关系协调——城市可持续发展的新难题

由于城市功能过度集聚，大中城市的市场拥挤效应逐渐超过市场接近效应，日益受限的发展空间与可持续发展的迫切需求之间的矛盾加速凸显。为了实现持续的规模扩张和质量提升，大中城市纷纷通过新城区发展和老城区转型谋求增量突破和存量变革，对过度集聚的城市功能进行分工调整和疏解扩散。但是，由于新老城区之间的协调关系尚未建立，导致新城区发展与老城区转型在大中城市可持续发展中的双轮驱动作用没有完全发挥，甚至在部分城市和领域出现了零和博弈的现象。因此，在推动大中城市可持续发展的过程中，不仅要坚持新城区发展与老城区转型并行，更要注重新老城区协调关系的构建。只有实现“新”为“老”所依，“老”为“新”所靠，才能真正推动大中城市的可持续发展。

第一节　新老城区协调发展的理论路径

一、新老城区空间关系的协调

（一）基于城市功能漂移的空间关系协调

与地理学的板块漂移说类似，城市功能同样可以在城市内部的不同地域空间之间漂移。在漂移模式下，部分大中城市选择在远离城市发源地和传统中心的城市边缘建设新城区，将老城区的部分城市功能向新城区转移以培养新的城市增长极。随着部分城市功能由老城区向新城区漂移，老城区经济社会发展的新陈代谢获得了一定的缓冲空间，特别是生产规模与人口容量难以持续扩张的困境得到了一定的缓解。但是，新老城区之间空间距离和要素禀赋差异的存在，使得城市资源配置在空间上的均等化成为难题。受资源要素的稀缺性和经济性的影响，拥有要素禀赋优势的新城区很容易在短时间内实现经济上的迅速膨胀，而老城区原有的比较优势和产业吸引力会在“少而贵”的要素资源的限制下逐渐消失，从而使大中城市增长极发生由老城区向新城区的转移。

与老城区相比，新城区在科技创新和制度创新方面的优势对企业和居民具有更强的吸引力。一方面，科技创新使新城区企业拥有不断降低价格和吸引消费者的能力，是企业利润来源的可靠保障和可持续发展的关键。另一方面，制度创新为新城区企业的科技创新和居民的生活改善提供了良好的社会保障和外部条件。同时，在科技创新和制度创新的引领下，大中城市企业和居民对新城区发展的乐观预期也加速了城市增长极移动的进程。主要表现在：若人们对新城区发展的预期比较好，认为新城区的发展能够更好地满足自己的经济需求和休闲需求，人们就更愿意向新城区流动；若人们对新城区的发展预期不好，则更倾向于保留在原地区。20 世纪末到 21 世纪初，上海市“宁要浦西一张床，不要浦东一间房”现象的消逝，就是理性预期影响区域发展的典型代表。

必须要认识到，漂移模式下新老城区的空间关系，很有可能呈现此消彼长的零和博弈状态，距离帕累托改进的要求还很远。因此，城市功能漂移中新老城区空间关系的协调，要避免弃“老”推“新”，即以放弃老城区为代价推动新城区发展；而应该追求保“老”育“新”，即在保持老城区城市增长极地位的同时将新城区培育为新的城市增长极。要高度重视城市增长极的“漂移”问题，既要创造条件促进新城区增长极的“漂入”，又要采取措施减少老城区增长极的“漂出”，推动新老城区协调发展。在城市新增长极发展的过程中，新城区可以通过集聚效应与扩散效应，为老城区的结构优化与功能疏解提供外部动力和载体依托。例如，辽宁省沈阳市铁西区通过推动企业“东搬西建”，引导企业在搬迁中实现产业结构调整和优化升级，实现了从铁西工业区到铁西新区的转型，为新型工业化和现代服务业的发展都提供了充足的空间，成为东北老工业基地转型的示范。

（二）基于城市功能叠加的空间关系协调

对于部分“旧瓶装新酒”的新城区而言，其发展的动力源于城市功能的叠加。即在原有城市功能的基础上，部分老城区的城市功能和城市整体的新增功能被赋予新城区，实现新城区的加快发展。城市的可持续发展，需要增长极的持续带动，尤其是使增长极产生的集聚效应持续强于扩散效应。随着城市功能在新城区的叠加，新城区依托原有基础，结合经济社会发展的新趋势、新特点和新要求，通过变革来实现增长极的低成本、高效率成长，从而实现对城市整体可持续发展的引领。在叠加模式下，作为城市新兴增长极的新城区的发展很大程度上受益于城市原始增长极即老城区的持续发展，老城区辐射力的持续作用对新城区发展形成覆盖，区域发展成本进一步降低。一方面，叠加模式能够提高原有公共物品的使用效率，并通过补充和完善公共产品适应新城区发展的新要求，以较低成本实现新城区经济增长，并带动整个城市持续发展。另一方面，新城区发展的部分产业具有规模经济的要求和特征，只有达到一定生产规模才能有效降低成本，而叠加模式在扩充规模、提升速度、降低成本等方面具有先天的优势。

与漂移模式相比，叠加模式中新老城区之间的空间距离较短，易于保持生产与生活的空间连贯性；基础设施联通建设也较为容易，获得较高集聚效益的可能性较大。这不仅有利于新老城区资源分配的均等化、交通运输等成本最小化以及市场关联性的形成，也可以降低资源配置的成本，使城市的生产力增量在新老城区间较为协调的分布。例如上海浦东新区，以跨江大桥的修建突破原有的城市发展格局和交通肌理，使本身拥有的区位优势不断叠加，并与上海杨浦、闸北等老城区之间形成了良好的要素流动、商品流通的互动关系。

综合比较漂移和叠加两种模式，不难发现：在漂移模式下，新老城区之间主要是竞争关系。虽然二者都存在辐射作用，但城市增长极的转移会使新老城区的发展速度出现差异。增长极由老城区向新城区的转移，必然会通过要素流动等途径对老城区的发展形成制约。新城区的加速增长与老城区的减速增长，就形成了大中城市新老城区发展不协调的局面。在叠加模式下，新老城区之间的关系则由竞争转变为竞合。新城区的发展有其原有增长极基础依托，对老城区的虹吸效应较弱，而且会通过辐射效应带动老城区的发展。老城区在转型的过程中，也会通过城市功能疏散、产业转移等方式为新城区的发展增添外部动力，实现城市增长极的多元化以及增长极之间的关系协调。

二、新老城区市场关系的协调

（一）基于要素流动的市场关系协调

作为资源配置的过程和结果，要素流动通常指劳动、资本、技术等生产要素在不同地域空间或不同所有者之间的转移。随着城市空间分化为新老城区的二元空间结构，城市内部的要素流动日益频繁，对新老城区关系产生了重要的影响。一方面，低层次劳动力的双向流动与高层次劳动力的单向流动并存。随着新老城区产业分工的逐渐明确，工业蓝领向新城区集聚、服务业蓝领向老城区集聚的趋势愈加显著，新老城区之间的蓝领工人持续大规模双向流动。而作为高端产业、高价值产业环节不可或缺的高端要素，白领、粉领、金领和企业人才向新城区单方面流动的趋势也日益显现，老城区的高端人才流失愈演愈烈。另一方面，技术要素的单向流动和资本要素的双向流动并存。随着工业生产、特别是制造环节从老城区向新城区的大规模转移，大中城市的科技存量与创新增量也大规模向新城区集聚。虽然老城区试图通过科技研发等现代服务业的发展集聚创新力量，但是从新城区向老城区的科技创新反哺尚未形成规模。而资本要素则与之不同，新城区的投资以净投资增长为特征，老城区的投资以重置投资增长为特征，二者的投资主体、投资渠道、投资风险具有鲜明的区别，使得不同类型的资本在新老城区间双向流动，各取所需、各求所得。

（二）基于市场分割的市场关系协调

在新老城区的协调关系尚未建立、竞争关系压制合作关系的情况下，市场分割也从城市之间蔓延至城市内部。由于新老城区之间存在空间距离等物理因素的影响，会导致自然性市场分割；由于新老城区之间劳动者素质和技术水平差异的影响，会导致技术性市场分割；由于新老城区之间受到制度政策等人为因素的影响，会导致制度性市场分割。

在以市场化方式协调新老城区关系的过程中，劳动力市场的分割是一个代表性问题。由于劳动力市场中的不同劳动力具有不同属性、占有各自的份额，因而难以进入其他种类的劳动力市场，导致劳动力流动困难、产生市场分割。如果将劳动力市场分为一级劳动力市场和二级劳动力市场，其中一级劳动力的供给者大多是企业的核心人才，有优越的工作条件以及高昂的工资待遇水平，失业风险非常小；二级劳动力的供给者大多是没有特殊技能、工资待遇微薄、工作条件恶劣的体力劳动者。那么在新城区建设中，则需要大量的一级劳动者，而老城区中存在颇多的二级劳动者。在新老城区劳动力要素互动关系上，一级劳动者即使承担失业的风险也不愿意去从事二级劳动力市场所提供的就业，与此同时，二级劳动者由于自身条件有限也无法参与到一级劳动市场中去，这便会造成新老城区之间劳动力缺乏流动，久而久之就产生了市场分割。

值得警惕的是，如果新老城区之间的市场分割得不到有效遏制，将对城市的整体发展产生深远的不利影响，典型恶果就是重复建设、产能过剩，出现以“数字增长”为标志的繁荣假象。如果说城市之间的重复建设不是一个城市可以单独控制的、有无奈的色彩，那么城市内部、新老城区之间的重复建设则应该是城市本身完全可控的，关键在于城市管理者愿不愿意控制、敢不敢控制、有没有能力控制。在我国个别大中城市，已经出现了新老城区之间基础设施建设、重点产业培育、核心产品生产“手足相残”的情况，造成了极大的资源浪费和福利损失，这将严重阻碍城市发展。

（三）基于产业关联的市场关系协调

新老城区市场关系的协调，在很大程度上应该通过产业关联实现。新老城区经济发展的核心是主导产业的发展，而新老城区主导产业间，或者主导产业内部产业环节之间联动关系的建立，则是新老城区协调发展的重要途径。从目前国内大中城市新老城区主导产业培育和发展的现实看，新城区的制造业和老城区的生产性服务业都已经崭露头角，二者之间联动关系的建立也拥有先天优势。一方面，制造业是生产性服务业的发展载体和服务对象，制造业是“皮”，生产性服务业则是“毛”，生产性服务业的发展离不开制造业的承载和需求引导；另一方面，生产性服务业是制造业效率提升的技术载体和协作伙伴，没有生产性服务业的支撑，制造业的进步升级就缺乏足够的动力。

“十二五”时期开始，我国大中城市老城区的“退二进三”和新城区的“接二连三”渐成规模。但是，新老城区主导产业之间的联动关系还不够紧密，导致新老城区的市场关系协调较为滞后。虽然老城区在工业转移的过程中一直谋求将工业制造环节移走、把工业研发环节留下，但是新城区对工业的承接则谋求从研发、制造到营销的全产业链吸纳，距离研发在老城区、制造在新城区的美好愿景还有较大距离。从现代服务业发展的规律看，科技研发、信息服务等生产性服务业的发展都需要较长的培育过程，老城区生产性服务业短时间内的厚积薄发式发展难以满足新城区工业、特别是高端装备制造业跨越式发展的需要。因此，大部分新城区工业企业的产业联动需求，只能向城市外部寻求供给满足。

三、新老城区行政关系的协调

（一）基于市场资源配置的行政关系协调

作为中国特色社会主义市场经济的核心内容之一，政府宏观调控在新老城区关系协调中同样起到非常重要的作用，而新老城区之间行政关系的协调则对城市整体的资源配置有着重要的影响。从行政级别来看，如果新老城区处于相同的行政级别，行政关系较为平等，那么新老城区之间的行政关系对市场资源配置的影响不会太大。新城区通过行政手段获得竞争优势的可能性不大，通常起步发展比较艰难。如果新老城区在城市中的行政级别不同，尤其是新城区的行政级别高于老城区甚至于与城市同级，那么新老城区之间的行政关系对市场资源配置的影响则会非常大。向新城区倾斜、扶持新城区发展的宏观调控措施更容易获得通过并得到长时间维持，老城区非常容易成为政策洼地，在城市生产力布局中任新城区宰割。特别是在资本市场中，行政级别更高、政策地位更显著的新城区更容易得到投资者青睐，获得更有利的资本支持。

在新城区发展和老城区转型的过程中，政府在市场资源配置中的作用主要是引导和保障，为要素资源在新老城区之间的合理流动创造良好的条件。从城市内部来看，在非均衡发展战略指导的宏观政策的引导下，囿于要素的稀缺性，新老城区之间的关系以竞争为主。而从开放的角度看，作为同一城市内部的不同个体，新老城区在市场资源配置中的关系转变为以合作为主。部分以国家级新区为代表的高行政级别新城区，甚至代表城市整体参与区域竞争，并将自身集聚的部分优质资源和大项目、好项目向老城区转移扩散，实现新城区比较优势的全城共享。

（二）基于公共产品配置的行政关系协调

与私人物品基本由市场资源配置、受行政关系影响较为间接不同，城市公共物品基本由政府财政配置、受行政关系影响非常直接。在大中城市内部，新老城区的公共物品配置受新老城区行政关系的影响非常大。在公共物品建设需求超过财政支付能力成为大中城市常态的情况下，新老城区在公共物品领域的竞争越来越激烈。新城区的社会发展基础较为薄弱，集聚效应的发挥需要公共物品的支撑，公共物品供给的社会需求紧急性高于居民生活重要性；老城区的发展历史更为悠久、居民更为密集，公共物品供给的居民生活重要性高于社会需求紧急性。在社会需求紧急性与居民生活重要性之间，大中城市管理者该如何取舍、如何兼顾新老城区的利益，成为行政关系影响公共产品配置、进而影响新老城区协调关系的关键环节之一。在国防安全、行政管理、社会秩序等原生性公共产品领域，新老城区的冲突尚不显著；在义务教育、社会保障、文化教育等制度性公共产品领域，新老城区的冲突已经屡见不鲜。多个大中城市的发展实践表明，行政级别越高、城市管理者越重视的新城区，制度性公共产品的供给越快、建设越完善，越容易实现公共产品领域从后发劣势到后发优势的转变。

“十二五”时期以来，我国大中城市新老城区公共物品配置失衡的问题日益突出。特别是在医疗卫生、文化教育等领域，新城区供给不足与使用率不高并存，老城区过量需求与过高使用率并存。上海、天津和南京老城区的卫生机构病床数都是新城区的 3 倍以上，而新城区在基础设施领域的固定资产投资则是老城区的 2 倍以上。为了缓解新老城区公共产品配置不均衡的问题，必须加快政府财政投入的改革步伐。要以老城区的金融创新和新城区的制度创新为契机，面向国内外、城市内外不断拓宽融资渠道，创新融资模式，丰富投资主体，引入市场竞争机制，提高公共产品建设的效率和质量，降低运营风险，缓解政府在新老城区公共物品供给中独木难撑的难题。

四、新老城区生态关系的协调

（一）基于产业转移的生态关系协调

大中城市的新城区发展与老城区转型，通常都是从产业转移开始的。以工业、特别是传统制造业为代表，部分不再合适老城区发展的产业，以及新城区拥有更大比较优势的产业，大规模由老城区向新城区转移。随着产业的转移，部分高资源消耗与重污染排放企业在新城区悄然落户。为了实现新城区的快速发展，个别政府部门放松了监管，给高消耗和重污染企业以可乘之机。这些企业没有利用企业搬迁的契机改进技术、提高效率、降低消耗、减少排放，而是采用偷排偷放等方式将企业的治污成本转嫁给社会，将老城区的生态污染转移到了新城区，对新城区的生态环境造成了严重的伤害。

与产业转移同步的污染转移，导致部分新城区的生态承载能力下降，产生新城区经济发展与生态改善逆向而行的现象。必须要认识到，新城区的发展不能走发展中国家先污染、后治理的老路。一方面，不能把新城区当作老城区的废料场。并非所有老城区的工业都可以向新城区转移，要把那些没有改造空间和升级价值的工业企业拒绝于新城区之外。要利用产业转移的契机，推动传统工业向现代工业的升级改造，践行生态经济理念和循环经济模式，把节能减排贯彻到底。另一方面，对落户于新城区的、产业体系不可或缺的部分高消耗高排放企业和生产环节，要加快生态补偿制度的建设。为了老城区和城市整体的生态环境改善，新城区做出了巨大的牺牲，理应也必须得到补偿。

（二）基于人口转移的生态关系协调

随着产业转移的展开和新城区城市功能的增强，城市人口也大规模向新城区转移和集聚。虽然新城区的就业人数和常住人口持续增加，但是其生态承载力与生态容量却不会相应扩大，反而有可能由于生态恶化而缩小。日益膨胀的人口规模、日益提升的消费能力、日益改善的生活水平，使得城市居民生活对生态的影响并不亚于企业生产，日益严峻的生活用水、污水排放、垃圾处理等问题都对新城区的生态环境产生着巨大挑战。与作为城市人口重地的老城区相比，大部分新城区定位的首要功能是生产，对人口的接纳能力弹性较小，包括给排水和垃圾处理在内的生活配套设施标准并不高。一旦人口规模超过规划设计容量，新城区“生态高地”“宜居之城”的美名就将荡然无存。

要在人口转移的过程中协调好新老城区的生态关系，应该注意以下两点：一是要处理好就业地与居住地的关系。在新城区可以提供数量更多、质量更高就业岗位的情况下，老城区居民的就业向新城区转移无可厚非，但是居住地是否同时转移值得商榷。对于部分环境较为脆弱、生态容量较小的新城区而言，仅可以作为就业地而不适合作为居住地。二是要坚持基础设施的生态化和生活理念的低碳化。无论老城区的基础设施更新，还是新城区的基础设施建设，都要坚持生态化的方向，提高雨水回收、垃圾无害化处理等现代化环保设施和技术的应用程度，为生态容量的拓展打好基础。要大力推广低碳化生活理念，提高新能源和节能电器的家庭使用率，设立试点率先开展垃圾分类回收处理等工作，实现大中城市新老城区人口、资源与环境的协调发展。

第二节　新老城区协调发展的现实困境

一、城市整体：新城区优先发展战略的实施

（一）过于追求新城区的集聚效应

与老城区转型相比，新城区发展具有拓展空间大、沉没成本小、建设周期短、规划自由度高等明显优势。因此，自“十五”时期开始，众多大中城市都实施了新城区优先发展的区域发展战略，将新城区作为新兴城市增长极予以重点培育。在政府政策引导与市场机制主导的双重作用下，以大项目、好项目为载体的经济资源与生产要素迅速向新城区集聚，规模经济效应与市场接近效应加速产生，推动新城区快速发展。但是，城市增长极的作用并非只是自身的快速发展，而是通过集聚效应与扩散效应的共同作用，与周边地区产生紧密的经济社会关联，进而带动城市整体的快速发展。目前来看，大部分的城市政府在进行新城区发展的制度设计时，都将重点集中于集聚效应的发挥即新城区个体的规模扩张上，对扩散效应的发挥即新城区如何与其他城区建立协调关系的关注严重不足。这种过分追求新城区集聚效应、忽视扩散效应的行为，不仅会导致新城区发展出现“飞地”化倾向，割裂新城区发展与城市整体发展的关系，而且会破坏城市内部的分工协作关系，降低城市整体资源配置的效率。

从城市功能的角度看，建设新城区的初衷本来就是疏解和承接过度集聚的城市功能，并促进生产、服务、管理、协调、集散和创新功能在城市不同地域

空间的科学布局与联动发展。但是因为过于追求新城区的集聚效应，导致企业生产、生活服务、行政管理、区域协调、要素集散、技术与制度创新等功能纷纷在新城区落地开花，城市功能过度集聚的历史似乎有卷土重来之势。一方面，新城区的地域再广阔、条件再优越，其比较优势也是相对固定的，可以承接的城市功能不应无限扩大。比如，沿海沿江的新城区，依托良好交通区位发展石油化工、钢铁冶金等重化工业，就不再适合建设“生态宜居高地”；科教资源密集的新城区，依托良好要素禀赋发展科技研发与信息服务等产业，就不再适合建设物流枢纽；作为行政中心所在地的新城区，更适合同步建设区域协调中心而非产业中心。另一方面，城市功能具有整体性、结构性、空间性、层次性和动态性。不同城区通过承接不同的城市功能，就形成了不同的城区关系。在不同的城市发展阶段，不同城市功能在城市功能体系中的地位不尽相同，作为其载体的不同城区在城市整体中的地位也大相径庭。在工业化时代，工业生产是城市的核心功能，作为工业企业集聚区的老城区就是城市发展的绝对重心；而在后工业化时代，科技创新成为城市的核心功能，作为城市新兴增长极的新城区就应该着力承接创新功能。

（二）过于专注新城区的特惠政策

作为市场经济的本质特征，平等性是包括区域竞争在内的经济竞争的内在要求。不同的经济区域，只有在平等的条件下开展竞争与合作，才能形成稳定、健康、可持续的区域竞合关系。而在新城区优先发展的区域发展战略中，部分大中城市政府沉溺于扶持新城区发展的特惠政策而不能自拔，试图通过在投资奖励、税费减免、要素补贴、融资扶持、科技创新奖励与扶持等领域为新城区设置专享的特惠政策，推动新城区集聚效应和规模经济的快速形成。这些特惠政策形成了一道制度壁垒，将新城区同老城区和其他城市空间隔离开来，新老城区之间的平等竞争与合作关系被严重破坏。老城区设置可以享受新城区特惠政策的新城区“飞地”，或者老城区企业直接被新城区特惠政策“挖走”，特惠政策成为新老城区协调发展难以逾越的一道坎。新城区逐渐形成了路径依赖，老城区也在谋求避免成为政策洼地的道路上苦苦求索。

新老城区关系的协调，在很大程度上会随着特惠政策向普惠政策的转变而改善。“十一五”时期以来，扶持新城区发展的特惠政策出现两个鲜明特征。

一是特惠政策的出台从“自上而下”转变为“自下而上”，城市政府会根据新城区的政策需求持续出台特惠政策，并适时进行政策更新和调整。由于新城区发展具有一定的先行性，那些曾经为新城区专享、针对新城区发展阶段性问题的特惠政策，将有机会成为惠及全城的普惠政策。二是特惠政策的实施从“特区专享”转变为“适时推广”，部分拥有国家级或省部级称号的新城区担负着制度创新的“先行先试”责任，部分在新城区发展实践中效果显著的特惠政策将向全市乃至全国推广。随着部分特惠政策向普惠政策的转变，新城区与老城区之间的平等关系会逐渐恢复，新老城区的区域竞争与合作将向市场轨道回归。

目前来看，扶持新城区发展的特惠政策向惠及全城的普惠政策转变的进程还是偏慢，主要原因在于两个方面：一方面，新城区发展的速度与效果没有达到上级政府的预期，导致特惠政策的施行从短期行为变为长期行为。受后金融危机时期国际经济不景气和我国经济发展方式转变的影响，相当一部分新城区发展放缓，短时间内还离不开特惠政策的扶持。另一方面，新城区与老城区的资源禀赋、区位条件、发展阶段、产业结构、政策需求存在较大差异，新城区先行先试成功的特惠政策不一定都适合普惠到老城区，普惠到老城区的方式与方法、载体与主体、组织与保障都需要时间的检验。

（三）过于侧重新城区的生产力布局

作为新城区优先发展战略的现实体现，城市生产力布局向新城区的侧重是“十一五”时期以来我国大中城市建设实践的共同特征。一方面，作为城市新兴增长极，新城区的交通运输、邮电通信、能源供应、环保环卫等基础设施建设，以及科技、教育、文化、卫生、体育等公共服务改善需要大量的固定资产投资和财政支出支撑；另一方面，作为城市新增发展空间，新城区的产业空间和环境容量十分充裕，拥有短时间大规模集聚要素、企业和产业的能力与诉求。因此，我国大中城市纷纷将更大规模的固定资产投资、更高比重的财政支出、更多数量的重点项目投向新城区。然而，随着我国经济进入新常态阶段、城市经济增长逐渐放缓，新城区固定资产投资、财政支出和重点项目数量的增长率超过城市整体增长率，新城区发展对老城区和其他城市空间发展的挤压逐渐形成。部分大中城市生产力布局对新城区的过于侧重，导致老城区和其他城市空间获得的外部动力不足，特别是新城区与老城区在固定资产投资、财政支出和重点项目建设等领域产生零和博弈效果，割裂了新老城区之间应该具有的协调关系。

作为城市生产力布局的核心，产业空间布局的协调对新老城区关系的协调具有积极的影响，而过于侧重新城区的产业空间布局对新老城区关系的协调则具有消极影响。从存量的空间调整看，在明确新城区工业主导和老城区服务业主导的前提下，通过行政手段推动老城区工业向新城区转移。如果只是工业制造环节转移而工业设计环节不转移，则新老城区之间的协调关系将依托工业产业链的衔接得以实现；如果包括工业制造和工业设计在内的所有环节全部转移，则新老城区之间的协调关系只能在老城区新兴产业培育的过程中逐渐建立。从增量的空间布局看，在新城区作为城市新兴增长极地位被确认的情况下，城市招商引资的重点对象会针对新城区的需求“量身定制”，作为招商引资成果的重点企业和重点项目则优先在新城区落地。如果这些新落地企业和项目能够与老城区的经济主体产生关联，新老城区的协调关系将得以建立；如果这些新落地企业和项目的经济活动仅限于新城区，或者仅与城市外部发生经济关联，则无益于新老城区协调关系的增进。由于在城市生产力布局、特别是产业空间布局中处于边缘地位，老城区在与新城区的关系协调中通常处于被动地位。在培育新兴产业的过程中，老城区只能主动与新城区进行对接，迎合新城区的产业链延伸与产业协作需求。一旦老城区的主动性丧失，新老城区的协调关系就难以维系。

二、新城区：后发优势加速虹吸效应形成

（一）新城区后发优势愈加巩固

从城市发展的时间序列看，新城区属于典型的后发区域。与老城区相比，新城区虽然历史积淀不够深厚、产业基础不够扎实、社会发育不够成熟，但是所处的时代背景与宏观环境更为开放和包容，不需要走封闭环境下被迫自力更生的老路。在要素供给、技术进步与制度创新等方面，新城区都具有显著的后发优势。随着改革开放向纵深发展，这些后发优势愈加巩固。

在要素供给方面，由于新城区发展起步较晚，作为存量要素的土地储备规

模与生态环境容量较为丰裕，为集聚资本、人口等增量要素提供了充足的载体依托。“十三五”时期，众多大中城市的老城区受土地储备与生态环境容量不足的影响，没有能力再承接和集聚更为优质的新增资本与人口，只能被动地推进被喻为“腾笼换鸟”的产业转移与土地更新。在老城区的“腾笼”没有全面完成之前，即使不考虑政府新城区优先发展战略的实施，新城区更宽敞、更漂亮的“笼子”也对城市新增“大鸟”和“好鸟”具有更强的吸引力。在转变经济发展方式的过程中，大部分新城区充分借鉴老城区要素供给的经验教训，持续扩大土地储备规模、科学把握土地供给速度，持续加快生态建设步伐、着力拓展生态环境容量，严格实施负面清单制度、审慎预防不良资本落地，加快推进户籍改革进程、着力提升人口质量，使新城区相对于老城区的要素供给后发优势愈加巩固。

在技术进步方面，受益于城市整体发展的高度，新城区可以获取的外部信息、可以得到的要素支撑、可以享受的政策支持是老城区当初无法比拟的。以新型企业和新兴产业为载体，新城区从区外、市外乃至国外引进大量具有行业领先水平的科学知识和生产技术，大规模开展模仿创新。不仅在较短的时间内实现了技术水平的跨越式发展，而且大幅度降低了科技研发的沉没成本，加快了规模经济形成的速度，节约了新产品的市场开发费用，有效回避了新市场培育初期的不确定性和风险。同时，众多新城区意识到过度依赖模仿创新所导致的发展方向不够前沿、核心技术不够自主、市场壁垒过于森严、专利限制过于蔓延等问题，针对关键技术、关键产品、关键产业、关键领域开展了大规模的自主创新，已经成为大中城市技术创新的现实高地和战略重地。模仿创新能力与自主创新能力的相互促进和共同进步，使新城区相对于老城区的技术进步后发优势愈加巩固。

在制度创新方面，新城区的后发优势主要表现为更宽松的外部环境、更充足的试错机会和更丰富的经验积累。改革开放以来，制度创新的巨大能量在我国的经济社会发展实践中得到了充分展现。无论中央政府还是地方政府，对制度创新的重视程度和认知能力都发生了质的飞跃。从上级给予到下级索取、从目标引导到底线设定、从划定内容到原则指导、从只许成功到宽容失败，上级政府给予新城区政府和各类经济主体制度创新的环境越来越宽松、态度越来越宽容。而包括老城区在内的国内外先发地区积累的成功经验与失败教训，也为新城区的制度创新提供了充分的启示和借鉴。为了避免后发国家和地区片面重视要素供给和技术进步、忽视社会制度的配套改革，导致经济社会可持续发展动力不足现象的发生，老城区政府和各类经济主体在产业发展、社会治理、生态建设等领域持续推进制度创新的大胆探索，使新城区相对于老城区的制度创新后发优势愈加巩固。

（二）新城区对老城区的集聚效应强于扩散效应

作为城市新兴增长极，新城区的发展对老城区同时产生集聚效应和扩散效应。理论上，增长极集聚效应的产生早于扩散效应。在增长极的起步与加速发展阶段，集聚效应强于扩散效应，增长极与周边区域关系的协调难度较大。到了增长极的平稳发展与成熟阶段，扩散效应将超过集聚效应，增长极与周边区域关系协调的难度会明显减弱。但是现实中，增长极扩散效应对集聚效应的反超相当困难。一方面，在新城区优先发展的区域发展战略坚定、持续、有力实施的情况下，作为城市新兴增长极的新城区发展的阶段性并不明显，加速发展阶段与平稳发展阶段较为模糊和随机。为数不少的地方政府对新城区发展存在“没有最好、只有更好”的期许，使得新城区发展成熟的标准和目标不断更新提升，新城区对老城区扩散效应的加强大都停留在“再等等”阶段。另一方面，虽然有部分政府已经认识到新城区对老城区发挥扩散效应和新老城区协调发展的必要性，但是由于新城区要素供给、技术进步和制度创新等后发优势的愈加巩固，新城区对老城区的集聚效应还是强于扩散效应。在城市整体的资源配置中，政府这只“看得见的手”对新城区集聚效应的促进作用要强于扩散效应，而市场这只“看不见的手”在新城区愈加巩固的后发优势作用下也更倾向于集聚效应的发挥。

在区域经济发展的实践中，由于集聚效应强于扩散效应而产生的虹吸效应大多发生在城市群的中心城市与周边城市之间。随着我国大中城市新城区与老城区二元空间结构的形成，虹吸效应也发生在了新老城区之间。从空间关系、市场关系、行政关系和生态关系这四条新老城区协调的理论路径看，现实中都受到了新城区对老城区虹吸效应的严重影响，导致了新老城区关系协调的困难。从空间关系看，无论城市功能的漂移还是叠加，其本质应该是基于新老城区各自比较优势的城市功能的重新分工和布局。但是在虹吸效应作用下，原本过度集聚于老城区的城市功能有在新城区再次过度集聚的可能。从市场关系看，虹吸效应不仅将新老城区之间的要素流动从双向变为单向，助推了市场分割，降低了资源配置的效率，而且破坏了正常区际产业转移的梯度性和渐进性，导致老城区产业空心化与新城区产业无序化并存，使新老城区的产业联动无法展开。从行政关系看，随着新城区在城市功能、要素资源和产业生产等方面城市高地地位的形成，与市场资源配置与公共产品资源配置相关的行政权力也将进一步向新城区集聚。按照经济基础决定上层建筑的原理，经济领域的虹吸效应必然导致行政领域的虹吸效应，行政权力向新城区的侧重和集中对新老城区关系的协调无疑是无益的。从生态关系看，缓解老城区的生态承载压力是建设新城区的重要初衷，而新城区对老城区虹吸效应的产生不仅违背了这个初衷，而且大有逆转的势头。部分新城区由于在短时间内集聚了大量的制造业企业和就业人口，生产与生活排放超过环保基础设施处理能力，导致生态承载压力骤增，反而需要老城区的协助。

可以谨慎乐观的是，新城区对老城区的虹吸效应属于暂时现象。随着我国社会主义市场经济体制的完善和政府职能的转变，区域发展战略对新城区发展的引导作用将越来越间接，市场机制对新城区发展的决定作用将越来越直接，新城区对老城区的扩散效应超过集聚效应，新老城区协调发展的良好局面终会形成。

三、老城区：区域协调主动性与积极性不足

（一）思想保守导致与新城区协调发展的主观意愿不足

作为城市发源地和传统增长极，老城区在悠久的发展过程中积淀了深厚的历史文化和产业文化。但是辩证地看，发展过程越是悠久，思想与思维越是趋于保守。对待新城区这个城市发展的新生事物，老城区各个发展主体的认可度与接受度总体上并不高，“要不要与新城区协调发展”的思想问题有着较为广泛的存在。

从政府的角度看，高度集中的计划经济思维在部分老城区政府仍然残留。面对新城区优先发展的城市区域发展战略，部分老城区政府只是被动地接受和

执行，缺乏主动的思考和灵活的应对。持有“新城区优先发展是全市战略，要不要推动与新城区协调发展需要等待上级政府安排”观点的老城区政府工作人员不在少数，而关于“如何搭乘新城区发展的顺风车，如何在新城区发展中为老城区谋机会”的主动思考则为数不多。值得注意的是，与老城区相比，新城区政府工作人员总体年龄较轻、资历较浅，也导致老城区政府部分工作人员不愿“拉下面子、放下身份”与之主动对接工作，制约了政府层面新老城区关系协调的开展。

从企业的角度看，老城区的公有制企业、本土企业和传统制造业与商贸企业比重较高，与新城区比重较高的非公有制企业、外来企业和高新技术企业与新型商贸企业存在先天的差别。在管理机制上，公有制企业的按部就班与非公有制企业的灵活高效各有千秋；在企业文化上，本土企业家的情怀专注与外来企业家的务实多元特点迥异；在发展路径上，传统制造业企业的投入驱动与高新技术企业的效率为先差异显著；在发展模式上，传统商贸企业的线下实体与新型商贸企业的线上网络截然不同。在这些先天差别的影响下，由于对新城区企业不予认同或感到难以企及，大量老城区企业放弃了与新城区企业建立关联的主观意愿。

从居民的角度看，老城区的城市原住民比重要明显高于新城区。虽然众多发达城市的发展经验表明，外来移民及其带来的文化交融对城市的发展贡献巨大，但是“排外情绪”仍然在老城区原住民中有较为广泛的存在。与老城区独具特色的传统本土文化不同，新城区由于外来移民比重较高，城市文化以开放、多元、现代为特色，往往得不到老城区原住民的认同。同时，外来移民以更能吃苦耐劳的工作态度和更为出色的文化素质，在获得更多就业机会和更高经济收入的同时，也“获得”了诸多老城区原住民的敌视。众多城市本来寄希望于通过新城区发展缓解老城区的人口压力，但在现实中却难以得到老城区居民的主动配合。

（二）转型进程滞后导致与新城区发展的步调不一致

从时间的维度看，新城区的发展与老城区的转型是同时发生的。虽然新城区发展与老城区转型拥有各自的机遇、面临各自的困难，但是与新城区发展“在白纸上作画”相比，“在涂鸦上修改”式的老城区转型需要花费更多的时间，导致老城区转型的进程落后于新城区的发展进程。一方面，如果说新城区发展的“白纸作画”可以信马由缰地自由设计，那么老城区转型的“修改涂鸦”则受到原有基础的束手束脚。老城区的基础设施、产业基础、社会文化具有较强的刚性，难以在短时间内改变，老城区转型目标与发展基础的有机结合需要较长时间的磨合才能实现。另一方面，在新城区发展的虹吸效应作用下，老城区转型所需要的要素支撑难以保障。在无力与新城区竞争增量要素的情况下，老城区转型所需要的大部分要素支撑是通过存量要素的更新实现的。以作为产业发展载体的土地为例，土地所有权、土地使用性质和地上物的更新，都需要较长的时间。

由于老城区的转型进程落后于新城区的发展进程，导致新老城区在关系协调过程中的供求对接十分困难。由于发展进程相对领先，新城区发展外部协作需求的产生往往早于老城区对外协作供给能力的产生。以高新技术产业领域为例，新城区在发展初期就对服务外包、成果转化等科技研发服务，财务管理、法务管理等商务服务产生强烈需求，而老城区转型中的科技研发、商务服务等现代服务业还在培育期，难以满足新城区需求，导致新城区只能从城市外部寻求协作，或者自己发展相关的产业环节。在老城区现代服务业拥有了对外协作供给能力时，新城区或者已经与城市外部形成了长期合作关系，或者在城区内部形成了稳定的内部分工，老城区已经难以参与。作为老城区转型过慢的缩影，现代服务业等新兴产业发展的相对滞后使老城区丧失了在新老城区关系协调中的主动权，借助新城区发展为老城区转型提供外部动力的构想也难以实现。

（三）转型不够全面导致与新城区关系协调的范围过窄

自党的十八大提出“五位一体”中国特色社会主义事业总体布局以来，新城区的发展从经济、政治、文化、社会和生态五个方面共同发力，而老城区的转型则不够全面，限制了新老城区关系协调的范围。部分老城区存在以经济转型、特别是产业转型代表转型的以偏概全的问题，忽视政治、文化、社会和生态方面的转型在城区转型中的地位和作用，过分强调以产业关系协调促进新老城区关系协调，将新老城区关系的协调仅限于经济领域，未对经济领域之外的协调范围进行积极拓展。应该认识到，新老城区的关系协调是一个系统工程。与空间关系、市场关系、行政关系和生态关系四条理论路径相对应的，是经济、政治、文化、社会和生态领域的整体协调。在以经济建设为中心的社会主义初级阶段基本路线中心思想指导下，以经济协调作为新老城区关系协调的核心无可厚非，但是政治、文化、社会和生态方面的协调对经济协调的重要作用也值得被关注。

目前来看，与经济转型相比，老城区的政治、文化、社会和生态转型还存在较多欠缺，难以为新老城区关系协调的范围拓展提供太多选择。其中，政治转型的欠缺主要表现为政府职能转变与治理能力提升的相对滞后，部分老城区政府处理宏观调控与市场机制关系和提升行政效能的能力相对不足；文化转型的欠缺主要表现为文化事业的普惠性与文化产业的创新性相对不足，部分老城区政府为人民过上美好生活提供丰富精神食粮的意识还相对较弱；社会转型的欠缺主要表现为民生问题的改善与保障仍停留在底线思维，基本公共服务体系的容量与水平不能满足群众需求，部分老城区政府过分强调财政能力的限制而懒政懈怠；生态转型的欠缺主要表现为资源节约技术应用与环境保护意识普及的相对滞后，部分老城区政府缺乏生态建设的大局观，对现代服务业生产和居民生活领域关注不足。

第三节　新老城区协调发展的理论机制

一、新老城区协调发展的动力机制

（一）原始动力：市场主导与政府引导的合成

作为我国区域协调发展的重要组成部分，新老城区协调发展的本质是优化资源在新老城区之间的配置。通过促进经济要素与社会要素在新老城区之间的自由流动，扩大城市资源配置的范围；通过推动生产、服务、管理、协调、集散、创新等功能在新老城区之间的分工协作，提升城市资源配置的效率。

作为城市资源配置的主导力量，市场通过企业和产业、营利性与非营利性组织等主体，对包括协调新老城区关系在内的城市资源配置发挥决定性作用。由于存在盲目性、滞后性等缺陷，市场机制主导的新老城区关系协调需要较长的过程，其间还会由于虹吸效应而产生新老城区发展差距扩大的现象。因此，必须通过政府宏观调控、特别是区域发展战略的实施纠正和弥补市场机制的不足。现实中，新城区优先发展的区域发展战略与市场机制缺陷的叠加，造成了部分大中城市新老城区发展的不协调。理论上，新老城区协调发展的区域发展战略与市场机制的正面合成，必然会推动大中城市新老城区的协调发展。

（二）基础动力：生产要素的有效流动

生产要素的自由流动是资源配置效率提高的前提和保障。但是，从新老城区协调发展的现实看，生产要素的有效流动比自由流动更为重要。一方面，在新城区优先发展的区域发展战略引导和基于新城区要素供给、技术进步和制度创新后发优势的逐利行为主导下，生产要素向新城区快速和大规模集聚。而新城区生产要素向周边地区的扩散却十分缓慢和有限，导致新城区对老城区产生了集聚效应强于扩散效应的虹吸效应。另一方面，在虹吸效应作用下，新老城区之间的生产要素自由流动表现为从老城区向新城区的单向流动。新城区资源配置的效率随着生产要素的愈加丰裕而提高，老城区资源配置的效率随着生产要素的愈加稀缺而降低，导致新城区发展的加速以老城区转型的减速为代价的零和博弈现象。因此，要以生产要素的有效流动而非自由流动作为新老城区协调发展的基础动力。通过生产要素在新老城区之间的双向流动，实现帕累托改进式的、无害于甚至有益于老城区转型的新城区发展，进而提高城市整体资源配置的效率。

（三）核心动力：城市功能的合理分工

我国大中城市推动新城区发展与老城区转型的初衷，是突破城市功能过度集聚这个城市可持续发展的阶段性瓶颈。因此，不同城市功能在新老城区之间的合理分工与相互协作，就成为新老城区协调发展的核心动力。一方面，新老城区之间城市功能的合理分工，既要以各自的比较优势为基础，由市场机制依照效率优先进行市场选择，又要服从城市整体发展的客观需要，由发展战略按照空间体系进行战略布局。要重视城市功能的开放性和动态性，以城市功能的拓展和更新缓解城市功能在新老城区之间转移对新老城区协调发展的伤害。另一方面，新老城区之间城市功能的相互协作，既要强调城市功能应服务于城市整体而非城区独享，又要着眼于城市功能的层次性而找准自身位置。生产、服务、管理、协调、集散、创新等城市功能并没有绝对的中心边缘、支配从属之分，而是根据城市整体发展的阶段性目标和现实需要，在新老城区之间空间分离而组织相连。割裂的、僵化的、封闭的城市功能空间布局，对新老城区协调发展有害无益。

（四）支撑动力：社会要素的公平配置

以基础设施建设和公共服务供给为主要表现形式的社会要素配置，是区域经济发展重要的社会保障，也是区域关系协调的重要支撑。如果说市场主导、效率优先的生产要素配置倾向于“锦上添花”，容易导致区域发展差距扩大，不利于区域协调发展，那么政府主导、公平优先的社会要素配置则倾向于“雪中送炭”，有助于区域发展差距的缩小和区域关系的协调。在政府主导社会要素配置的情况下，要针对新城区需求不足导致的过量供给与老城区需求过大导致的供给不足并存的问题，均衡社会要素配置。要以交通运输、邮电通信、能源供应、供水排水、环保环卫和防灾安全为重点，推进新老城区基础设施的对接，为新老城区的协调发展提供载体依托；要以教育、医疗、文化、科技为重点，推进新老城区公共服务的均等化，为新老城区的协调发展提供环境依托。要严格遏制新城区基础设施建设与公共服务供给过于超前的势头，要大力解决老城区产业空心化导致的基础设施升级与公共服务改善财政能力不足的问题。

新老城区的协调发展，是原始动力、基础动力、核心动力与支撑动力共同作用的结果。如图4-1所示，它们共同构成了新老城区协调发展的动力机制。

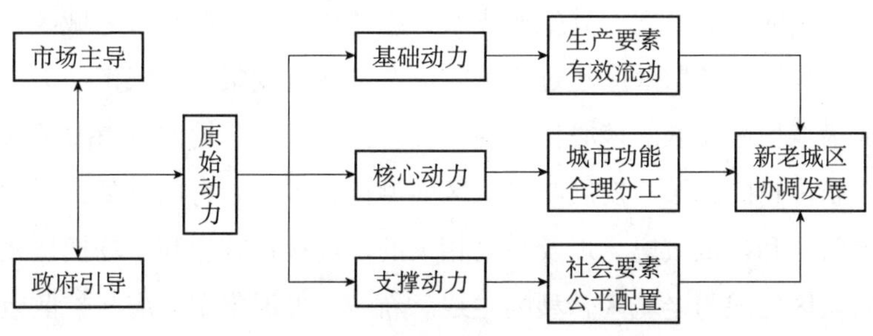

图4-1　新老城区协调发展的动力机制

二、新老城区协调发展的传导机制

（一）基于要素流动的传导

要素流动→集聚效应→市场接近效应：在市场机制主导与政府调控引导合成的原始动力推动下，面对城市功能在特定空间的过度集聚，表现为生产要素有效流动和社会要素合理配置的基础动力与支撑动力共同作用，通过要素流动谋求城市功能的布局调整与合理分工。依托要素供给、技术进步和制度创新等后发优势，新城区对来自老城区的存量要素和城市外的增量要素同时产生集聚效应。随着经济规模的持续扩大，以生产成本和生活成本降低为特征的市场接近效应在新城区迅速显现。新城区从后发者成为领先者、不断承接城市功能，老城区的城市增长极地位逐渐被作为新兴增长极的新城区取代，新老城区的发展差距开始扩大。

市场接近效应→虹吸效应→市场拥挤效应：随着市场接近效应的持续，新城区的要素集聚能力进一步增强，老城区存量要素与城市外增量要素加速向新城区流动，新城区市场接近效应更加强化。新城区的空间容量与生态容量越大，市场接近效应持续和强化的时间越长，导致扩散效应产生的离散力产生越晚、力量越小。在新城区的集聚效应长期强于扩散效应的情况下，就形成了对老城区的虹吸效应。由于承接了过多的城市功能，新城区的规模经济向规模不经济转变，市场接近效应向市场拥挤效应转变。新城区的领先优势逐渐弱化，新老城区之间的发展差距开始缩小。这个阶段需要较长的历史时期，新城区成为老城区。

市场拥挤效应→扩散效应→要素流动：随着老城区（即原来的新城区）市场拥挤效应的逐渐显现，其生产成本与生活成本逐渐提高，老城区发展的离散力超过集聚力，扩散效应超过集聚效应，疏解过度集聚的城市功能、加快转型发展成为老城区发展的核心任务和目标。由此，新一轮的城市要素流动获得了动力，新一轮的新城区发展与老城区转型持续展开。可以看到，要素流动产生的集聚效应和扩散效应，以及与之相关的市场接近效应和市场拥挤效应构成了联结新城区发展与老城区转型的主线。新城区发展集聚效应与扩散效应的强弱关系、市场接近效应与市场拥挤效应转化的早晚，是新老城区关系协调的关键。

（二）基于城市功能布局调整的传导

有利于新老城区协调发展的传导：始于城市功能布局调整的新城区发展与老城区转型的同步展开。为了疏解过度集聚的城市功能、促进城市的可持续发展，大中城市利用增量空间的集聚效应与市场接近效应推动新城区发展，面对存量空间的扩散效应与市场拥挤效应推动老城区转型。在空间关系上，以漂移或叠加方式将部分城市功能从老城区转移到新城区，强调新老城区各自承接城市功能的空间性和结构性，构建完整的城市功能体系；在市场关系上，通过促进生产要素的双向流动，消除生产要素的市场分割，建立横向与纵向产业关联，强调新老城区之间的经济分工与产业协作，实现城市整体的经济效率提升；在行政关系上，强化政府宏观调控对市场价格机制缺陷的纠正与弥补，着力为生产要素的有效流动和社会要素的公平配置创造良好制度环境；在生态关系上，明确新老城区之间产业转移与人口转移的生态效应，探索新老城区之间的生态补偿，实现城市资源节约与环境友好的共建共享。

不利于新老城区协调发展的传导：始于城市功能布局调整的新城区优先发展与老城区被动转型。为了疏解过度集聚的城市功能、促进城市的可持续发展，大中城市实施新城区优先发展的区域发展战略，利用增量空间的集聚效应与市场接近效应推动新城区发展。在空间关系上，以漂移或叠加方式将大部分城市功能从老城区转移到新城区，忽视城市功能的空间性和结构性，导致老城区从城市功能过度集聚变为城市功能严重缺失；在市场关系上，生产要素从老城区向新城区单方面流动，并出现有利于新城区的生产要素市场分割，新老城区之间的经济分工与产业协作难以展开，老城区的产业空心化问题开始显现；在行政关系上，新城区优先发展的区域发展战略不能有效遏制市场机制缺陷导致的新老城区发展差距扩大问题，不利于老城区的生产要素的低效流动和社会要素的不公平配置较为广泛的存在；在生态关系上，优先发展的新城区不会主动利用丰裕的生态容量缓解老城区的生态压力，反而会利用生态优势对老城区转型进行挤压。

新老城区的协调发展，是要素流动和城市功能布局调整、集聚效应与扩散效应、市场接近效应与市场拥挤效应共同作用的结果。如图 4 – 2 所示，它们共同构成了新老城区协调发展的传导机制。

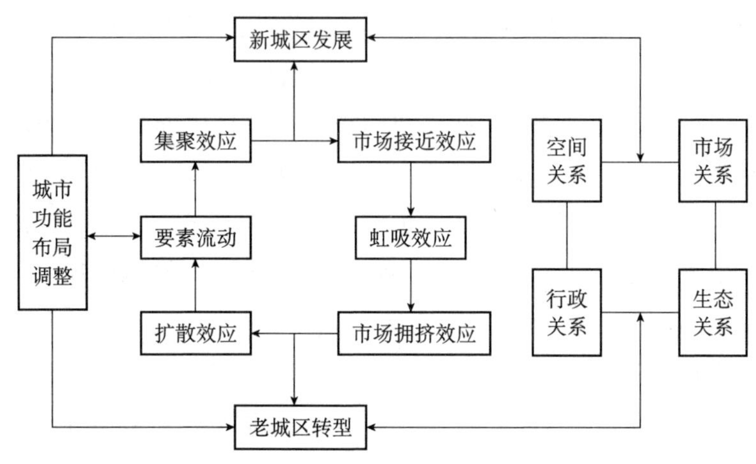

图 4 – 2　新老城区协调发展的传导机制

三、新老城区协调发展的保障机制

（一）基于多主体协同的组织保障

新老城区的协调发展，需要也离不开企业、政府、居民和社会组织的共同参与。在不同主体目标多元化的情况下，通过加强组织指导与建设，促进体制机制改革，可以为新老城区的协调发展提供有力的组织保障。要成立省市级新老城区协调发展领导小组并建立联席会议制度，落实新老城区协调发展战略和重大项目实施，解决新老城区协调发展过程中出现的问题，履行指导、协调、监督、考核等职能。在省市级政府的发改、财政、国土、规划、工信、商务、科技、教育等部门的牵头下，引导企业、居民、社会组织等主体广泛参与，促进新老城区协调的稳定和有序发展。新老城区政府要设立区级新老城区协调发展办公室，以产业协同、基础设施对接与公共服务均等化为重点，增强推动新老城区协调发展的主动性和积极性。整合新老城区协调发展中的市场主体需求，落实相关政策和制度实施。要充分发挥行业协会、地方商会等社会组织在新老城区协调发展中的积极作用，规范社会组织的资金来源、人员配备与章程建设。提升社会组织的信息整合与交流能力，定期发布新老城区协调发展相关信息，为新老城区的资源整合与联动发展提供代理、评估、咨询、担保等社会服务。

（二）基于要素流动的政策保障

作为新老城区协调发展的基础动力，要素流动既是城市功能合理分工的前提，又是集聚效应与扩散效应产生的源泉。为新老城区之间的要素流动提供政策保障，成为新老城区协调发展的客观要求。要打破新老城区之间的市场分割，按照“非禁即入、不适则调”原则进一步放宽市场准入条件，鼓励一切非法律法规禁止的、以不同形态出现的资本，利用所有符合区域协调发展规律的经营方式和组织方式参与到新老城区协调发展中。要设立新老城区协调发展专项资金，重点支持在新老城区合理布局的企业和正常流动的居民，以及新老城区之间的基础设施对接和公共服务均等化。要争取中央部委与省市级政府支持，创新新老城区之间的财政收支和调节机制，探索新老城区之间的横向财政转移。要通过投融资政策改革增加城市整体的金融资源供给，缓解新老城区的金融竞争压力。特别要支持和引导担保机构为老城区企业提供服务，为老城区引入风险投资基金、创业基金等基金，解决老城区转型的金融难题。要创新人才交流和使用方式，推动中高端人才在新老城区之间的合理流动。依托新老城区在经济发展与社会进步上的比较优势，满足高端人才在就业和生活上的不同需要，实现新老城区中高端人才的共享。

（三）基于民心相通的环境保障

新老城区的协调发展和大中城市的可持续发展，归根到底是为了满足人民对美好生活的向往。而民心相通不仅是新老城区协调的目标，也是新老城区协调的环境保障。要以新老城区基础设施的对接和公共服务的均等化为载体，推进新城区与老城区社会文化的相互交融，增强新城区与老城区居民的相互认可，以民心相通为新老城区的空间关系、市场关系、行政关系和生态关系协调奠定坚实的基础。一方面，要对城市文化进行深入挖掘和大力整合，构建协调的城市文化体系。明确老城区的传统文化与新城区的现代文化都是城市文化体系的有机组成部分，新老城区的文化交融是城市进步中的动力和特征。以老城区的传统文化为新城区的现代文化夯实内涵，以新城区的现代文化为老城区的传统文化扩充外延。另一方面，要对城市人口关系进行深入研究和大力宣传，构建协调的城市人口体系。明确老城区城市原住民的历史贡献和新城区城市新移民的现实贡献，以新城区的高质量就业创造帮助老城区原住民提高收入，以老城区的高质量公共服务帮助新城区新市民改善生活，通过收入差距的缩小和公共服务的均等化消除新老城区居民之间的隔阂，为新老城区的协调发展营造民心相通的社会环境。

第五章　新老城区协调发展实证研究——基于案例城市的分析

改革开放以来，我国经历着有史以来城市发展的最快时期，城市的高速发展产生了两方面的问题：一方面，人口的过快增长使得大部分城市的中心老城区均存在住宅拥挤、生态环境被破坏、交通堵塞、基础设施滞后等问题；另一方面，各方面的需求扩张迫使已有城市资本的折旧时间大大缩短，并使得老城改造的成本急剧增加。当老城区的承载力无法负荷城市发展的需求时，其固有的空间制约和高昂的改造成本使得发展新城区成为各大城市拓展生存空间、提高综合承载力、加强和完善城市功能的必然选择。与此同时，通过老城区转型与新城区发展，将原有的老城单一中心模式转变为新老城区共同发展、相互作用的多中心模式，通过新老城区的协调联动，促使城市的整体空间和功能结构得到良性发展，则成为各大城市的发展目标。然而，在实际的城市发展中，多数城市的老城与新城未能形成良性的互动关系，老城区转型与新城区发展缺乏有机结合，或重“新”轻“老”，或重“老”轻“新”，或各自为政。新城与老城的关系被割裂，二者未能实现协调发展极大地影响了城市功能的发挥。正确地把握老城区和新城区的协调发展状态，深刻地洞察新城区发展对老城区的正负影响，有利于把握新老城区协调发展的过程和阶段性，对解决二者的分割局面、制定城市发展规划具有积极的现实意义，有助于我们更好地寻求新老城区协调发展的路径，实现城市的整体优化和可持续发展。

第一节　新老城区协调度的测度与分析

一、新老城区协调度的内涵

自科学发展观提出以来，“协调发展”概念被广泛关注，学术界对其内涵的界定虽未达成共识，但都大同小异。廖重斌指出，协调发展是系统之间或系统内要素之间在和谐一致、配合得当、良性循环的基础上由低级到高级，由简单到复杂，由无序到有序的总体演化过程。① 可见，系统及其内部各要素之间的关系是在不断变化和调整的，而协调度就是度量系统或要素之间协调状况好坏的一个定量指标。因此，协调度是一个时间概念，体现某一时点的状态，它会随着时间动态演化。

在城市的发展过程中，新老城区作为城市发展中的两个子系统，具有不同的特点，表现为：在区位上，老城区一般位于主城中心区域，新城区一般独立于主城区；在产业布局上，老城区主要是服务业，新城区主要是工业；在发展特点和目标上，老城区主要是通过存量的调整、更新与转型，改善城市环境、促进社会进步和实现可持续发展，新城区主要是通过增量的建设、发展与提高，疏解与补充老城区密集的人口和缺乏的城市功能、改善城市的整体生态环境并刺激城市经济进一步发展。虽然二者具有明显的特征差异，但是从城市发展的角度来看，老城区转型与新城区发展具有强烈的依托关系，二者的目标具有内在的一致性和互补性。新区发展有利于城市发展的直接经济效益，而老城转型更有利于城市发展的社会效益、宏观效益以及长远效益。实现城市综合效益的最优化是两者所追求的共同目标。新老城区协调度衡量的是在城市发展这一大系统中，新城区与老城区在社会经济和环境等方面的协调程度。

二、协调度评价指标体系的构建

随着经济的发展，我国不同层面发展不平衡问题的显现及其引发的矛盾使得相关协调发展问题的研究成为学术界的一个重点课题，其中通过协调度的测度与分析来考察协调发展水平是一个重要方面。根据研究层面和研究对象的不同，协调度的研究成果主要集中于两方面：一是对区域内资源环境与社会经济的协调度进行测度与分析，如李秀娟（2008）、洪开荣等（2013）、党晶晶（2014）等；二是对区域内城市与乡村的协调度进行测度与评价，如薛红霞等

---

① 廖崇斌：《环境与经济协调发展的定量评判及其分类体系——以珠江三角洲城市群为例》，载于《热带地理》1999 年第 2 期。

(2010)、张永锋（2010)、顾鹏等（2013)、杜华章（2014)、魏杰等（2015）等。从已有的文献来看，对城市新老城区协调度的研究成果极少。总体看来，无论是哪个层面的协调度研究，构建多指标评价体系来描述系统的发展状况，并以此为基础构建协调度模型为大多数学者认同和采用，其中主成分分析法、熵权法等则在具体的操作过程中被广泛使用，这为我们的研究提供了很好的启示和借鉴。为此，我们将构建新老城区协调度的评价指标体系，并引用协调度和协调发展度模型，对我国城市新老城区的协调度进行测度，深入分析和比较当前不同城市新老城区的协调发展现状与特点。

（一）指标体系的构建原则

对城市新老城区协调度的测度与分析，旨在发现不同城市新老城区协调发展的特点，并因地制宜制定促进新老城区协调发展的政策措施，为此构建良好的评价指标体系是前提。构建的指标体系必须能够真实、客观、全面地反映新老城区的发展特点和互动关系，同时要兼具较强的可操作性和可比性，为此，我们基于以下原则对新老城区协调发展的评价指标体系。

1. 独立性原则

新老城区协调度评价指标体系在力求全面的同时，还应具有独立性。为减少指标之间内容的重复率，摒弃重复指标降低指标数量，简化工作提高效率，每一个指标应代表独立不相关的内容。

2. 可行性原则

为克服指标体系中一些指标数据难以获得、没有稳定来源、难以持续分析的困难，增加研究的准确性和可信性，尽量选取在各统计库和现有统计部门公开发布的资料中可获得的，或是通过简单计算可得的指标。

3. 科学性原则

新老城区协调发展是一个包含多方面构成要素，以及多层次的内部结构且各子系统间联系密切极其复杂的系统。因此，评价指标体系应是一个层次分明、相互联动的整体，能科学地将目标和指标体系结合起来。

4. 针对性原则

由于新老城区在产业结构、人口结构、环境状况等方面呈现出完全不同的特点，因此，要结合新老城区在区位条件、发展阶段、城区功能等不同方面上的分析和总结，来构建具有较强针对性的新老城区协调发展测度的指标体系。

（二）指标体系的构建

依据以上原则，从新老城区发展的系统特点和互动关联情况出发，本书建立了一套具有递阶层次结构的新老城区协调发展评价指标体系。具体包括老城区综合发展指数和新城区综合发展指数两个不完全相同的子系统，以这两个子系统之间的协调度为目标值，通过对新老城区的特点分析与界定分别选取指标。

老城区发展综合指标系统从服务经济、社会进步、可持续发展和更新改造这四个方面选取了11个指标并收集数据，主要反映老城区更新改造和可持续发展的状况；新城区发展综合指标系统则从工业经济、社会建设、生态开发和新城建设这四个方面选取11个指标并收集数据，主要反映新城区的开发建设和经济生态状况（见表5－1）。①

表5－1　新老城区协调发展综合评价指标体系

<table>
<tr><th>目标层</th><th>系统层</th><th>控制层</th><th>指标层</th><th>单位</th><th>指标性质</th></tr>
<tr><td rowspan="11">新老城区协调发展水平</td><td rowspan="11">老城区发展综合指数</td><td rowspan="3">服务经济</td><td>第三产业比重（服务化水平）</td><td>%</td><td>正</td></tr>
<tr><td>人均社会消费品零售总额</td><td>元/人</td><td>正</td></tr>
<tr><td>人均客运量</td><td>%</td><td>正</td></tr>
<tr><td rowspan="3">社会进步</td><td>恩格尔系数（生活水平）</td><td>%</td><td>逆</td></tr>
<tr><td>每万人拥有卫生机构病床数</td><td>张/万人</td><td>正</td></tr>
<tr><td>每百万人在校大学生数</td><td>人/百万人</td><td>正</td></tr>
<tr><td rowspan="2">可持续发展</td><td>进出口总额占GDP的比重（对外开放水平）</td><td>%</td><td>正</td></tr>
<tr><td>人均R&D经费和教育经费支出</td><td>元/人</td><td>正</td></tr>
<tr><td rowspan="3">更新改造</td><td>人均道路面积</td><td>平方米/人</td><td>正</td></tr>
<tr><td>人均绿化面积</td><td>平方米/人</td><td>正</td></tr>
<tr><td>人均居住面积</td><td>平方米/人</td><td>正</td></tr>
</table>

① 周彩云、婧雯：《中国典型城市新老城区协调度的测度与分析——以上海、广州、西安、天津为例》，载于《现代城市研究》2018年第4期。

续表

目标层	系统层	控制层	指标层	单位	指标性质
新老城区协调发展水平	新城区发展综合指数	工业经济	第二产业比重（工业水平）	%	正
			地均工业用电量	千瓦时/平方米	正
			地均工业总产值	元/平方米	正
		社会建设	每万人拥有各类教师数	人/万人	正
			每万人拥有卫生机构病床数	张/万人	正
			地均房地产开发投资额	元/平方米	正
		生态开发	人均园林绿地面积	平方米/人	正
			建成区绿化覆盖率	%	正
		新城建设	地均固定资产投资额	元/平方米	正
			地均实际利用外资额	美元/平方米	正
			城镇化水平	%	正

（三）指标解释

根据新老城区的不同发展特点，新城区与老城区分别在经济、社会、环境和城建四个方面选择不同的两套指标体系进行测度。老城区重点发展服务经济，新城区重点发展工业经济。随着新城区的建设，老城区的更新改造更加困难。因此，新老城区发展综合指标系统各有侧重，具有针对性。

在老城区指标体系中，服务经济分别选取了第三产业比重（服务化水平）、人均消费品零售总额和人均客运量指标，人均客运量包括公路、铁路和航空客运量，同时也把区位特征纳入考虑之中。社会进步方面选取了能反映出居民的生活水平的恩格尔系数，反映老城区公共服务、基础设施的建设水平的每万人拥有卫生机构病床数、每百万人在校大学生数。环境方面选取的是反映老城区的可持续发展水平的进出口总额占 GDP 比重（对外开放水平）、人均 R&D 经费和教育经费支出。老城区更新改造则是选取能反映政府对老城改造的投入力度与更新改造的力度的人均道路面积、人均居住面积和人均绿化面积三个指标。

在新城区指标体系中，工业经济选取了第二产业比重（工业化水平）、地均工业用电量和地均工业总产值指标，社会角度选取了反映新城区公共服务、基础设施的每万人拥有各类教师数、每万人拥有卫生机构病床数和地均房地产开发投资额指标。环境方面考虑新城区的生态开发水平，包括人均园林绿地面积和建成区绿化覆盖率两个指标，新城建设则选取了固定资产投资额、利用外资额和城镇化水平三个指标。

（四）指标权重的确定方法

在多指标综合评价中，权重值的确定直接影响着综合评估结果，改变指标所代表的重要程度。因此，科学合理地确定权重指标十分重要。本书采用熵权法确定权重。其中，熵的理念来源于热力学领域，表示系统不规律的水平并适用于各个领域的研究。信息论认为，信息和熵分别可以用来评价系统有序程度和无序程度，数值较小的信息熵代表着大量信息和较高的权重。

三、协调度评价模型的构建

（一）新老城区协调度模型

通过借鉴既有文献中协调度的研究方法，选择构建新老城区协调度模型来对新老城区协调发展水平进行定量分析[①]，其具体的计算公式如下：

$$C=\left\{\frac{f(X)\times g(Y)}{\left[\frac{f(X)+g(Y)}{2}\right]^{2}}\right\}^{k} \tag{5-1}$$

式（5-1）中，$f(X)$ 和 $g(Y)$ 分别是老城区和新城区发展综合指数，C 被称为协调度系数，反映新老城区的协调程度。理论上，$f(X)$ 和 $g(Y)$ 的离差越小，则 C 值越高，即新老城区越协调。调节系数 $k(k\geqslant 2)$ 用来保证新老城区综合协调度最大，即 $f(X)$ 和 $g(Y)$ 的积最大，借鉴前人对相关问题的研究，取 $k=2$。[②]

（二）新老城区协调发展模型

协调度 C 值主要反映新老城区发展水平的相对差距，但并不能指出该同一差距是高发展水平下的差距，还是低发展水平下的差距，C 值并不能体现这种差异的层次性，无法判断是高水平还是低水平协调。[③] 因此，以前人研究成果

---

① 何颖、邵明哲：《我国新老城区发展的联动性评价模型的构建——以苏州、南京、徐州为例》，载于《江淮论坛》2009 年第 6 期。

② 王兴芬：《中国土地城镇化与人口城镇化协调发展的实证研究——基于协调发展模型》，载于《技术经济与管理研究》2017 年第 1 期。

③ 周彩云、婧雯：《中国典型城市新老城区协调度的测度与分析——以上海、广州、西安、天津为例》，载于《现代城市研究》2018 年第 4 期。

为基础，构建新老城区协调发展度模型，公式如下：

$$D = \sqrt{C \times T} \tag{5-2}$$

$$T = \alpha f(X) + \beta g(Y) \tag{5-3}$$

其中，D 是协调发展度系数 $D \in (0,1)$，C 为协调度，可以通过式（5-1）求出，T 代表了新老城区综合发展水平，$T \in (0,1)$。假设新城区和老城区的发展具有同等重要的地位，因此取待定权重 $\alpha = \beta = 0.5$。可见，D 值综合了 C 值和 T 值，同时反映新老城区发展的同步性和二者综合发展水平。

（三）具体操作步骤

1. 指标数据标准化处理

对原始数据进行极差标准化处理，指标按类型可以分为两类：正指标和负指标，公式分别如下：

正指标的标准化公式：$$X'_{ij} = \frac{X_{ij} - \min\{X_j\}}{\max\{X_j\} - \min\{X_j\}} \tag{5-4}$$

逆指标的标准化公式：$$X'_{ij} = \frac{\max\{X_j\} - X_{ij}}{\max\{X_j\} - \min\{X_j\}} \tag{5-5}$$

其中，X_{ij} 和 X'_{ij} 分别是第 i 年第 j 项指标的原始数值和标准化后数据，$\max\{X_j\}$，$\min\{X_j\}$ 分别是第 j 项指标中的最大值与最小值，正指标由式(5-4)计算，越大越好；反之，由式（5-5）计算。

2. 熵权法计算指标权重

基础数据标准化后，利用公式 $Y_{ij} = X'_{ij} \Big/ \sum_{i=1}^{m} X'_{ij}$ 计算第 i 年第 j 项指标的比重 Y_{ij}，对于 m 年内 n 个指标因素的研究中，定义第 j 项指标的熵值为 $e_j = -k\sum_{i=1}^{m} Y_{ij} \times \ln Y_{ij}$（$k = 1/\ln m$，$m$ 为评价年数），进而得到该项指标的权重即差异系数为 $w_j = d_j \Big/ \sum_{j=1}^{n} d_j, (d_j = 1 - e_j)$，其值越大，熵值越小，权重越大。

根据前面得到的各指标权重和标准化数据，采用线性加权公式 $F_k = \sum_{j=1}^{n} w_j X'_{ij}$，其中，$\sum_{j=1}^{n} w_j = 1, (j = 1,2,\cdots,n)$，$n$ 为各控制层指标中的指标数量。于是，得到老城区和新城区共八个子系统的得分 F_1，F_2，F_3，F_4，F_5，F_6，F_7，F_8。

3. 计算协调度值和协调发展度值

得到 F_k 之后，再次用熵值法重复上述步骤，对控制层指标赋权并线性加权，便得到老城区发展综合指数 $f(X)$ 和新城区发展综合指数 $g(Y)$，再次使用式（5-1）、式（5-2）和式（5-3）就得到了新老城区协调度 C 值和协调发展度 D 值。①

四、新老城区协调度的测度与分析

通过介绍案例城市的选择原则以及案例城市新老城区的划分，根据上述模型和指标体系为基础，利用熵权法详细说明选取的五个典型案例城市相关数据的处理流程及各步骤结果。列出指标权重、协调度 C 值和协调发展度 D 值、新老城区综合发展水平 $f(X)$ 和 $g(Y)$ 以及综合发展水平 T 值的计算，并对实证研究的结果进行分析。

（一）案例的选取

改革开放以来，在珠三角、长三角和京津冀三大增长极的带动下，我国经济实现了前所未有的大发展，创造了世界经济的奇迹，基于城市数据的可得性，根据典型性和差异性的原则，选取京津冀的北京和天津、长三角的上海和南京、珠三角的广州这五个具有代表性的大中城市作为研究对象，取 2010～2017 年为研究时间，对这五个城市的新老城区协调度进行测度与分析，其基础数据主要来自 2011～2017 年的各城市统计年鉴和各城市的区县统计年鉴。

（二）案例城市新老城区的划分

基于前文对新城区内涵特征和老城区类型特征的界定，根据我国大中城市新城区发展与老城区转型的建设实践，将北京市的首都核心区和城市拓展区划作老城区，城市发展区划作新城区；将天津市的中心城区即市内六区划作老城区，将国家级新区滨海新区划作新城区；将上海市的黄浦区、卢湾区（2011 年并入黄浦）、长宁区、静安区、徐汇区和普陀区划作老城区，国家级新区浦东新区划作新城区；将南京市的鼓楼区、玄武区和秦淮区划作老城区，与国家

---

① 周彩云、婧雯：《中国典型城市新老城区协调度的测度与分析——以上海、广州、西安、天津为例》，载于《现代城市研究》2018 年第 4 期。

级新区江北新区存在地域重合的浦口区、六合区和栖霞区划作新城区；将广州市的越秀区、海珠区、荔湾区和天河区划作老城区，国家级新区南沙新区划作新城区，见表5－2。

表5－2　　北京、天津、上海、广州、南京新老城区划分

城市	老城区	新城区
北京	东城，西城，朝阳，丰台，石景山，海淀	城市发展新区
天津	和平、河西、南开、河东、河北、红桥	滨海新区
上海	黄浦（卢湾），徐汇，长宁，静安，普陀，闸北，虹口，杨浦	浦东新区
南京	玄武、秦淮（白下）、鼓楼（下关）	江北新区
广州	荔湾、越秀、海珠、天河	南沙新区

（三）案例城市新老城区协调度与协调发展度的测算与评价

1. 指标权重的确定

在对原始数据进行梳理的基础上，根据上述对熵权法的介绍，对指标层数据进行极差标准化，再利用熵权法附权重①，见表5－3。

表5－3　　新老城区协调度评价指标体系各指标权重

目标层	系统层	控制层	指标层	熵权值
新老城区协调度	老城区发展综合指数（α ＝0.5）	服务经济（0.132）	第三产业比重（服务化水平）	0.021
			人均社会消费品零售总额	0.015
			人均客运量	0.096
		社会进步（0.198）	恩格尔系数（生活水平）	0.014
			每万人拥有卫生机构病床数	0.034
			每百万人在校大学生数	0.150
		可持续发展（0.323）	进出口总额占GDP比重（对外开放水平）	0.213
			人均R&D经费和教育经费支出	0.110
		更新改造（0.347）	人均道路面积	0.117
			人均绿化面积	0.188
			人均居住面积	0.042

① 周彩云、婧雯：《中国典型城市新老城区协调度的测度与分析——以上海、广州、西安、天津为例》，载于《现代城市研究》2018年第4期。

续表

目标层	系统层	控制层	指标层	熵权值
新老城区协调度	新城区发展综合指数 ($\beta = 0.5$)	工业经济 (0.25)	第二产业比重（工业化水平）	0.031
			地均工业用电量	0.045
			地均工业总产值	0.174
		社会建设 (0.263)	每万人拥有各类教师数	0.037
			每万人拥有卫生机构病床数	0.045
			地均房地产开发投资额	0.181
		生态开发 (0.1)	人均园林绿地面积	0.066
			建成区绿化覆盖率	0.034
		新城建设 (0.387)	地均固定资产投资额	0.133
			地均实际利用外资额	0.082
			城镇化水平	0.171

资料来源：由基础数据和熵权法计算得来。

2. 测算结果

通过线性加权得到新老城区综合得分。进而根据上述模型测算出2010～2017年北京、天津、上海、南京和广州的新老城区协调度 C 值和协调发展度 D 值，详细结果见表5－4。

表5－4　各城市新老城区发展综合指数及协调度值

城市	指标	2010年	2011年	2012年	2013年	2014年	2015年	2016年	2017年
北京	$f(X)$	0.060	0.062	0.063	0.066	0.067	0.068	0.069	0.071
	$g(Y)$	0.039	0.038	0.042	0.042	0.046	0.042	0.046	0.044
	T	0.049	0.050	0.052	0.054	0.056	0.055	0.057	0.057
	C	0.906	0.888	0.921	0.903	0.928	0.899	0.917	0.895
	D	0.211	0.210	0.220	0.221	0.229	0.222	0.229	0.227
天津	$f(X)$	0.005	0.005	0.005	0.006	0.007	0.008	0.010	0.012
	$g(Y)$	0.053	0.056	0.063	0.069	0.057	0.058	0.058	0.059
	T	0.029	0.030	0.034	0.037	0.032	0.033	0.034	0.035
	C	0.087	0.089	0.077	0.098	0.154	0.191	0.249	0.297
	D	0.050	0.052	0.051	0.061	0.070	0.079	0.092	0.103

续表

城市	指标	2010 年	2011 年	2012 年	2013 年	2014 年	2015 年	2016 年	2017 年
上海	$f(X)$	0.036	0.036	0.036	0.036	0.037	0.038	0.038	0.039
	$g(Y)$	0.066	0.067	0.067	0.067	0.068	0.068	0.069	0.068
	T	0.051	0.052	0.051	0.052	0.052	0.053	0.053	0.053
	C	0.829	0.827	0.832	0.832	0.833	0.840	0.843	0.850
	D	0.205	0.207	0.207	0.208	0.209	0.211	0.212	0.213
南京	$f(X)$	0.150	0.155	0.153	0.145	0.149	0.146	0.147	0.149
	$g(Y)$	0.038	0.043	0.048	0.050	0.045	0.045	0.045	0.046
	T	0.094	0.099	0.101	0.098	0.097	0.095	0.096	0.097
	C	0.423	0.460	0.531	0.586	0.505	0.522	0.515	0.515
	D	0.199	0.213	0.231	0.239	0.221	0.223	0.223	0.224
广州	$f(X)$	0.123	0.136	0.141	0.145	0.149	0.154	0.163	0.164
	$g(Y)$	0.172	0.187	0.174	0.190	0.202	0.211	0.218	0.226
	T	0.148	0.162	0.157	0.167	0.176	0.182	0.191	0.195
	C	0.946	0.950	0.979	0.964	0.955	0.951	0.958	0.951
	D	0.374	0.392	0.392	0.402	0.410	0.416	0.428	0.431

资料来源：根据协调度模型和协调发展度模型计算得出。

从计算结果来看，广州的 T 值呈明显上升趋势，这说明广州的新老城区综合发展水平在不断提高，而其他四个城市的 T 值较低，从高到低分别为南京、北京、上海、天津，五个城市的 C 值均没有明显的上升趋势。另外，各城市的 D 值总体缓慢上升，表明其协调发展度在不断提高，其中广州的 D 值最高，其次是南京、北京、上海，天津最低，五个城市的 $f(X)$ 和 $g(Y)$ 值以及 C 值、D 值趋势见图 5－1、图 5－2、图 5－3 和图 5－4。

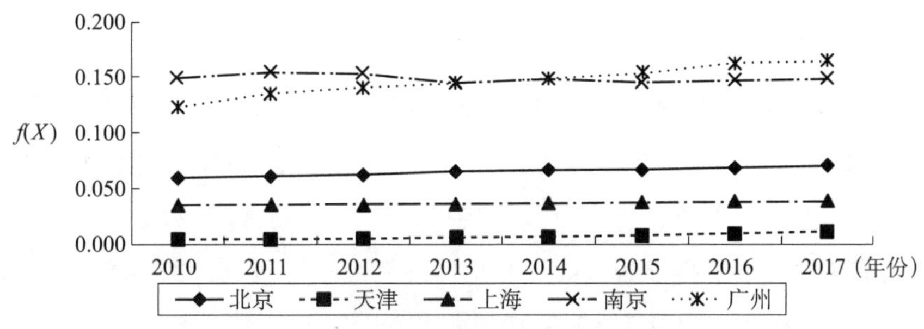

图 5－1　案例城市老城区的综合发展水平趋势

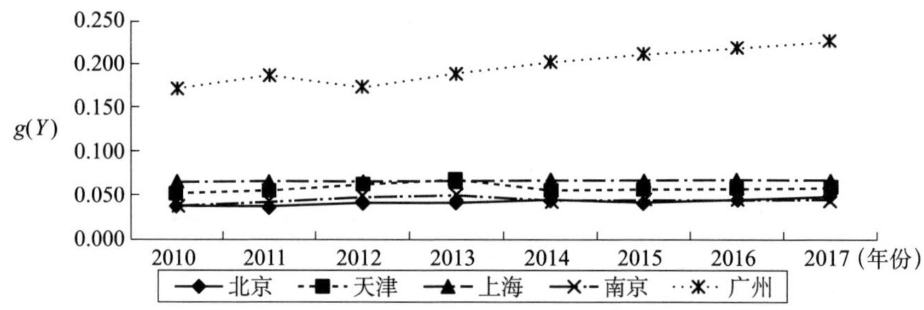

图 5－2　案例城市新城区发展水平趋势

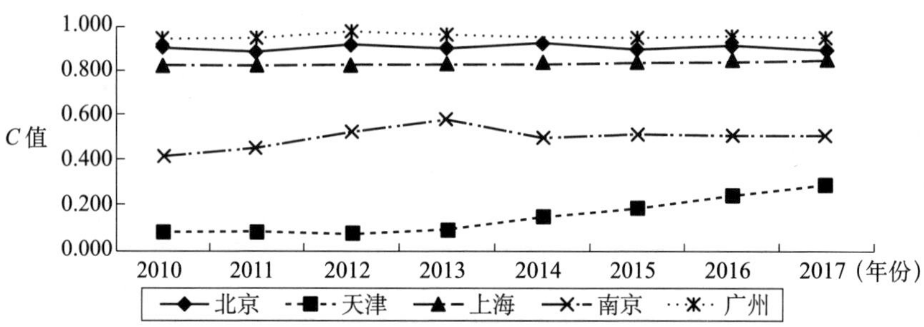

图 5－3　案例城市新老城区的协调度（C 值）趋势

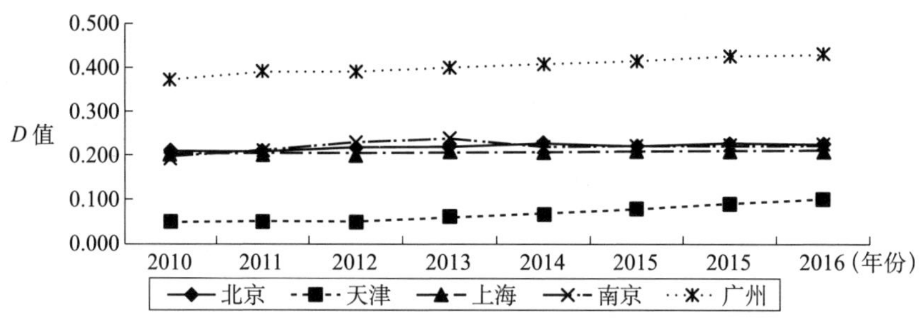

图 5－4　案例城市新老城区协调发展度（D 值）趋势

3. 测算结果分析

（1）从表 5－4 和图 5－1、图 5－2 可以看出，北京的老城区综合发展水平 $f(X)$ 值高于天津、上海，低于广州、南京，新城区综合发展水平 $g(Y)$ 值低于广州、上海、天津，与南京基本持平，自身 $f(X)$ 高于 $g(Y)$ 值，即北京老城区综合发展水平高于新城区。北京经济发展水平较高，2017 年 GDP 高达 2. 8 万亿元，人均 GDP 达到 12. 9 万元，城镇化处于高水平状态，因此在服务经济上得分高于天津、上海和南京。具体表现在第三产业比重（服务化水平）、人均社会消费品零售总额、人均客运量等指标较高。但是近年来，随着非首都功能的疏解，大量的企业外迁，导致老城区综合发展水平低于广州和南京。

北京市的新城区发展近年来取得了显著的成绩。房山区发展潜力持续积蓄，大兴区的科教创新、顺义区的交通枢纽、延庆区的生态涵养功能加快显现，尤其是通州被定位为北京城市副中心，未来会获得更快发展。但是就当前来看，相比于北京的老城区，新城区的经济基础还是相对薄弱，而且新城区的部分区域发展还在规划期间，潜力还未释放出来。与新城区相比，长期以来北京的经济活动主要聚集与西城区、东城区、朝阳区、海淀区等老城区，例如西城区、东城区、朝阳区集聚了大量的金融和商贸等服务业企业，海淀区是中关村所在地，聚集了大量的高科技企业和智力资源。所以尽管近年来北京的新城区获得了较快的发展，但是相对于老城区的发展水平还是较低，因此，北京的 $g(Y)$ 稍低于 $f(X)$ 值。但是我们可以预期，未来随着北京城市副中心建设的完成，更多的服务和企业将会迁去新城区，未来新城区的发展将会进一步加速，与老城区的发展差距将会快速缩小。

从北京新老城区的协调发展情况来看，协调度 C 值呈现出一种周期性的波动现象（见图 5 -3），且周期很短，仅为一年，这说明北京的城市建设正处于一个相对较大的变动之中，其原因在于非首都功能的疏解，以及北京城市副中心的建设所带来的城市中心的东移，这些都使得北京的城市格局正处于一个变动的过程中，所以其 C 值呈现一种反复波动的态势。再从北京新老城区的协调发展度来看，北京新老城区的协调发展度低于广州，这说明北京的新老城区综合发展水平较高，但是协调度还有待提高。

（2）从表 5 -4 和图 5 -1 至图 5 -4 可以看出，天津的老城区综合发展水平 $f(X)$ 值在五个城市中最低，新城区发展水平 $g(Y)$ 高于北京、南京，但远低于广州和上海，$f(X)$ 值小于 $g(Y)$ 值。天津 2017 年的 GDP 约为 1.85 万亿元，人均 GDP 约为 11.89 万元，城镇化率 82.93%，与广州相比，老城区的社会进步和可持续发展指标得分较低，具体表现为每万人在校大学生数、人均 R&D 与教育经费支出低于北京和广州；天津在更新改造方面得分也很低，其中人均居住面积得分最低。滨海新区虽建立于 1994 年，但直到 2005 年才升级为国家级战略，较上海浦东新区和广州南沙新区开发晚了近 10 年，使得其在社会建设方面得分较低，具体表现为地均房地产开发投资额低于广州。天津的 $f(X)$ 值最低，这表明天津的老城区综合发展水平相对较低。

2005 年以来，在中央和地方政府的大力扶持下，政策和要素投入的倾斜使得滨海新区获得快速发展，经济总量占天津市比重超过 50%，制造业发展迅猛，金融创新成绩突出。此外，滨海新区具有自贸区的政策先行先试优势和空港、海港的区位优势，这也给滨海新区的发展创造了极为有利的条件。与新城区相比，天津的中心城区老城区获得关注较少，新城区的快速发展非但没有促进老城区的转型，同时对老城区形成了挤压和竞争。2000 年，天津工业东移举措使 300 多家工业企业搬至新城区，加之新城区本身具有成本与空间优势，在政府和市场的双重作用下，资源与生产要素从中心老城区流向新城区，进一步制约了老城区的转型发展。总体看来，天津的城区发展表现出“弱中心”的格局。①

较低的老城区发展水平和较高的新城区发展水平，使得天津新老城区的协调度 C 值在各个城市中是最低（C 值在 0.3 以下），这说明相对于其他四个城市而言，天津新老城区的发展差距最大，协调度最低。其原因有两个方面：一方面是老城区产业空心化，而现代服务业又没有真正的发展起来，与北京、上海、广州等地相比，天津服务业不但体量比较小，而且服务业的层次也相对较低，仍然以传统的批发和零售业为主导，其次则是金融业，而且金融业也主要是集中在传统金融领域，金融新业态发展不足，商务服务业、科技服务业等现代服务业发展不足。另一方面则是，滨海新区企业主体多，产业集中，天津的制造业大多集中在滨海新区，同时滨海新区具有自贸区的政策优势、港口的区位优势、良好的空间优势，这也使得滨海新区成为天津内外资引进的主要集聚地，这些都导致天津中心老城区和滨海新城区的差距较大。当然，值得欣慰的是，近年来天津市委市政府高度重视中心城区服务业的发展，在一定程度上促进了新老城区差距的缩小，所以新老城区协调度 C 值表现出波动上升的趋势，

① 周彩云、婧雯：《中国典型城市新老城区协调度的测度与分析——以上海、广州、西安、天津为例》，载于《现代城市研究》2018 年第 4 期。

2019 年天津市委市政府进一步提出了“关于促进市内六区高端服务业集聚发展的指导意见”，立足市内六区资源禀赋和产业优势，聚焦现代商贸、金融服务、设计服务、健康服务、高端商务、智能科技等重点领域，打造“一网、三链、四集群”的现代服务业产业体系，可以预见未来，天津新老城区的差距会趋于缩小，协调发展水平将有一定程度提高。

（3）从表 5－4 和图 5－1 至图 5－4 可以看出，上海的 $f(X)$ 值仅高于天津，这可能是由于上海的经济总量虽然最大（2017 年 GDP 高达 3.06 万亿元），但其人口密度也最高，尤其是其老城区人口密度更是远高于其他四个城市，这使得用人均值来衡量老城区发展的各项指标数值较低，从而使其 $f(X)$ 值低于广州、北京。但是从总体的发展水平来看，上海是当之无愧的国际化大都市，上海作为金融和贸易中心提出的发展目标，即建成社会主义现代化国际大都市，成为具有全球影响力的科技创新中心，接轨全球产业中心，全面推行依法治市，打造建设国际航运中心，这些都推动着近年来上海经济的高速发展。

上海新城区的综合发展水平 $g(Y)$ 值高于其老城区的发展水平，上海浦东新区自 1990 年成为国家战略，就一直是国家政策颇为青睐之地，加上自身区位、资源与基础设施的优势，承接老城区人口和产业转移的同时大力吸引国内外资金和技术，30 多年的开发让浦东新区成为上海经济乃至长三角经济的新引擎。自 2000 年以来，自由贸易区、新技术产业园区等多种组合使得上海新城区实现迅速发展，使得上海新城区的工业经济和新城建设处于较高水平，具体表现为地均工业用电量、地均工业总产值、地均固定资产投资和地均实际利用外资额等指标均处于较高水平。与之相比，老城区虽然也在利用新城区的开发纾解人口、调整产业结构、净化城市环境，但是新城区建设对老城区转型的促进作用不强，老城区转型较慢，从而使其 $f(X)$ 较 $g(Y)$ 值低。近期，上海自贸区临港新片区成立，提出了支持“投资自由、贸易自由、资金自由、运输自由、从业人员自由、信息便利”六个自由的制度体系和企业所得税率 15% 的具有国际竞争力的税收政策，可以预期未来，上海的新城区将获得更快发展。

再从上海新老城区的协调度来看，其协调度 C 值高于南京和天津，但是低于北京和广州，总体来看，新老城区的发展仍然存在一定差距，但是差距没有过于拉大，这在一定程度上得益于上海老城区较为发达的服务业。再从 C 值的变化趋势来看，C 值总体变化不大但略有上升，这说明上海新老城区的发展尽管存在一定差距，但略有改善。

（4）研究结果表明，南京市老城区在其优越的区位优势的影响下，实现了经济的快速发展。2017 年 GDP 超过万亿，达到 1.17 万亿，人均 GDP 达到 14.05 万元，超过了其他四个城市。南京从长江大桥南堡到沪宁铁路以北的铁北地区，曾经聚集 50 多家化工企业，尤其是玄武区的红山地区和栖霞区的燕子矶地区，随着新城区的开发，包括化工企业在内的大量工业企业均转移到新区，疏解了老城的工业压力，栖霞区近些年的投入高达数十亿元，鼓楼区的老城改造工作改善了将近 6 万人的生活。这一系列的发展政策使得南京市老城区发展水平总体较高，在社会进步、可持续发展和更新改造方面均得分较高，尤其是每万人在校大学生数、进出口总额占 GDP 比重（对外开放水平）和人均居住面积等指标尤为突出。

南京新城区江北新区成立于 2015 年，是江苏省唯一的国家级新区，区位优势明显，经济发展迅猛，投入也较高，在工业经济和新城建设方面，地均工业用电量和地均实际利用外资额、城镇化水平等指标均比较高，但是南京江北新区的建设毕竟起步较晚，所以其发展水平 $g(Y)$ 值既低于其老城区的发展，也低于广州、上海、天津新城区的发展水平。

再从新老城区的协调度来看，其 C 值高于天津，但是低于上海、北京、广州，这说明南京新老城区的发展差距较大，新老城区协调度较低。这里可能的关键在于，我们的考察期到 2017 年，距离江北新区设立的时间 2015 年仅 1 年半时间，新城区尚未得到充分发展，所以新老城区的差距还比较明显，随着江北新区的逐渐发展，未来南京新老城区的发展差距可能会趋于缩小。再从 C 值的变化趋势来看，C 值总体表现出波动略有上升的特点，波动周期为 1～3 年，这一方面意味着南京新老城区的发展处在一个调整过程中，另一方面也说明尽管当前南京新老城区的协调度较低，但有向好趋势。

（5）从表 5－4 和图 5－1 至图 5－4 可以看出，广州老城区发展水平 $f(X)$ 尽管刚开始略低于南京，但总体最高，而且新城区的发展水平 $g(Y)$ 值也最高，不过 $f(X)$ 略低于 $g(Y)$ 值。广州作为我国首批沿海开放城市之一，其经济发展水平一直处于领先地位，2017 年实现约 2.15 万亿元的 GDP，人均 GDP 突破 15 万元，在上述四个城市中最高，城镇化率达到 86.14%。广州的 $f(X)$ 值在五个城市中最高，这一方面在于广州作为我国最早开放的沿海城市之一，本来就有优良的经济基础，不但是重要的国际与国内交通枢纽，而且制造业、服务业发展水平都比较高，另外，广州市的常住人口远比上海、北京少，这使得用人均值来衡量的老城区发展的各项指标数值较高。此外，该结果与对新老城区划分界线也有一定的关系，广州传统意义上的中心城区是荔湾、越秀、珠海三区，但是我们将 1987 年大力发展的天河新区划入老城区，这无疑提升了整个老城区的发展水平，具体表现为广州老城区的每万人在校大学生人数、人均客运量、人均绿化面积等指标均较高。

自 1993 年南沙新区成立以来，依托广东西部沿海铁路、珠三角外环等公路和强化的海铁联运，是我国重要的交通枢纽。具有得天独厚的区位优势，此外，其在粤港澳合作的三大平台中具有明显优势。南沙新区比浦东新区和滨海新区得到更多制度上的支持，建立了一套由国家发改委、国务院等多方参与的协调机制。南沙新区的发展强度和政策支撑导致其 $g(Y)$ 高于自身以及其他四个城市的 $f(X)$，其中较为突出的方面有工业经济、社会建设和新城建设，具体表现在第二产业比重（工业化水平）、地均房地产开发投资额等指标较高。

另外再来看广州新老城区的协调发展水平，其 C 值在五个案例城市中是最高的，这说明广州的新老城区发展差距相对最小，实现了较好的协调。这里的原因可能在于以下三个方面：一是广州具有较好的经济基础，而且新老城区都已经历了较长时间的发展，南沙实际上在 1990 年就被设为重点对外开放区域和经济开发区，这使得新城区老城区都已经达到较好的发展水平。二是广州不同于很多城市新城区的发展，都经历了老城区的产业转移到新城区的过程，如天津的滨海新区、南京的江北新区、北京的城市发展新区，尽管这里有城市规划、政策驱动的原因，也有老城区拥挤、新城区更具有空间优势的原因，然而老城到新城的产业转移毋庸置疑会在一定时间内对老城区的发展带来负面影响，尤其是若老城区没能及时转型的话，这个负面影响可能更大，时间更长，如天津的老城区就是如此。但是广州南沙新区的发展却并未对老城区带来多大的影响，它与老城区较好地实现了并行发展。三是广州政府层面在新老城区的发展上，并未有“重新轻老”或者“重老轻新”，在政策层面上实现了一个较好的平衡。这些都使得广州的新老城区发展实现了相对较好的协调。

五、新老城区协调度变化的特征

通过上述案例城市新老城区协调度的测度和分析，可以得出，当前我国大多数城市处在快速发展过程中，城市的发展格局也处在一个不断调整的过程中，这使得城市新老城区的协调度并不高，而且协调度的波动特征明显。从经济增长的角度来看，影响新老城区发展水平差异、导致二者协调度变化的因素很多，协调度的变化是多种因素综合作用的结果。可以说，一切影响区域经济增长和发展的因素都可以对新老城区的协调度演化产生影响。只是有的因素是直接的，有的因素是间接的；有的因素影响大，有的因素影响小。而且，就一个因素而言，在不同时期，其对新老城区协调度演化所产生的影响会有强弱变化，甚至作用力的方向都会发生改变。例如在城市发展中，针对新城区和老城区的发展政策，有可能促进新老城区的协调度提高，也有可能使得新老城区的发展差距拉大、协调度降低。因此，新老城区协调度的演化会向什么方向演化，实质上是诸多因素“合力”的结果。由此，可以得出如下认识。

第一，新老城区协调度的变动是一个非线性的过程。既然新老城区的发展受多因素的作用，那么这些因素之间所产生的作用力的大小和方向的变化就改变了新老城区协调发展的既有状态，使得二者的协调度发生变化，或者改变变化的方向，由协调度高转为协调度低，或者由协调度低转为协调度高。在一个长时序上观察，新老城区的协调发展水平还会出现“提高→降低→提高→降低”交替进行的情况。

第二，新老城区协调度的变动具有空间继承性和发展动态性，在城市发展水平由低级向高级演化的过程中，二者的协调状态也在不断变化，某一时期的协调关系可能会在发展过程中变得不协调。从时间轴来看，二者的协调度表现为随时间不断波动的态势，因此好的协调关系就是对前期不协调状态的优化调整。

第三，新老城区协调度的变化过程是可控的，但是是有限度的。影响新老城区发展差异变动的部分因素是可以一定程度上人为控制和施加影响的，如国家经济政策、区域经济政策、城市发展政策、各城区的发展决策和城区之间的经济关系等。根据需要，可以对这些因素进行控制或者施加有目的的影响，就可以对新老城区协调度的变化进行一定程度的调控。但是必须指出，这种调控是有限度的，因为影响新老城区发展差异及协调发展水平的很多因素是无法进行人为控制的。

第二节　新城区发展对老城区影响的实证分析

老城区更新与新城区建设对城市建设系统而言，基本上是一种并列关系。城市用地规模的扩大得益于新城区的不断开发建设，城市环境质量的不断提高得益于老城区的更新改造，虽然新城区建设和老城区更新具有一定的独立性，但它们之间的联系更明显，是同时进行、同时存在并相互作用和渗透的，二者都是城市空间有机更新的过程。新城区和老城区处于同一个城市系统，彼此通过人口、产业等密切关联，正如前文中指出的那样，很多城市在新城区的发展过程中都会经历老城区向新城区的产业迁移以及人口迁移。这一方面带来了老城区产业的空心化，另一方面也缓解了老城区的资源承载压力，给老城区的转型发展释放更多空间。但是在存量给定而增量不足的情况下，新城区的发展往往给老城区带来一定程度的挤压，所以新城区发展对老城区的影响是正是负有待进一步的分析。

一、新城区发展对老城区影响的辩证关系

（一）统一性

新城区建设和老城区更新是城市不断发展的内在动因，在老城区更新和新城区建设的交替过程中，城市实现规模的不断扩大和质量的逐步提高。新城区建设从不同的方面对老城区的发展带来有利影响。首先，新城区建设往往规划布局更为合理，能够更好地实现居住、工作、休闲功能的有机结合，这能够给老城区的更新改造带来示范作用，同时，新城区的开发建设通过引进城市建设发展的先进理念，致力于营造优质人居环境，能够有效地弥补老

城区人居发展环境的不足。其次，新城区建设可以增加就业渠道，带来更多就业岗位，促使老城区的剩余劳动力向新城区转移。老城区的剩余劳动力主要包括城市失业人员以及外来务工人员，新城区的开发建设，可以为城市失业人员以及外来务工人员创造更多的就业岗位，提供更多的就业机会。另外，新城区的发展还能够对老城区的产业结构起到调整和优化作用。通过老城区部分产业向新城区的转移，可以使城市的产业布局合理化。老城区的原有产业结构单一老化，已经不能适应经济社会发展的迫切需要，城市新区的一大优势在于可以通过合理规划，优化配置产业，有效弥补老城区产业单一老化的劣势。

（二）矛盾性

城市新老城区的发展往往难以实现同步发展，研究表明，城市发展大体会经历以新区开发建设为主导的起步发展、以老城区更新改造为主导的适度发展、以新区开发为主导的快速发展、老城改造与新区开发并重的高速发展以及老城改造与新区开发交替作用的可持续发展等阶段。① 我国进入城市高速发展的时间不过40年，大多数城市新城区的建设时间并不长，所以在多数城市还处于新区开发建设为主导的起步阶段，或以新区开发为主导的快速发展阶段，而且由于新城区开发建设的经济效益更为明显，所以多数城市把重心更多地放在新城区的建设上，这使得新城区和老城区存在一定的矛盾。首先，新城区的建设需要大量的资源，资金、企业、劳动力会在政策和市场的双重作用下，从老城区流向新城区，在增量未有较大提高的情况下，这种存量的调整不但不利于老城区的经济发展，导致老城区产业的空心化，也使得老城区就业岗位减少，进而产生一些社会问题。其次，新城区的繁荣会使得老城区商业中心的地位逐渐被新城区以及其他商贸圈替代，传统的商业中心没落，使得老城区的商业竞争力下降，对经济复兴产生较大影响。

二、新城区发展对老城区影响的实证分析

新城区建设对老城区发展的影响是多方面的，为了深入分析新城区对老城

① 黄治：《旧城更新与新城发展互动关系研究》，东南大学硕士学位论文，2004年。

区影响的方向和路径，并衡量不同因素对老城区发展的影响程度，我们进一步构建新老城区发展关联的指标变量，以案例为基础，通过多元回归模型来对其进行分析。

（一）指标体系的构建

1. 构建原则

在研究新城区发展对老城区影响的过程中，能够准确、客观、全面地反映新城区发展和老城区发展的特点和关系的指标体系才是科学的，因此，从新老城区各自的发展特点出发制定以下原则，力求建立一套科学的指标体系。

（1）独立性原则。

新老城区经济发展指标体系应该具有覆盖面广、内容全面的特点，但在全面性的同时，还应具有一定的独立性，每一个指标应当代表独立、不相关的内容，从而减少指标间内容的重叠率，摒弃重复的指标进而降低指标数量，简化工作的同时提升了效率。

（2）可操作性原则。

指标体系中可能存在一些指标，它们在数据库中比较难以获得，没有稳定的数据来源，无法展开进一步的对比分析，因此为了克服这种障碍，尽量选取在各统计库以及现有统计部门公开发布的资料中可以获得的，或者通过简单计算便可以得到的指标，这样不仅运用方便，还增加了研究的准确性和可信性。

（3）针对性原则。

新老城区从新城开发伊始至今，在产业结构、人口结构、环境状况等多方面已经呈现完全不同的特点，因此，要结合新老城区在区位条件、发展阶段、城区功能等不同方面特征的分析与总结，来构建新老城区发展测度的指标体系，具有较强的针对性。

2. 指标体系构建

由于新老城区发展情况、阶段和特点不同，为了分析新城区发展对老城区的影响，就要结合各自发展的特点，选取合适的相关性指标来反映关联状况。在老城区指标中，选取了人均 GDP 作为反映老城区经济发展状况的指标，该指标可以准确真实地反映老城区经济增长水平、居民的人均收入水平和生活水平，因为它把生产和人口两个因素都包括在内。在体现新城区发展对老城区影响的指标中，本书从新城区发展的经济、产业、城市建设等方面选取变量。其一是新老城区经济差距，考虑这个指标的原因在于新老城区同处于一个城市系统，新老城区的相对差距的扩大表明新城区的增长速度快于老城区，这通常意味着新城区快速发展所带来的集聚效应可能会给老城区的发展带来挤压，这一指标我们用新老城区人均 GDP 之比来衡量，比值越大，说明新老城区经济差距越大。其二是新城区的第二、第三产业发展状况，选择这两个指标的原因在于考虑到新城区与老城区之间的产业联系，新城区的产业发展必然会对老城区带来影响，这两个指标分别用第二、第三产业 GDP 与新区 GDP 比值来衡量。其三是投资，新城区的投资增加可能会降低老城区的投资，具体我们考虑新城区基础设施投资和房地产开发投资，其中城区基础设施建设用基础设施投资额占固定资产投资的比值衡量，房地产开发用房地产开发投资额占固定资产投资的比值衡量。具体如表 5－5 所示。

表 5－5　新老城区发展指标体系

城区	指标	单位
老城区	人均 GDP	元/人
新城区	新老城区经济差距	—
	第二产业发展状况	%
	第三产业发展状况	%
	城区基础设施建设	%
	房地产开发	%

注：新老城区 GDP 之比无单位。

（二）案例的选取

1. 实证案例的选取与案例城市新老城区的划分

考虑到新区的典型性和数据的可得性，选取我国成立最早的三个国家级新区及其所属城市为案例，分别是天津的滨海新区、上海的浦东新区、重庆的两江新区（见表 5－6），以 2011～2017 年为研究区间，实证分析新城区发展对老城区的影响。

表 5－6　　天津、上海、重庆新老城区划分

城市	老城区	新城区
天津	和平、河西、南开、河东、河北、红桥	滨海新区
上海	黄浦（卢湾）、徐汇、长宁、静安、普陀、虹口、杨浦	浦东新区
重庆	渝中、大渡口、沙坪坝、九龙坡、南岸、巴南	两江新区

2. 三大新区差异性分析

实证分析案例选取了上海浦东新区、天津滨海新区和重庆两江新区以及各自对应的城市老城区，这三大新区分别处于京津冀、长三角和成渝经济区，因此它们的地理区位、产业结构等各方面有所差异。

从老城区人均 GDP（OGDP）来看，上海老城区人均 GDP 最高，重庆老城区次之，天津老城区最低，这是因为上海是长三角地区经济和金融中心，老城区历史悠久，所以人均 GDP 处于较高的水平，而天津老城区近几年发展低迷。

从新老城区人均 GDP 比值（NGDP）来看，天津最高，上海次之，重庆最低，说明天津滨海新区近几年的经济增长速度较其他两区要快。滨海新区以工业为主，工业增加值高于浦东新区，天津是我国最大的工业城市之一，制造业一直都是天津经济的优势所在，制造业总量位居全国前列。①

从新区第二产业比重（SECOND）来看，天津滨海新区第二产业处于较高的水平，航空航天、石油化工、装备制造、电子信息、生物制药、新能源新材料等八大支柱产业快速发展。重庆两江新区则主要发展汽车产业、装备制造、生物医药、新材料等五大产业。滨海新区和两江新区近些年第二产业平缓发展，略有下降，两江新区 2012 年甚至还略有上升。而浦东新区近些年第二产业比重持续下降，并且速度较快。

从新区第三产业比重（THIRD）来看，浦东新区第三产业发展迅速，呈现逐年递增的趋势，上海浦东新区经济增长的主要动力是第三产业，包括金融服务、商品流通服务、服务外包等现代服务业，特别是金融服务业优势明显，浦东新区第三产业在经济总量中占极其重要的地位。浦东新区主要打造三条产业带，其主导产业为沿黄浦江发展带的金融保险、商业贸易、会展旅游，中部发

① 薛芬、王桂林：《重庆建设两江新区的路径探析——对比借鉴浦东新区和滨海新区的发展经验》，载于《重庆电子工程职业学院学报》2011 年第 1 期。

展带的高科技产业和高附加值产业，沿海发展带的现代物流和休闲旅游。① 而滨海新区和两江新区第三产业发展较为缓慢，呈现平稳发展的势头，特别是滨海新区，第三产业处于较低的水平。由此可见，天津滨海新区的产业结构不合理，特别是第三产业发展不够快、技术创新能力不够强等，影响了经济的整体素质和竞争力。

从基础设施投资方面（INFRA）来看，两江新区一枝独秀，基础设施建设比重处于较高的水平，滨海新区和浦东新区作为发展相对成熟的新区，与之相比基础设施处于较低的水平。2011～2013 年，浦东新区基础设施建设比重呈现下降的趋势，出现以上现象的原因可能是天津滨海新区和上海浦东新区成立于 20 世纪 90 年代初，到现在为止已经发展了很多年，各项基础设施建设较为完善，所以近年来这两个新区基础设施建设投资处于较为稳定的状态，而重庆两江新区新立于 2010 年，新区各项基础设施建设均处在起步阶段，因此政府对两江新区的基础设施建设的投入比较大。2010～2016 年，两江新区规划上工业总产值从 1211 亿元增长到 4892 亿元；固定资产投资从 529 亿元增长到 2043 亿元；社零总额从 321 亿元增长到 1129 亿元；实际利用内资从 359 亿元增长到 1002 亿元，年均增长 29.5%；实际利用外资从 12 亿美元增长到 32 亿美元；由此看出，两江新区带动重庆经济效益日益凸显。

从房地产开发（ESTATE）来看，滨海新区与其他两区差距较大，处于较低的水平，这是因为近几年滨海新区着重发展工业，并且滨海新区离天津老城区距离较远，人口集聚效应难以形成，相比之下，浦东新区和两江新区离老城区较近，并且浦东新区第三产业发展迅速，各项基础设施建设和公共服务完善，人口向新区流动，因此房地产开发的投入比较大。

总体看来，上海浦东新区经过多年的发展已经形成了服务业主导、工业支撑的先进产业结构；天津滨海新区则要在工业和服务业内部结构的优化方面加以推进，特别是加快以金融业为代表的现代服务业的发展；重庆两江新区的产业结构与浦东新区较为相似，紧紧围绕打造长江上游金融中心战略目标，在不断做自身的同时有力支撑了实体经济发展，体现出了良好的发展态势。②

①② 陈扬：《三大国家级新区发展动力比较研究及启示》，兰州大学硕士学位论文，2013 年。

（三）新城区发展影响老城区的分析

1. 模型的构建

（1）基本模型。

$$\ln OGDP_{it} = \beta_0 + \beta_1 NGDP_{it} + \beta_2 Second_{it} + \beta_3 Third_{it} + \beta_4 Infra_{it} + \beta_5 Estate_{it} + \varepsilon_{it} \tag{5-6}$$

其中，i 代表新区（$i=1$、2、3），t 为时间下标，$\ln OGDP_{it}$为老城区人均 GDP 的对数值（为了消除异方差的影响，变量涉及绝对数值都进行对数化），$NGDP_{it}$为新老城区人均 GDP 之比，$Second_{it}$为新城区第二产业 GDP 占新区总 GDP 的比值，$Third_{it}$为新区第三产业 GDP 占新区总 GDP 的比值，$Infra_{it}$为新区基础设施投资额占固定资产投资额的比重，$Estate_{it}$为新区房地产开发额占固定资产投资额的比重，ε_{it}为随机扰动项。

以上各指标的相关数据来自相关城市统计年鉴、各区县统计年鉴和各城市国民经济和社会发展统计公报，通过直接获得或者经过计算而得。

（2）变量的描述性统计。

变量的描述性统计如表 5-7 所示。

表 5-7　　变量的描述性统计

变量名称	样本数	均值	标准差	最小值	最大值
ln*OGDP*	15	11.31	0.33	10.84	11.88
NGDP	15	2.40	2.03	0.93	5.41
Second	15	51.93	13.70	27.70	68.86
Third	15	47.19	13.69	31.00	72.00
Infra	15	29.22	16.83	14.46	53.95
Estate	15	35.01	19.30	6.91	54.67

2. 实证结果

多元回归结果如表 5-8 所示。

表 5-8　　回归结果

变量名称	NGDP	Second	Third	Infra	Estate	Adjust-R^2	F
ln*OGDP*	-0.1823* (0.0833)	0.5224*** (0.0944)	0.5363*** (0.0936)	-0.0079** (0.0033)	-0.0029 (0.0034)	0.9918	243.69***

注：括号内为稳健标准误。*表示显著性水平 $p<10\%$，**表示显著性水平 $p<5\%$，***表示显著性水平 $p<1\%$。

3. 实证结果分析

从回归结果来看，模型设定是合适的，新城区的发展对老城区有显著的影响。分析各个指标的回归结果，可以得出以下结论。

第一，新老城区人均 GDP 的差距对老城区的经济发展有显著的负影响，新老城区人均 GDP 比值每增加 1 个单位，老城区人均 GDP 减少 0.1823 个单位。新城区的经济发展会对老城区产生负影响，这是因为与老城区相比，新城区土地资源相对充足、房价低、办公条件优越、发展空间大、生产和生活成本低廉，再者由于城市交通网络发达、交通工具的普及，使居住、工作在新城区成为可能。[①] 同时，地方政府为了扶持新城区发展，加大新城区交通、通信、科教文卫等基础设施建设的投入力度，在土地、财政、金融等多个领域给予新城区更为优惠和宽松的政策支持，在市场和政府双重力量的推动下，城市生产力布局逐渐向新城区倾斜，新区发展对老城区的经济发展造成了挤压。[②]

第二，新城区第二产业和第三产业的发展会对老城区的发展有促进作用。新城区第二产业 GDP 比重每增加 1%，老城区人均 GDP 增加 0.5224%，第三产业比重每增加 1%，老城区人均 GDP 增加 0.5363%。新城区第二、第三产业的发展会带动老城区经济的发展，新城区被定位为城市的新兴产业集聚区和现代服务业培育区，而老城区则成为现代服务业的首要载体和新兴产业链条重要的布局地。新兴产业方面，新城区占用较低的要素成本和较大的发展空间，在生产和制造环节拥有绝对的优势，老城区则占据雄厚的人才基础和更为成熟的社会环境，在研发和营销环节拥有相对的优势，新、老城区发挥各自的资源优势，协调发展。

第三，新城区的基础设施建设会对老城区发展产生负影响。新城区基础设施投资额占固定投资额的比重每增加 1%，老城区人均 GDP 减少 0.0079%。这是因为老城区基础设施不完善，居住环境差，中心区没有公共活动空间和绿地，城市违章建筑或构筑现象比较严重，部分区域排水不畅，城市公共交通发展水平不高，现有道路拓宽难度大，承载率较低，远远不能满足日益增长的车辆通行需求，沿路占道经营严重，部分主要交通节点通行不畅，车辆、行人、

① 高铭：《大中城市中心城区转型发展研究》，天津财经大学硕士学位论文，2015 年。

② 马红瀚、高铭：《大中城市老城区转型发展的个案研究》，载于《经济纵横》2013 年第 11 期。

商贩等流动无序，停车场不足，行车难、停车难、行路难的现象逐渐凸显。[①]而新区新建成以后各方面的基础设施配套服务比较完善，交通顺畅，经济发展大环境的优势凸显，会吸引很多老城区的企业入驻和投资，使新区经济对老城区产生了部分替代效应。但从实证的结果来看，对老城区的影响较小，这可能是因为老城区历史悠久，而新城区发展年限较短，所以新城区对老城区的各方面替代效应还不明显。

第四，新城区的房地产开发会对老城区发展产生负影响，但不显著。根据实证结果分析可知，房地产开发额占固定投资额的比重每增加 1%，老城区人均 GDP 减少 0.0029%，但这种效果并不明显。这是因为在新区建设过程中盲目规划，无序扩张，单纯地投资项目、建新城区、大学城、圈地盖房子等，与此同时，老城区转移人口难以融入新城区，部分新城区过于依赖房地产产业，乃至房地产产业成为很多新城区的支柱，为得到更多房地产税及土地出让收入，政府高价拍卖土地，房地产公司高价买进修建房屋，房价必定上涨，炒房者的投入，更增加了房价的上涨空间，产生房地产泡沫，房地产泡沫的破灭导致大量空置房屋的产生。

综上来看，新城区发展通过不同的方面对老城区起到或正或负的影响，进而对新老城区的协调状态产生或正或负的作用，这就意味着如果要更好地实现新老城区的协调发展，那么城市建设的过程中，就要综合考虑各方面的因素，才能在促进新城建设的同时推动老城的发展。

---

① 付洋：《新老城区协调发展研究——以贾汪新老城区为例》，载于《江苏科技信息》2015 年第 8 期。

第六章　战略谋联动，社会撑中间——促进新老城区协调发展的对策建议

随着新城区优先发展战略在大中城市的普及和推广，城市生产力布局、特惠政策给予和集聚效应产生全面向新城区倾斜，新城区相对于老城区的后发优势愈加巩固，新城区发展对老城区转型的虹吸效应愈加显著。而在较为保守的思想、较为滞后的转型进程和较为片面的转型维度影响下，老城区主动与新城区协调关系的意愿并不强烈，与新城区发展的步调并不一致，新老城区协调发展的范围十分有限。这些问题的存在，制约了新老城区协调发展理论路径的现实转化，滞碍了新老城区协调发展理论机制的实际运行。这些问题的破解，成为新老城区协调发展的当务之急，对大中城市的可持续发展具有重大意义。

第一节　加快战略升级，明确功能定位

一、加快从新城区优先发展战略向新老城区协调发展战略的升级

（一）从新城区优先发展战略向新老城区协调发展战略的升级是大中城市可持续发展的客观要求

区域经济学理论与区域经济发展实践都表明，从非均衡发展战略向协调发展战略的升级是区域经济可持续发展的客观要求。改革开放的前 20 年，我国施行了东部地区率先发展的非均衡发展战略，充分体现了集中力量办大事的社会主义优越性。在珠三角、长三角和京津冀三大国家增长极的带动下，实现了国民经济与社会的快速发展。进入 21 世纪以来，随着改革开放事业向纵深推进，东部地区率先发展的非均衡发展战略升级为东部地区率先发展与西部大开

发、中部崛起和东北老工业基地振兴并行的协调发展战略。在东部、中部、西部和东北地区的"四轮驱动"下，我国区域发展差距过大、区域关系不够紧密、区域格局不够协调的问题逐渐缓解，国民经济与社会发展的质量持续改善。

必须要承认，新城区优先发展战略的实施对疏解大中城市过度集聚的城市功能、拓展大中城市日益受限的发展空间、补充大中城市后继不足的发展动力产生了显著的作用。但是，同时也导致了新老城区发展差距的扩大、城市内部关系的割裂和城市发展格局的失衡等问题，致使新城区对老城区产生虹吸效应，新城区发展对老城区转型造成挤压，进而对大中城市的可持续发展形成制约。因此，要依托我国经济发展方式转变提供的重要机遇期，加快从新城区优先发展战略向新老城区协调发展战略的升级，引导资源和要素在新老城区之间的合理流动与高效配置，为新老城区的协调发展提供有力的战略和政策支撑。

（二）以新老城区协调发展战略统领新城区发展和老城区转型

作为大中城市可持续发展的双重动力，新城区发展与老城区转型之间不应该是此消彼长的零和博弈关系，而应该是"1+1>2"的规模报酬递增关系。在由新城区发展、老城区转型和新老城区关系协调组成的新老城区协调发展战略体系中，新城区发展与老城区转型的资源配置应该放手让市场机制去完成，而新老城区关系协调的资源配置则需要政策的着力引导。从当前新老城区协调发展的现实看，增强新老城区政府开展关系协调的主观意愿、均衡新老城区之间的生产力布局、促进新城区发展特惠政策向老城区转型的普惠化推广，是新老城区协调发展战略的三大重点，也是新城区优先发展战略升级的具体表现。

要充分发挥新老城区协调发展战略对政府施政的强制性和约束性，改变新城区政府基于虹吸效应红利"不需要与老城区协调"和老城区政府基于保守思想约束"不敢于与新城区协调"的意识，增强新老城区政府开展关系协调的主观意愿。要以效率优先原则下的产业空间布局为主导、以公平优先原则下的社会资源空间布局为支撑，均衡新老城区之间的生产力布局，改变老城区产业向新城区单方面转移、城市增量资源过于向新城区倾斜的效率与公平不够兼顾的现象。要充分发挥新城区制度创新对老城区的示范作用，促进新城区制度创新先行先试权向老城区的扩散，推动"特惠性"新城区扶持政策的新老城区共享，消除新城区“政策洼地”效应导致的新老城区不公平竞争现象。

二、明确新老城区的城市功能定位

（一）以城市功能定位的明确夯实新老城区协调发展的基础

作为大中城市疏解过度集聚的城市功能的产物，新城区发展和老城区转型的本质都是城市功能的重新定位和分工调整。由于生产、服务、管理、集散、创新等城市功能并非独立存在，而是相互联系、互相促进的，因此新老城区关系的协调，必须以所承载城市功能定位的明确为基础，通过城市功能的系统重建实现。作为大中城市的新兴增长极，新城区的功能定位不能局限于老城区功能的转移，要通过城市新核心功能的培育，支撑城市新中心的崛起。作为大中城市的传统增长极，老城区的功能定位不能寄希望于新城区挑选后的舍弃，要通过城市功能的挖掘和更新，激发城市传统中心的新活力。

新老城区城市功能定位的明确，必须要注意两方面的问题：一方面，城市功能定位应该科学且切合实际，使得新老城区有遵循功能定位的主观意愿。部分新老城区乐于跟风盲从，脱离自身实际确定功能定位。重化工业聚集的新城区动辄要建设生态宜居高地，缺乏实体经济支撑的老城区动辄要建设金融中心。这样的城市功能定位不仅浪费了自身真正的比较优势，更会使企业和居民的努力化为乌有。另一方面，城市功能定位一旦确定就要坚决落实。城市功能定位的实现是一个较长的历史过程，需要政府、企业和居民长时间的共同奋斗。要杜绝城市功能定位“随着领导变”的现象，也要尽量避免“几年不见效就换”的现象。对于个别政府部门和组织违反城市功能定位的行为，要依照法律法规及时纠正制止。

（二）以规划协调助推新老城区功能定位的落实

“十三五”时期，我国大中城市的区域关系协调从省市之间的外部协同与新老城区之间的内部联动两个方面展开。随着“一带一路”、京津冀协同发展的实施，以及老城区转型与新城区发展并行的城市二元空间结构的形成，大中城市的功能定位和产业布局正在进行更新和调整，城市内外部的区域经济格局正在发生新的变化，区域资源流动、区域产业对接和区域经济关系重组的深度与广度正在加强。在这个背景下，不仅新老城区功能定位的难度加大，新老城区功能定位落实的难度也在加大。由于不同省市之间和新老城区之间的发展规划协调不足，新老城区之间、新老城区与周边地区之间的功能定位模糊、重叠、混乱现象屡见不鲜。特别是在产业领域，全产业链、核心环节与重点产品的趋同性并存，为新老城区的产业协调联动留下了产业同质化竞争和割裂性发展的隐患。

因此，要以区域间的发展规划协调助推新老城区功能定位的落实，提升城市功能布局的合理性与区域竞合关系的延展性。要加强规划主管部门的区域交流与信息沟通，争取上级发改委支持，定期组织召开区域性规划落实协调专题联席会议，就区域产业定位与关联、区域生产力布局和基础设施对接等内容进行充分讨论与科学论证，引导区域的错位发展、包容发展和联动发展。要加强对大中城市新老城区规划落实的指导和审核，争取上级发改委支持，对不符合新老城区协调联动要求的功能定位与产业选择进行及时调整。

第二节　协调市场主体，促进产业联动

一、构建多主体共同参与的新老城区协调发展格局

（一）以企业作为新老城区协调发展的首要主体

党的十八届三中全会指出，要发挥市场在资源配置中的决定性作用。作为最基本、最重要的市场主体，企业无疑也是新老城区协调发展即新老城区资源配置的首要主体。与政府引导的新老城区资源配置相比，企业主导的新老城区资源配置具有更强的灵活性、更丰富的表现形式和更高的经济效率。通过新老城区间要素资源的开发与流动、生产环节的布局与协作、销售市场的拓展与整合，企业可以有效承载新老城区的协调发展。要坚持国有企业在新老城区协调发展中的核心地位，以国有企业对新老城区协调发展战略的贯彻和落实，树立企业主导新老城区协调发展的典范。要充分发挥民营经济在就业和税收创造以及创新创业方面的重要作用，引导和鼓励民营企业积极参与到新老城区协调发展中来。

值得特别注意的是，作为企业的统领者，企业家的情怀对新老城区的协调

发展具有不可忽视的积极影响。他们不仅谋求新老城区协调发展为企业提供的经济效益，也追求新老城区协调发展产生的社会效益，甚至为了社会效益放弃部分经济效益。部分本土企业家出于经济效益的考虑积极参与新城区发展，但是强烈的家乡情怀使其并未放弃对老城区转型的参与。部分外来企业家出于开疆拓土与回报社会的情怀，敢于做新城区发展初期的开拓者，并勇于在老城区转型的困难时期把新城区的业务向老城区延伸。对于这些企业家和企业家情怀，应该给予政府层面的充分认可、宣传和鼓励，以期对其他企业家形成示范和带动。

（二）提升行业协会与地方商会在新老城区协调发展中的主体地位

作为非营利社会组织的典型代表，与企业相比，行业协会与地方商会在新老城区的协调发展中具有资源整合能力更强、关系协调渠道更多、利益维护效果更佳和目标实现可能更大的功能特征。虽然行业协会与地方商会并不直接拥有资源的所有权、使用权和收益权，但是拥有整合成员单位资源的能力，能在更大范围整合新老城区的资源。由于行业协会与地方商会并不直接从事营利性经济行为，更容易获得不同经济主体的信任和认可，因此协调新老城区关系的渠道也就更多。由于行业协会与地方商会大多兼具政府与市场背景，对政府与市场诉求有更为深入的了解，能够充当政府与市场之间的纽带，因此能更易维护新老城区协调发展的各方利益，更易实现在新老城区协调发展中共同获益的现实目标。

要改变非营利社会组织在新老城区协调发展中的边缘地位，提升行业协会与地方商会在新老城区协调发展中的主体地位。要以战略新兴产业和现代服务业领域的行业协会，以及江浙沪粤等发达地区的地方商会为主体，加强新老城区金融资本、高新技术和人力资源的交流与整合，促进新老城区企业的交流合作与产业的分工协作，将企业承载新老城区协调发展的个体行为集聚为行业与地区的集体行为。政府部门要加强对行业协会与地方商会的监督管理，防止其组织利益凌驾于新老城区协调发展的社会利益之上。推动新老城区协调发展战略引导下，企业主导、行业协会与地方商会等多主体共同参与的新老城区协调发展格局的形成。

二、以产业联动作为新老城区协调发展的主线

（一）加强新老城区之间的产业关联

在社会主义市场经济体制的框架下，市场关系的协调无疑是新老城区协调发展的核心路径。而作为市场关系协调的集中体现，产业联动就成为新老城区协调发展的主线。新城区与老城区之间的产业关联，主要表现为作为新城区主导产业的新型制造业和作为老城区主导产业的现代服务业之间的关联。与城市间的产业关联相比，城市内部新老城区之间产业关联的实现应该更为高效和便利。

第一，要大力推进企业内部的制造业与服务业联动发展。在新老城区构成的城市二元空间格局中，部分企业开始尝试多厂区生产和多业务开拓，其中新城区的厂区主营制造业、老城区的厂区主营服务业最为常见。这样，制造业企业的服务需求就由企业内部满足，节约了大量的市场交易成本。经过长时间的探索，部分制造业企业甚至开始向服务业企业转变，服务行为取代工业制造成为企业的主营业务和主要利润来源，实现了制造业的服务化发展。

第二，要大力推进电子信息技术应用。随着现代服务业中科技信息产业的快速发展，制造业与服务业的界限越来越模糊，二者已经从分工关系转变为融合关系。新城区制造的工业产品，很可能是为了提供某种源于老城区的服务而生产，比如手机和通信网络；市场需求的某种商品，很可能是由新城区生产的工业产品和老城区提供的知识技术服务组合而成，比如网络电视。在先进电子信息技术应用的支撑下，服务行为的物化趋势将越来越明显。

第三，要大力推进服务外包产业的发展。新城区制造业与老城区现代服务业的割裂发展，主要是由“没有需求”和“满足不了需求”两个原因导致的。在产业升级要求迫切的背景下，制造业对科技研发、信息服务等现代服务业不可能“没有需求”只会“满足不了需求”。与企业自办研发相比，服务外包的专业性更强、成本更低、效率更高，更能满足制造业的需求。同时，政府部门也应该出台相关的扶持政策，鼓励新城区制造业企业与老城区服务外包企业开展合作。

（二）优化承载产业联动的组织形态

新老城区产业关联的加强，不是一家企业、一个政府部门、一个市场可以主宰的，需要产业组织、企业组织和载体组织的共同承载才能实现。

在产业组织方面，产业的集群化发展已经被众多发达国家和地区证明是加强产业关联的有效途径。新老城区的产业培育与企业发展，应该主动与优势产业和领军企业建立产业关联，实现集群化发展。无论优势产业和领军企业属于新城区还是老城区，只要优势足够大、带动能力足够强，新老城区的产业和企业都可以与之建立关联，追求集群化发展。但是，在横跨新老城区的产业集群发展过程中，必须要处理好产业布局和价值分配的问题，实现共享发展。

在企业组织方面，要将总部经济发展作为推进企业内部制造业与服务业联动发展的保障。通过企业不同类型总部在新老城区的错位布局，特别是服务领域总部和制造领域总部在新老城区的错位分布，以企业内部产业联动推动新老城区产业联动。从大中城市新老城区总部经济发展的现实看，必须要警惕总部经济的“空壳化”倾向。部分企业为了获得政府扶持政策，在新老城区同时设立不同总部，但并没有任何实际业务开展，对新老城区产业联动毫无益处。

在载体组织方面，部分大中城市的楼宇经济发展较为混乱和低效，已经成为新老城区产业联动的制约因素。总量大、类型单一、定位不明确，是部分新老城区楼宇经济发展的共同特征和问题，并使得新老城区的楼宇经济发展陷入恶性竞争中难以自拔。为了推动新老城区的产业联动，必须促进新老城区楼宇经济的错位竞争。要迎合不同产业和企业对商务楼宇的个性需求，大力提升物业服务和配套设施的水平，以差异化的商务楼宇承载新老城区产业联动。

第三节　协调社会格局，提升人口质量

一、以新老城区的社会协调引领经济协调

（一）社会先行成为后工业化时代城市发展的内在需求

“十三五”时期，我国大中城市陆续进入后工业化社会，服务化取代工业化成为经济社会发展的核心特征。服务行为超越物质产品成为企业价值来源的

首要渠道，服务功能引领生产、管理、协调、集散和创新功能成为城市竞争力的关键所在。随着社会要素与产业要素、社会服务与产业服务的高度交织，社会先行成为服务化阶段城市发展的内在需求与必然趋势。

一方面，与工业相比，服务业对社会要素的需求更为直接。国内外先进城市的经验表明，厚重的历史文化、开明的城市氛围、发达的科教体系、完善的基础设施和公共服务是服务业发展的重要条件和保障。而国内不少被称为“鬼城”的报道并引起多方关注的新城区的争议，在很大程度上就是由于社会要素支撑不足造成的服务功能植入困难与服务业集聚乏力。虽然固定资产投资和工业建设项目可以在短时间内完成，但是服务业发展需要的社会要素支撑不能在短时间内实现，必须适度超前发展。另一方面，与工业相比，服务业对社会需求的依赖更为直接。美国、日本、欧盟等发达国家和地区的经济统计数据表明，服务消费支出占居民可支配收入比重增长、研发投入支出占企业销售收入比重增长、公共事业支出占国内生产总值比重增长在时间序列上均先于服务业产值占国内生产总值比重增长，即社会需求对服务业的发展具有明显的拉动作用。“十二五”时期，我国大中城市老城区经济增长与功能提升的相对缓慢，在一定程度上是由于工业向新城区外迁后，就业与税收增长乏力导致居民收入与公共事业投入增长困难。虽然老城区的服务业载体与集聚区建设不断提速，但是如果没有社会发展的先行拉动，服务业发展难以顺畅起步。需要特别指出的是，随着我国经济发展进入新常态阶段，经济增长的地方考核与区域竞争压力得到缓解，为社会先行路径的探索提供了难得的契机和充足的空间。

（二）以社会协调为新老城区的经济协调提供依托

随着社会先行观念被越来越多的大中城市在发展中践行，以社会协调作为新老城区协调发展的先行领域、为新老城区的经济协调提供依托，具有越来越强的可行性。与新城区在经济发展方面愈加巩固的后发优势形成鲜明对比的是，老城区在社会发展方面的先发优势依然难以动摇。跨越新老城区社会发展的鸿沟，并不比跨越新老城区经济发展的鸿沟容易。促进新老城区的社会协调，比促进新老城区的经济协调面临更高的难度、需要更长的时间。要从基础设施对接、公共服务均等化和城市文化整合三个方面着手，优先促进新老城区的社会协调。

在基础设施对接方面，要以交通领域为重点，加快建设方式多样、畅通高效的新老城区交通路网。要根据新老城区之间的空间距离与自然地貌特征，合理配置高速公路、地下铁路、地面轻轨和高速铁路等交通方式，协调新老城区投资方与运营方的关系。要倡导客货分离、潮汐通行的交通管理方式，缩短新老城区之间的通勤时间，提高新老城区之间的交通效率。

在公共服务均等化方面，要以教育和医疗领域为重点，加快新老城区之间教育和医疗资源的流动与共享。要改变新城区“硬件够硬，软件偏软”和老城区“软件够硬，硬件偏软”的现状，加快以名师、名医为代表的高质量教育和医疗资源的新老城区共享。要创新政府购买方式，鼓励公办民营与民办民营性质的教育和医疗机构分担公共服务职能，协调新老城区公共服务的供求关系。

在城市文化整合方面，要以老城区传统文化的现代化表达与新城区现代文化的植根本土为重点，加快大中城市统一协调文化体系的建立。要深入挖掘和整合城市文化的本质特征，在新建筑设计与旧建筑改造、新商业模式探索与传统商业模式升级、新假日经济与传统节庆会展等诸多领域，促进新老城区的文化交融，使新老城区成为城市文化体系中精神统一、关系协调的有机组成部分。

二、为新老城区的产业协调提供人口支撑

（一）人口问题已经成为新老城区产业协调发展的重要制约

“十二五”时期，我国大中城市的人口发展总体呈现常住人口大于户籍人口增长、低质流动人口大于高端引进人才增长、老城区人口密度大于新城区人口密度增长、老龄人口比重增长与劳动人口比重下降并存等四大特征，导致公共支出压力过大、高端人才供给不足、老城区生态过载、人口结构生产性下降等问题。“十三五”时期，大中城市新老城区的产业协调在坚持高端、高新和高质的经济目标基础上，同时瞄准就业创造、生活改善和空间结构调整等社会目标，而当前的城市人口发展对新老城区产业协调的经济与社会目标实现都存在明显的制约。

一方面，就业结构的变化与产业结构的调整不同步。虽然老城区服务业就

业比重超过工业就业比重，但是在批发、零售、餐饮、住宿等传统服务业产值占服务业总产值比重连年下降的情况下，其就业比重并未明显下降。而科技研发、信息服务等新兴领域和业态的就业则呈现供需两弱的特点，使高端人才市场处于“低量低价”的低水平均衡中，更加激发了北上广等一线城市对绝大部分大中城市高端人才的极化效应。另一方面，人口布局与产业布局的调整不同步。虽然众多国家级和省级新城区经济总量占中心城市比重大都接近或超过了50%，但是常住人口占全市比重还在20%左右徘徊。而老城区经济总量占中心城市比重虽然持续下降，但是人口高度集聚的特点没有改变，工业外迁对就业外散的影响大于对常住人口外散的影响，“外工内居”的卧城化趋势明显。这种由人口集聚与经济集聚空间分离所导致的城市内低效率“逆向”中心—外围就业居住通勤模式，不仅增加了老城区与新城区的交通压力，更制约了本地劳动的供给和市场的开拓，也打破了区域内财税征收与公共支出的均衡。同时，新城区常住人口增长缓慢，对当地的产业集聚、市场拓展和社会发展也产生了消极影响。

（二）以人口布局的协调推动新老城区人口质量提升

要全面认知人口作为劳动的供给者、消费的需求者、创新的主宰者和文化的承载者对城市发展的重要作用，认识到作为人口质量提升重要内容的人口布局协调是新老城区协调发展、特别是产业协调的重要推动力。要以大中城市之间人口竞争加剧为契机，通过城市人口规模的扩张为新老城区之间的人口合理流动创造条件，推动老城区人口的存量优化和新城区人口的增量优化。

从城市整体看，越来越多的大中城市已经认识到人口在城市发展中的重要性，“抢人”已经成为“十三五”中后期我国城市竞争的核心表现。因此，要利用一线城市户籍制度收紧、就业竞争加剧和生活成本上升的契机，依托老城区领先的社会发展提供的优质公共服务和新城区领先的经济发展提供的优质就业机会，通过户籍制度改革等制度创新，以中青年、中高等学历和中高级技能人口的引进为重点，加快城市人口的规模扩张，为新老城区之间的人口流动提供总量保障。

从老城区看，要着力解决人口老龄化导致的社会活力不足和人口异地就业导致的本地税收不足问题。要加快老城区的棚户区拆迁、老旧小区改造和老工业企业搬迁，促进部分城市原住民的向外流动，为新生产力的培育腾挪空间。要提高和扩大面向初就业、高学历青年人口的生活补贴标准与范围，降低他们在老城区的落户门槛和生活成本。要探索针对新城区就业、老城区生活人口的税收转移与分成制度改革，缓解老城区公共服务负担重与税收来源不足之间的矛盾。

从新城区看，要着力解决人口总量不足与质量不高并存的问题。要加快新城区社会发展，以高质量医疗资源和优质教育资源供给，以及高端文化娱乐氛围营造为抓手，吸引中高端就业和中高等收入人口从“就业人口”向“常住人口”转变。要积极承接老城区的人口转移，通过城市原住民比重的提高促进城市传统文化在新城区的植根。要比老城区进一步降低落户门槛、更加注重人文关怀，提高新城区人口在全市人口中的比重。

第四节　开发中间地带，适当蓄力留白

一、把中间地带打造成新老城区协调发展的纽带

（一）赋予新老城区中间地带以城市发展轴的战略定位

新老城区关系的协调，既需要空间关系、市场关系、行政关系和生态关系这些抽象路径的联结，也需要具体的地域空间的承载。大部分大中城市新老城区之间都存在较为遥远的空间距离，这些中间地带就承载着协调新老城区关系的重任。如果将老城区看作城市传统增长极，将新城区看作城市新兴增长极，那么按照区域经济发展的点轴开发理论，在传统增长极与新兴增长极之间，即新老城区的中间地带将形成城市发展轴。城市发展轴不仅将新老城区的发展从空间上联结起来、促进传统和新兴增长极扩散效应的发挥，而且可以带动新老城区之外更大范围的区域发展。但是从城市发展现实看，相当部分城市新老城区中间地带的发展没有得到足够重视，“中间塌陷”或“中间断裂”阻碍了新老城区的协调发展。

因此，应该赋予新老城区中间地带以城市发展轴的战略定位，加快中间地带的开发建设。一方面，要加快新老城区中间地带的交通设施建设，特别是改

变主干发达、网路缺失的交通短板。在衔接新老城区的主干道以外，不能忽视联结周边地区的次等级路网建设，疏通新老城区协调的毛细血管。另一方面，要明确中间地带的行政隶属关系，特别是要改变中间地带土地管理条块分割导致的土地产权支离破碎、土地利用杂乱无章现象，解决新老城区相向发展的隐患。要加快中间地带土地的整合开发，协调行政管理方、经济生产方和社会生活方的利益诉求。要合理配置生产性土地与生活性土地比例，严格管控圈地囤地行为，对土地的功能和性质进行科学规划，为城市的可持续发展积蓄力量。

（二）将城市生态屏障建设作为新老城区中间地带建设的近期目标

虽然新老城区的相向发展和空间相连是大中城市发展的必然趋势，但近期看还不是当务之急。当前，新老城区的空间规模可以满足各自的现实发展需要。一方面，老城区转型目前的重点在于土地的更新而不是土地的扩展。通过城市棚户区、老旧居民区和外迁工业企业用地的产权变更和地面附属物改造，可以为老城区的新生产力布局、特别是新兴产业培育提供充足的空间支持和载体支撑。另一方面，新城区发展目前的重点在于土地使用效率的提升而不在于土地规模的扩张，与发达国家和地区相比，绝大部分新城区的土地投资强度和土地产出强度都存在着非常大的提升空间，土地集约利用要求比土地规模扩张需求更为紧迫。

在新老城区的空间扩展需求并不迫切的情况下，作为城市生态屏障的绿带和绿廊建设成为新老城区中间地带的最佳选择和近期目标。要拓展生态屏障建设的内涵，不能将绿带和绿廊建设狭隘的定义为种树种草的绿化行为。要根据中间地带的自然地理与地貌、生态条件和环境基础，遵从高水平林相设计指导，科学选择林草种植、生态农业、景观农田、湿地涵养等建设方式，切实提高生态屏障建设水平、提升生态屏障建设效果。要加强中间地带原有乡村的生态修复和人均环境整治，疏浚乡村水道、改善河流水质，降低农药使用率，提高农业生产垃圾和农民生活垃圾的科学处理率，大力推进农村厕所革命。要加快中间地带原有城镇和产业园区的转型升级，践行低碳城市和循环经济理念，坚决淘汰高消耗、高污染、高排放产能，为新老城区生态容量的扩充和生态承载压力的缓解贡献力量。

二、为新老城区的协调发展适当蓄力留白

（一）科学预判新老城区协调发展面临的共同挑战

与“十二五”时期以增量优化促进存量调整不同，“十三五”时期开始，随着区域竞争的加剧、固定资产投资的放缓以及土地开发强度的提高，大中城市经济社会发展中的增量优化将呈现递减的趋势，而存量的盘活、特别是土地的二次开发将对新增长点培育与城市可持续发展的空间扩展起到重要的影响。无论老城区转型还是新城区发展，都将在不远的未来共同面临这个问题的挑战。如果只有新城区或者老城区单方面预判到这个问题，及早在空间布局规划时适当留白、为未来发展蓄力储备，那么新老城区的协调发展将是不可持续的。必须要统一认识、共同努力，为新老城区可持续的协调发展适当蓄力留白。

众多大中城市的经验表明，产业空间布局过满、功能区定位过早、土地供应速度过快、招商引资合同期过死过长是各地“十二五”规划编制与实施过程中的普遍缺憾，在很大程度上制约了各地“腾笼换鸟”战略的贯彻，造成新兴产业落地难、后备项目拓展难、落后产能外迁难和配套设施升级难，削弱了可持续发展能力的积蓄和发挥。部分处于成熟期的功能区与产业园区空间布局已满，难以承接新企业与新项目的落地，而早期引进的、不符合目前与未来产业和功能定位的企业由于经济合同保护难以动迁。部分处于起步期的功能区与产业园区急于招商引资，入驻企业大规模占地甚至搁置的现象屡禁不止，土地开发效率较为低下。部分处于发展期的功能区与产业园区根据发展形势谋划转型，但是根据原有功能和产业定位建设的配套设施升级十分困难。

（二）以空间规划的适当留白为新老城区可持续的协调发展蓄力储备

要争取国家和省市国土、规划、财政等部门的支持，探索新老城区产业空间布局中蓄力储备板块预留的模式、路径与方法。老城区空间规划留白的重点对象是外迁的大中型工业企业用地和大面积连片棚户区，坚决遏制老城区土地大规模向房地产业投放、导致老城区去生产功能化和睡城化的倾向。新城区空间规划留白的重点对象是各类开发区和产业园区按照负面清单制度清退的企业用地，以及原有零散乡镇居民聚居点，严格防止“见缝插针”式企业与产业

布局、违反产业集聚原则的行为。要加强对空间规划留白土地的整合与收储，构建政府财政主导、社会资金广泛参与的多元化资金投入土地腾让补贴的格局，探索土地资本化背景下风险共担、收益共享的多主体参与模式。

要以老城区现代服务业领域都市产业园区和新城区高端装备制造业领域经济功能区为重点，探索柔性定位模式与配套设施渐进性建设路径。产业园区与经济功能区的功能定位与主导产业选择，要根据国内外宏观经济环境、产业发展趋势和市场供求状况适时调整，配套设施建设不能过度超前于功能定位与主导产业选择。要探索经济功能区与产业园区的产业和企业退出制度，建立与功能和产业定位调整相适应的动态退出准则，并与负面清单制度相结合倒逼不符合定位的产业与企业退出。要严格审核招商引资中经济合同的规范性、可持续性和法律性，探索企业退出与项目中止预评估制度，为经济补偿与财政补贴提供科学依据。

展望：贯彻新发展理念，推进新老城区协调发展

党的十八大以来，面对复杂变化的国内外形势，以习近平同志为核心的党中央从经济发展长周期和全球政治经济大背景出发，作出我国经济发展进入新常态的重大战略判断，提出“创新、协调、绿色、开放、共享”的新发展理念，强调用新发展理念引领发展行动。① 放眼“十四五”乃至更长的历史时期，在促进大中城市可持续、高质量发展的过程中，必须完整、准确、全面贯彻新发展理念，抓住机遇，直面挑战，坚定推进新老城区协调发展。

要坚持创新发展，通过新老城区之间的科技创新成果转化和制度创新复制推广，推进大中城市新老城区的协调发展。一方面，充分发挥老城区的科教资源和人文环境优势，依托历史积淀的工业文明与外迁企业的工业遗存，大力发展科技研发、信息服务、文化创意等产业，构筑以创新为核心的现代服务产业体系。充分发挥新城区的基础设施和要素集聚优势，依托充裕的空间载体和特惠的政策支持，大力发展高端装备制造、新能源新材料、生物医药等战略性新兴产业，围绕创新成果应用构筑新型工业化体系。要推进老城区科技创新成果在新城区的转化，促进新老城区之间的创新联动，实现大中城市科技创新的“城内开花城内香”。另一方面，依托自由贸易试验区、综合配套改革试验区、各种示范区等经济功能区的建设，加快新城区的制度创新，并推动新城区制度创新成果向老城区的复制推广。在行政管理制度创新上，要切实转变政府职能，深化行政审批制度改革，构建“亲”“清”新型政商关系，缩小新老城区之间的行政效能差距。在企业管理制度创新上，要充分尊重企业的市场主体地

① 人民日报评论员：《新理念引领中国新发》，载于《人民日报》2017 年 10 月 10 日。

位，减少政府对微观经济行为的直接干预，统一新老城区对市场经济的认知。在社会管理制度创新上，要积极鼓励多方参与，规范管理社会组织，同步增强新老城区的社会活力。

要坚持协调发展，通过明确新老城区功能定位、促进新老城区分工协作、优化新老城区竞合关系，推进大中城市新老城区的协调发展。要以城市层面的国民经济和社会发展规划、土地利用总体规划、国土空间总体规划、产业发展规划等科学规划为引领，将生产、服务、管理、协调、集散和创新等城市功能合理布局于新老城区，明确新老城区在大中城市发展中的功能定位，并据新老城区比较优势的动态变化适时、审慎进行调整，以明确、稳定的功能定位引导老城区转型和新城区发展的方向。要把区域产业分工协作作为新老城区协调发展的内在动力，促进老城区的现代服务业高地建设和新城区的战略性新兴产业集聚，以现代服务业和战略性新兴产业的融合联动发展推动大中城市产业的高质量发展。必须重视产业价值链的空间布局对区域产业分工协作的影响，以利益整合促进新老城区产业发展的相互依赖和深度合作。要加快行政体制改革，为优化新老城区之间的竞合关系创造良好的制度环境。要促进城区发展扶持政策从“特惠”向“普惠”的转变，抑制对新老城区发展“厚此薄彼”的倾向；要加强干部交流，缩小公务员的待遇差距，激发新老城区人员干事创业的共情同理心；要改革考核制度，充分考虑新老城区在发展基础和条件上的差异，杜绝考核排名导致的互相倾轧。

要坚持绿色发展，通过新老城区之间的生态走廊建设和区域碳中和，推进大中城市新老城区的协调发展。一方面，要按照“蓄力留白”的原则，延迟大中城市新老城区之间土地的经济开发，将生产建设用地变性为生态建设用地，建设新老城区之间的生态走廊。既可以缓解老城区过度集聚导致的生态压力，又可以为新城区发展提供更加充裕的生态空间。在生态走廊建设的功能定位上，要克服过度景观化的倾向，重视自然生态修复和人居环境改善。在生态走廊建设的形式选择上，要宜林则林、宜农则农、宜田则田和宜水则水，因地制宜保护生态多样性。另一方面，要按照“减量化、再利用、再循环”的循环经济模式，在新老城区之间探索“碳排放 = 碳吸收”的碳达峰路径，实现新老城之间的区域碳中和。在能源系统建设上，面对老城区较高的传统能源比重、较大的能源改造难度，新城区要加快风能、太阳能、核能等清洁能源的生产和使用，并在生产和生活领域不断拓展清洁能源的应用场景。在产业选择和空间布局上，面对新城区不能完全放弃和即刻升级的钢铁冶金、石油化工等“高碳”产业，老城区要加快现代金融、科技研发、文化创意等“低碳”产业的培育，并在转型发展中促进消费低碳化、服务低碳化、建筑低碳化和交通低碳化。

要坚持开放发展，通过对外开放与对内开放的结合充分利用“两种资源”“两个市场”，推进大中城市新老城区的协调发展。与国家视角的开放发展相比，城区视角的开放发展拥有更丰富的层次。对国外开放和对国内开放、对城市外开放和对城市内开放、对城区外开放和对城区内开放，都有助于打破存量竞争对新老城区协调发展的禁锢，为新老城区协调发展提供更广袤的空间和更多元的载体。从全市上升到全国和全球的范围，新老城区之间的城市内部竞争就显得舍本逐末，以新老城区协调发展提升大中城市的国内和国际地位才是正本归源。在资源开发上，要依托由老城区现代服务业与新城区战略性新兴产业构成的区际产业联动体系，以全产业链引进和培育为载体，实现研发、制造、营销等产业环节在新老城区的合理布局。要允许新老城区自有要素的向外流动和扩散，用市场机制淘汰低质量要素，为高质量要素的集聚腾挪空间。在市场开发上，新老城区要依托一带一路、京津冀协同发展、长三角区域一体化、粤港澳大湾区建设等国家区域发展战略的实施，大力开拓国际和国内市场，成为大中城市“走出去”的排头兵。同时，要认识到市场共享是产业分工的前提和保障，新老城区要做好内部与外部的市场细分与定位，以市场共享和利益互换促进新老城区的协调发展。

要坚持共享发展，通过社会发展地位的提升和就业创造效果的增强，推进大中城市新老城区的协调发展。“发展为了人民、发展依靠人民、发展成果由人民共享”，新老城区协调发展的落脚点还是在大中城市居民生活的改善上。随着大中城市发展从工业化阶段向后工业化阶段即服务化阶段的转变，社会发展对经济发展的支撑愈加显著。为了实现共同富裕的社会主义现代化目标，新老城区也要共同提升社会发展地位，满足人民群众的美好生活需要。新城区要加快科技、教育、文化、卫生、体育等社会发展基础设施的建设，满足新城区居民生活需要，提供大中城市社会发展的增量优化。老城区要加快医院、学校等重点基础设施的更新升级，增加人口密集区的公共服务供给，进行大中城市社会发展的存量调整。可以通过开办分部、资源共享、人员轮转、统一管理等形式，促进老城区优质公共服务资源向新城区的扩散，实现新老城区公共服务的均等化。要警惕“无就业式增长”对大中城市居民收入增长的不良影响，将就业创造作为新老城区产业选择和升级的重要原则。老城区要重视商贸物流、家政服务、物业管理等具有较强就业创造能力产业的发展，认识到其社会效益对经济效益的弥补。新城区不要过度排斥战略性新兴产业的劳动密集环节，充分重视产业发展的就业创造功能。

参考文献

［1］廖崇斌：《环境与经济协调发展的定量评判及其分类体系——以珠江三角洲城市群为例》，载于《热带地理》1999年第2期。

［2］蒲向军、徐肇忠：《城市可持续发展的环境容量指标及模型建立研究》，载于《武汉大学学报》2001年第6期。

［3］周权雄、周任重：《谈现代服务业发展的新特点和趋势》，载于《商业时代》2009年第1期。

［4］何颖、邵明哲：《我国新老城区发展的联动性评价模型的构建——以苏州、南京、徐州为例》，载于《江淮论坛》2009年第6期。

［5］王桂新：《“大城市病”的破解良方》，载于《人民论坛》2010年第32期。

［6］付丽萍、舒亚东：《试论武汉城市功能定位——兼与中部省会城市的功能定位比较》，载于《江汉论坛》2010年第4期。

［7］杨卞、张小林：《基于因子分析的新城空间主体评价：以南京市为例》，载于《江苏科技大学学报（自然科学版）》2010年第2期。

［8］冯章献、王士君、张颖：《中心城市极化背景下开发区功能转型与结构优化》，载于《城市发展研究》2010年第1期。

［9］印亚男：《基于城乡统筹的新兴城区发展模式探索》，载于《小城镇建设》2010年第9期。

［10］易峥、曹春霞、曹力维：《基于区域城市理论的重庆主城区空间规划策略》，载于《规划师》2010年第11期。

［11］陈玉光：《老城区的衰退与复兴》，载于《新视野》2010年第4期。

［12］陈安杰：《创新：百年老城区成功转型之源——上海市杨浦区发展

振兴的实践与思考》，载于《求是》2010 年第 7 期。

［13］薛红霞、刘菊鲜、罗伟玲：《广州市城乡发展协调度研究》，载于《中国土地科学》2010 年第 8 期。

［14］胡晓辉、杜德斌：《科技创新城市的功能内涵、评价体系及判定标准》，载于《经济地理》2011 年第 10 期。

［15］鲍悦华、陈强：《基于城市功能的城市发展质量指标体系构建》，载于《同济大学学报（自然科学版）》2011 年第 5 期。

［16］韩非、蔡建明：《我国半城市化地区乡村聚落的形态演变与重建》，载于《地理研究》2011 年第 7 期。

［17］程进、曾刚、方田红：《新型城市化背景下我国新城区产业升级的困境与出路——以厦门市集美区为例》，载于《经济地理》2012 年第 1 期。

［18］张学勇、李桂文、曾宇：《新城建设及其功能成长路径》，载于《城市问题》2011 年第 3 期。

［19］买静、张京祥、陈浩：《开发区向综合新城区转型的空间路径研究——以无锡新区为例》，载于《规划师》2011 年第 9 期。

［20］王开泳：《城市生活空间研究述评》，载于《地理科学进展》2011 年第 6 期。

［21］郭翠花、刘鹏飞、杨琨：《基于城市更新的城市转型问题探讨》，载于《商业时代》2011 年第 32 期。

［22］李天舒：《优化城区经济功能定位和产业布局的趋向和路径——以辽宁省为例》，载于《改革与战略》2011 年第 10 期。

［23］陈柳钦：《城市功能及其空间结构和区际协调》，载于《中国名城》2011 年第 1 期。

［24］薛芬、王桂林：《重庆建设两江新区的路径探析——对比借鉴浦东新区和滨海新区的发展经验》，载于《重庆电子工程职业学院学报》2011 年第 1 期。

［25］张明斗、杨霞：《慢城、均衡型城市化与城市可持续发展》，载于《经济问题探索》2012 年第 8 期。

［26］丁登林：《预防和治理城市病的途径思考》，载于《求实》2012 年

S2 期。

［27］王格芳：《我国快速城镇化中的“城市病”及其防治》，载于《中共中央党校学报》2012 年第 5 期。

［28］覃剑：《我国城市病问题研究：源起、现状与展望》，载于《现代城市研究》2012 年第 5 期。

［29］李天健：《我国主要城市的城市病综合评价和特征分析》，载于《北京社会科学》2012 年第 5 期。

［30］闫彦明：《产业转型进程中城市病的演化机理与防治研究》，载于《现代经济探讨》2012 年第 11 期。

［31］容志：《现代城区转型的规律与路径分析——基于上海杨浦的思考》，载于《求索》2012 年第 8 期。

［32］田莹、朱华友、刘志高：《老工业区创意转型及路径依赖突破：一个综述的视角》，载于《科技和产业》2012 年第 2 期。

［33］仇保兴：《紧凑度与多样性——中国城市可持续发展的两大核心要素》，载于《城市规划》2012 年第 10 期。

［34］张京祥、赵丹、陈浩：《增长主义的终结与中国城市规划的转型》，载于《城市规划》2012 年第 1 期。

［35］杨成光：《可持续发展视角下的生态城市建设研究》，载于《人民论坛》2013 年第 23 期。

［36］刘荣增：《中国城市化：问题、反思与转型》，载于《郑州大学学报（哲学社会科学版）》2013 年第 3 期。

［37］宋留清、王达：《我国城市可持续发展的制约因素与对策》，载于《中共中央党校学报》2013 年第 2 期。

［38］吴敬琏：《城镇化效率问题探因》，载于《金融经济》2013 年第 11 期。

［39］郑灵飞、黄友谊：《整体观视角下的城市水系规划框架探析——以厦门市城市水系规划为例》，载于《规划师》2013 年第 10 期。

［40］杨东峰、殷成志：《如何拯救收缩的城市：英国老工业城市转型经验及启示》，载于《国际城市规划》2013 年第 6 期。

[41] 马红瀚、高铭：《大中城市老城区转型发展的个案研究》，载于《经济纵横》2013 年第 11 期。

[42] 王兰、顾浩：《匹兹堡中心城区转型的过程及其规划》，载于《国际城市规划》2013 年第 6 期。

[43] 刘治彦：《广州城市功能布局优化研究》，载于《企业经济》2013 年第 10 期。

[44] 刘社建：《城市功能转型与功能创新探讨——以上海为例》，载于《区域经济评论》2013 年第 2 期。

[45] 李国平、孙铁山：《网络化大都市：城市空间发展新模式》，载于《城市发展研究》2013 年第 5 期。

[46] 张建强、薛俊：《中心城市外围边缘区的区域协作途径和措施选择——以杭州西南部与富阳东北部为例》，载于《规划师》2013 年第 8 期。

[47] 李晓伟：《加快智能交通发展思路的探讨》，载于《电子测试》2013 年第 13 期。

[48] 冯思静、姜滢、张新联、刘朝：《辽西北半干旱区煤炭资源型城市环境容量评价》，载于《水土保持通报》2013 年第 4 期。

[49] 洪开荣、浣晓旭、孙倩：《中部地区资源—环境—经济—社会协调发展的定量评价与比较分析》，载于《经济地理》2013 年第 12 期。

[50] 顾鹏等：《江苏省城乡协调发展的实证研究：2002—2011》，载于《华东经济管理》2013 年第 12 期。

[51] 蒋燕青：《绍兴市开发区整合提升问题研究》，载于《现代经济信息》2013 年第 6 期。

[52] 罗翔：《从城市更新到城市复兴：规划理念与国际经验》，载于《规划师》2013 年第 5 期。

[53] 曾珠：《日本城市可持续发展的经验及启示》，载于《理论导刊》2014 年第 2 期。

[54] 向春玲：《中国城镇化进程中的“城市病”及其治理》，载于《新疆师范大学学报（哲学社会科学版）》2014 年第 2 期。

[55] 李中建、郑旭东：《快速城镇化中“城市病”的预防及治理路径》，

载于《商业时代》2014 年第 9 期。

［56］李锐杰：《城镇化进程中“城市病”的解决对策》，载于《经济纵横》2014 年第 10 期。

［57］钱耀军：《生态城市可持续发展综合评价研究——以海口市为例》，载于《调研世界》2014 年第 12 期。

［58］张黎明、薛冰、姜淼、耿涌、任婉侠：《老工业区城市功能的生态化路径评价——以沈阳为例》，载于《生态科学》2014 年第 3 期。

［59］石忆邵：《中国“城市病”的测度指标体系及其实证分析》，载于《经济地理》2014 年第 10 期。

［60］周梦玲：《城市可持续发展的政府推进机制——以江苏省东海县为例》，载于《山西财经大学学报》2014 年第 S1 期。

［61］刘士林：《中国的新城区建设的正确认识和评价》，载于《学术界》2014 年第 2 期。

［62］李雪梅：《新疆新区建设过程中存在的问题及对策建议》，载于《经济论坛》2014 年第 8 期。

［63］张建华：《上海主城区商业结构整体升级发展对策分析》，载于《商业时代》2014 年第 32 期。

［64］杜华章：《江苏区域城乡协调发展综合评价》，载于《农业经济管理》2014 年第 2 期。

［65］焦晓云：《城镇化进程中“城市病”问题研究：涵义、类型及治理机制》，载于《经济问题》2015 年第 7 期。

［66］李宇亮、邓红兵、石龙宇：《城市可持续性的内涵及研究方法》，载于《生态经济》2015 年第 8 期。

［67］冯奎：《中国新城新区转型发展趋势研究》，载于《经济纵横》2015 年第 4 期。

［68］韩亚欣、吴非、李华民：《中国经济技术开发区转型升级之约束与突破》，载于《经济社会体制比较》2015 年第 5 期。

［69］叶姮、李贵才、李莉：《国家级新区功能定位及发展建议——基于 GRNN 潜力评价方法》，载于《经济地理》2015 年第 2 期。

［70］周蜀秦：《“弹性城市”视角下的大都市旧城区更新治理策略》，载于《南京社会科学》2015 年 12 期。

［71］郭小燕：《新型城镇化背景下老工业基地调整改造研究》，载于《中州学刊》2015 年第 3 期。

［72］陶希东：《中国城市旧区改造模式转型策略研究——从“经济型旧区改造”走向“社会型城市更新”》，载于《城市发展研究》2015 年第 4 期。

［73］阎宏、孙斌栋：《多中心城市空间结构的能耗绩效——基于我国地级及以上城市的实证研究》，载于《城市发展研究》2015 年第 12 期。

［74］河南省社会科学院课题组、喻新安：《城镇化进程中城市区域板块协调发展战略研究——以郑州市为例》，载于《中州学刊》2015 年第 12 期。

［75］刘海燕：《山东省产业集聚存在的问题与演进路径探讨》，载于《经济研究导刊》2015 年第 21 期。

［76］魏杰：《中国城乡协调发展的综合评价与研究》，载于《山西农业大学学报（社科版）》2015 年第 11 期。

［77］付洋：《新老城区协调发展研究——以贾汪新老城区为例》，载于《江苏科技信息》2015 年第 8 期。

［78］杨振山、丁悦、李娟：《城市可持续发展研究的国际动态评述》，载于《经济地理》2016 年第 7 期。

［79］杨文娟：《江苏“城市病”的防范与治理途径研究》，载于《现代城市研究》2016 年第 1 期。

［80］吴鸣然、赵敏：《中国不同区域可持续发展能力评价及空间分异》，载于《上海经济研究》2016 年第 10 期。

［81］宋迎昌：《治理“大城市病”需要新思维》，载于《中国党政干部论坛》2016 年第 7 期。

［82］李建伟、刘科伟、刘林：《城市新区与城市功能的关联耦合机制》，载于《地域研究与开发》2016 年第 1 期。

［83］梁苏会、郝井华：《城市协调发展战略与决策辅助模型研究》，载于《统计与决策》2016 年第 13 期。

［84］苏宁：《美国大都市区创新空间的发展趋势与启示》，载于《城市发

展研究》2016 年第 12 期。

［85］钱振明：《城镇化发展过程中的开发区管理体制改革问题与对策》，载于《中国行政管理》2016 年第 6 期。

［86］程春生：《把国家级新区建设成为产城融合发展的示范区——以福州新区为例》，载于《社科纵横》2016 年第 10 期。

［87］阳建强、杜雁：《城市更新要同时体现市场规律和公共政策属性》，载于《城市规划》2016 年第 1 期。

［88］张宁、卢向虎：《国家级新区主导产业比较分析——兼论陕西西咸新区主导产业发展对策》，载于《城市》2016 第 9 期。

［89］罗杰：《内蒙古资源型城市的可持续发展研究》，载于《贵州民族研究》2017 年第 3 期。

［90］董仁才、张娜娜、李思远、张永霖、王韬、付晓：《四个可持续发展实验区绿地系统可达性比较研究》，载于《生态学报》2017 年第 10 期。

［91］鄢祖容：《“深度城镇化”：破除城市病的有效路径》，载于《人民论坛》2017 年第 9 期。

［92］谢邦昌、孙浩爽：《大数据如何治愈“大城市病”》，载于《中国统计》2017 年第 3 期。

［93］梁俊山、文晓丽：《“慢城”理念下城市病问题治理的策略》，载于《生态经济》2017 年第 8 期。

［94］伏虎：《“一带一路”与长江经济带叠加效应下的城市商业功能转型——基于空间经济联系的网络特征》，载于《商业经济研究》2017 年第 2 期。

［95］余敏江：《“超前治理”：城市管理的范式革命——评“花园城市”的“管”与“治”——新加坡城市管理的理念与实践》，载于《理论与改革》2017 年第 4 期。

［96］王刚、隋杰礼、王骏、于英：《面向城市存量的城市设计的特征、内容与问题探析》，载于《城市发展研究》2017 年第 11 期。

［97］刘修岩、李松林、秦蒙：《城市空间结构与地区经济效率——兼论中国城镇化发展道路的模式选择》，载于《管理世界》2017 年第 1 期。

［98］张龙、陆宁：《政府购买公共服务的学理因由、现实困境与推进策略》，载于《现代商业》2017 年第 3 期。

［99］王兴芬：《中国土地城镇化与人口城镇化协调发展的实证研究——基于协调发展模型》，载于《技术经济与管理研究》2017 年第 1 期。

［100］海骏娇、曾刚、邹琳：《基于主路径分析的城市可持续性研究综述》，载于《世界地理研究》2018 年第 6 期。

［101］任远：《城市病和高密度城市的精细化管理》，载于《社会科学》2018 年第 5 期。

［102］任会明、叶明确：《上海创新功能的空间集聚分区研究》，载于《科技管理研究》2018 年第 16 期。

［103］陈浩、王莉莉、张京祥：《国家空间选择性、新城新区的开发及其房地产化——以南京河西新城为例》，载于《人文地理》2018 年第 5 期。

［104］楚建群、赵辉、林坚：《应对城市非正规性：城市更新中的城市治理创新》，载于《规划师》2018 年第 12 期。

［105］梁印龙、孙中亚、蒋维科：《“市场诱导”与“政府失灵”：存量工业用地更新的困境与规划初探——以苏州工业园区为例》，载于《城市规划学刊》2018 年第 6 期。

［106］李慧、周立群：《老城区分类及其转型升级的思路与路径》，载于《天津社会科学》2018 年第 1 期。

［107］孙斌栋、黄鑫楠：《上海城市非核心功能疏解研究》，载于《规划师》2018 年第 9 期。

［108］杨本建、黄海珊：《城区人口密度、厚劳动力市场与开发区企业生产率》，载于《中国工业经济》2018 年第 8 期。

［109］黄丽玮、杨丽、王万江：《整体协同视角下的新老城区有机衔接规划策略——以开封城间区规划为例》，载于《规划师》2018 年第 12 期。

［110］郭帅新：《特大城市新旧城区产业协同发展的动因与作用机制——以南京为例》，载于《上海经济》2018 年第 5 期。

［111］周彩云、婧雯：《中国典型城市新老城区协调度的测度与分析——以上海、广州、西安、天津为例》，载于《现代城市研究》2018 年第 4 期。

［112］吕永龙、曹祥会、王尘辰：《实现城市可持续发展的系统转型》，载于《生态报》2019 年第 4 期。

［113］韩国莹、刘秀梅：《基于惩罚型变权的城市可持续发展动态预警——以内蒙古资源型城市包头为例》，载于《统计与信息论坛》2019 年第 1 期。

［114］陆铭、李杰伟、韩立彬：《治理城市病：如何实现增长、宜居与和谐》，载于《经济社会体制比较》2019 年第 1 期。

［115］覃剑：《供给侧结构性改革视角下城市发展转型研究》，载于《技术经济与管理研究》2019 年第 10 期。

［116］张丽：《国际交往中的城市：营销与功能提升》，载于《财经问题研究》2019 年第 2 期。

［117］尚海洋、宋妮妮、丁杨：《我国城市适宜性等级评价与预测》，载于《统计与决策》2019 年第 4 期。

［118］吴雪玲、韩旭：《山西省各地级市城市功能演变过程及其影响因素研究》，载于《内蒙古农业大学学报（自然科学版）》2019 年第 1 期。

［119］魏小芳、赵宇鸾、李秀彬、薛朝浪、夏四友：《基于“三生功能”的长江上游城市群国土空间特征及其优化》，载于《长江流域资源与环境》2019 年第 5 期。

［120］任继红：《黑龙江省开发区改革与创新对策研究》，载于《黑龙江省对俄经贸合作中心商业经济》2019 年第 4 期。

［121］朱一中、王韬：《剩余权视角下的城市更新政策变迁与实施——以广州为例》，载于《经济地理》2019 年第 1 期。

［122］邓雪湲、黄林琳：《公共要素导向的上海城市更新沟通工具构建及应用》，载于《城市发展研究》2019 年第 5 期。

［123］彭文英、滕怀凯、范玉博：《北京“城市病”异质性及非首都功能疏解治理研究》，载于《学习与探索》2019 年第 9 期。

［124］叶如海、杨文意、蒋伶、严铮：《开发权转移中的可转移区域选址模型构建——以南京中心城区江南片为例》，载于《西安建筑科技大学学报（自然科学版）》2019 年第 3 期。

[125] 郑建锋、陈千虎：《单中心还是多中心？——中国城市内部空间结构演进的特征及解释》，载于《中国经济问题》2019 年第 2 期。

[126] 韩林飞、方静莹：《莫斯科城市空间结构特征与周边区域协调发展经验研究》，载于《城市发展研究》2019 年第 8 期。

[127] 俞玲玲：《长江经济带城市功能与制造业发展协调性测度及其影响因素研究》，浙江财经大学硕士学位论文，2019 年。

[128] 黄治：《旧城更新与新城发展互动关系研究》，东南大学硕士学位论文，2004 年。

[129] 李秀娟：《吉林省国有林区经济社会环境系统协调发展评价研究》，北京林业大学博士学位论文，2008 年。

[130] 张永锋：《区域城乡协调发展水平测度及时空演变研究——西北地区为例》，西北大学硕士学位论文，2010 年。

[131] 张学勇：《我国大城市地区新城成长与主城共生策略研究》，哈尔滨工业大学博士学位论文，2011 年。

[132] 丁梅：《城市进化与产业优化协调发展研究——以天津市为例》，河北工业大学博士学位论文，2012 年。

[133] 仝娟：《工业园区与城市空间互动研究——以益阳市为例》，湖南师范大学硕士学位论文，2012 年。

[134] 陈海英：《相对独立区与主体城区联系型交通问题研究》，大连理工大学硕士学位论文，2013 年。

[135] 陈扬：《三大国家级新区发展动力比较研究及启示》，兰州大学硕士学位论文，2013 年。

[136] 马雅方：《上海市开发区发展与城市空间结构演变》，华东师范大学博士学位论文，2014 年。

[137] 党晶晶：《黄土丘陵区生态修复的生态 - 经济 - 社会协调发展评价研究》，西北农林科技大学博士学位论文，2014 年。

[138] 高铭：《大中城市中心城区转型发展研究》，天津财经大学硕士学位论文，2015 年。

[139] 林艳玉：《上海产业开发区的区域均衡与空间整合研究》，华东师

范大学硕士学位论文，2017 年。

［140］刘诗芳：《大都市外围片区的空间融合研究》，西北大学硕士学位论文，2017 年。

［141］毕铁居：《开发区与行政区融合发展模式及转换机制研究》，中南财经政法大学博士学位论文，2018 年。

［142］俞玲玲：《长江经济带城市功能与制造业发展协调性测度及其影响因素研究》，浙江财经大学硕士学位论文，2019 年。

［143］汪俊民：《基于车载监控视频的车辆违规加塞特征提取与跟踪方法研究》，福建工程学院硕士学位论文，2018 年。

［144］祝蕾：历下：《现代服务业中心的华美蝶变》，载于《济南日报》2012 年 5 月 7 日。

［145］张建平：《兰州新区构筑西北内陆开放新高地》，载于《兰州日报》2018 年 8 月 23 日。

［146］士闻：《滇中新区：三年“破茧”振翅》，载于《创造》2018 年 9 月 15 日。

［147］王登海：《兰州新区困局》，载于《中国经营报》2018 年 1 月 8 日。

［148］周鹏：《津滨海新区、中心城区、各区县协调发展研究——基于 CAS 的区域创新系统》，河北工业大学出版社 2010 年版。

［149］皮黔生、王恺：《走出孤岛——中国经济技术开发区概论》，三联书店出版社 2004 年版。

［150］郑国：《开发区发展与城市空间重构》，中国建筑工业出版社 2010 年版。

［151］黄建洪：《中国开发区治理与地方政府体制改革研究》，广东人民出版社 2014 年版。

［152］周鹏：《天津滨海新区、中心城区、各区县协调发展研究——基于 CAS 的区域创新系统》，河北工业大学出版社 2010 年版。

［153］雷诚、范凌云：《由政策区到综合城区——开发区的转型之路探讨》，载于《规划创新：2010 中国城市规划年会论文集》，2010 年。

［154］南开大学滨海开发研究院：《青岛市市北区产业发展与空间布局规划》，2014 年。

［155］Aleksandra Kaźmierczak，Gina Cavan. Surface water flooding risk to urban communities：Analysis of vulnerability，hazard and exposure，Landscape and Urban Planning，2011（103）.

［156］Aminzadeh B，Khansefid M. A case study of urban ecological networks and a sustainable city：Tehran's metropolitan area，Urban Ecosystem，2010（13）.

［157］Arranz N，Arroyabe J C F D. Can innovation network projects result inefficient performance? Technological Forecasting and Social Change，2012（79）.

［158］Audrone Balkyte，Manuela Tvaronavičiene. Perception of competitiveness in the context of sustainable development；Facets of "sustainable competitiveness"，Journal of Business Economics and Management，2010（11）.

［159］Biao Hu，Jian Yi Li. Dynamic comparison studies on development of low-carbon city in Beijing-TianJin-HeBei region，Trans Tech，2014.

［160］Broekel T，Boschma R. Knowledge networks in the Dutch aviation industry：The proximity paradox，Journal of Economic Geography，2012（12）.

［161］Camagni R. Sustainable urban development：Definition and reasons for a research programme，International Journal of Environment &Pollution，2017（1）.

［162］Cappellin R. "Growth，consumption and knowledge cities"，Management，2011（2）.

［163］ChiaraRabbiosi. Renewing a historical legacy：Tourism，leisure shopping and urban branding in Paris，Cities，2015（42）.

［164］Dempsey N，Brown C，Bramley G. The key to sustainable urban development in UK cities? The influence of density on social sustainability，Progress in Planning，2012（77）.

［165］Fallah B N，Partridge M D，Olfert M R. Urban sprawl and productivity：Evidence from US metropolitan areas，Papers in Regional Science，2011（90）.

［166］Florida R L. Start up city：The urban shift in venture capital and high technology, 2014.

[167] Glenn Ellison, Edward L Glaeser, William R Ker. What causes industry agglomeration? Evidence from coagglomeration patterns, The American Economic Review, 2010 (3).

[168] Guido Tabellini. Culture and institutions: Economic development in the regions of Europe, Journal of the European Economic Association, 2010 (8).

[169] HaoWang, QipingShen, Bo-sin Tang, MartinSkitmore. An integrated approach to supporting land-use decisions in site redevelopment for urban renewal in Hong Kong, Habitat International, 2013 (38).

[170] Homsy G C, Warner M E. Cities and sustainability: Polycentric action and multilevel governance, Urban Affairs Review, 2015 (1).

[171], Wang W J. The plan and design of organic joint of new and old urban areas: Kaifeng city, Henan province as an example, Y. H. Kim. Advances in Engineering Research, Atlantis press, 2016.

[172] Irena Bačlija. Urban management in a European context, Urbani Izziv, 2011 (22).

[173] Kristian Behrens and Theophile Bougn. An anatomy of the geographical concentration of Canadian manufacturing industries, Regional Science and Urban Economics SI, 2015.

[174] McCormick et al. Advancing sustainable urban transformation, Journal of Cleaner production, 2015 (13).

[175] Mohammadjavad Mahdavinejad, MasoomeAmini. Public participation for sustainable urban planning in case of Iran, Procedia Engineering, 2011 (21).

[176] Nicola Gennaioli, Rafael La Porta, Florencio Ldz de Silanes, et al.. Capital and regional development, The Quarterly Journal of Economics, 2013 (128).

[177] Patrick Joseph Holladay, Robert Baxter Powell. Resident perceptions of social-ecological resilience and the sustainability of community-based tourism development in the Commonwealth of Dominica, Journal of Sustainable Tourism, 2013 (21).

[178] Pranab Kumar Panday, Ishtiaq Jamil. Challenges of coordination in implementing urban policy: The Bangladesh experience, Public Organiz Rev, 2011 (11).

[179] RonnieDonaldson, Danie Du Plessis. The urban renewal programme as an area-based approach to renew townships: The experience from Khayelitsha's Central Business District, Cape Town, Habitat International, 2013 (39).

[180] Roth Camille, Kang Soong Moon, Batty Michael. Structure of urban movements: Polycentric activity and entangled hierarchical flows, Plos One, 6 (1).

[181] Silvestre B S, Neto R E S. Capability accumulation, innovation, and technology diffusion: Lessons from a base of the pyramid cluster, Technovation, 2014 (34).

[182] Simon D, Arfvidsson H, Anand G, et al.. Developing and testing the urban sustainable development goals targets and indicators-a five-city study, Environment & Urbanization, 2016 (1).

[183] Skirmante Mozuriunaite. Technological factors determining transformation of urban functions in Lithuanian cities, Procedia Engineering, 2016 (161).

[184] Soumyadip Chattopadhyay, Maumita Das. Urban service delivery in west bengal: Current scenario and new challenges, Journal of Infrastructure Development, 2018 (10).

[185] Sverre J Herstad. Innovation strategy choices in the urban economy, Urban Studies, 2018 (55).

[186] Taozhi Zhuang, Queena K. Qian, Henk J. Visscher, Marja G. Elsinga, Wendong Wu. The role of stakeholders and their participation network in decision-making of urban renewal in China: The case of Chongqing, Cities, 2019 (92).

[187] Victor G Hugg. Public service-function types and interlocal agreement network structure: A longitudinal study of Iowa, Urban Affairs Review, 2019 (1).

[188] Yan Hong. Resident participation in urban renewal: Focused on Sewoon Renewal Promotion Project and Kwun Tong Town Centre Project, 建筑学研究前沿(英文版), 2018 (7).

后 记

2009年，我进入南开大学应用经济学博士后流动站，跟随周立群教授从事区域发展战略方向的研究与实践。在周立群教授“区域产业协调联动发展”学术思想的影响下，在参与深圳坪山新区、天津滨海新区和河北区、青岛市北区等地方政府部门区域发展规划编制的过程中，我开始关注大中城市新老城区的协调发展问题。2015年，我申报的课题《新城区发展对老城区转型的影响与对策研究》获得国家社科基金青年项目立项。历经几年的研究，有了本书的诞生。

大中城市新老城区的协调发展，既是理论问题又是现实问题，具有鲜明的时代特征。本书的构思、调研、组稿和完成，贯穿“十一五”“十二五”“十三五”时期，国家与地方的区域发展战略密集出台、不断调整。由于我的能力所限和研究内容的局限，本书未能实现区域、战略和时期的全覆盖，实属不足和遗憾。在后续研究中，我将尽力补充和完善。

感谢我的导师周立群教授，您的高屋建瓴、乐观豁达、孜孜不倦是我永远的精神动力。感谢天津财经大学科研处、南开大学滨海开发研究院和天津财经大学经济学院，温暖的人文关怀与开放的研究平台为我提供了优越的研究条件和工作环境。天津财经大学西方经济学专业硕士研究生陈阳、王中辉、甘举、庞梦芯，区域经济学专业硕士研究生曹志鹏、陈雪、马子娟、蒙思元、李钫洲、侯振浩、苏慧敏，为本书的完成也付出了辛勤的劳动，在此一并感谢。

感谢我的女儿。与你共同成长，实在是一件幸福的事情。

马红瀚

2021年10月于恨兰斋